Fossati/Venedig

Band 22 der Reihe „Selbst entdecken“

Bruna Fossati ist Italoschweizerin und lebt in Zürich. Sie arbeitet als freie Journalistin für Tageszeitungen und Zeitschriften, mit den Spezialgebieten Reisen, Tourismus, Dritte Welt und Zeitfragen. Seit zwei Jahren Redaktorin beim Schweizer Rundfunk. Familienbande zogen sie von Kindesbeinen an immer wieder nach Venedig, wo sie sich heute nahezu als Einheimische fühlt.

Un grazie die cuore a Peter Niggli. Adrienne Theimer, Margrit Kohli-Aeberli, Liselotte Tännler, Alex Meyer, Ruedi Staub, Dani Boschung, Giosanna Crivelli, Graziella Sebregondi, Paul Fisch, Peter Schmid, Franco Filippi, Renato Pestriniero, Riccardo Calimani, Fulvio Roiter, a tutti gli amici veneziani e a Bettina Stahel, Christoph Schwager, Brigitte Müller, Iren Buchmann, Peter Zimmermann e Theo Ruff.

Bruna Fossati

VENEDIG

selbst entdecken

Regenbogen-Verlag

Die Redaktion dieses Reisehandbuches gibt sich alle Mühe, sämtliche Informationen auf den neuesten Stand zu bringen. Trotzdem sind sie ohne Gewähr, denn erstens vergeht einige Zeit vom Sammeln der Infos bis zum Erscheinen des Buches, und zweitens treiben Preiserhöhungen bzw. die Inflation die Kosten vor Ort in die Höhe. Wenn man aber auf die in diesem Buch angegebenen Preise einen bestimmten Prozentsatz zuschlägt (gemäß Erfahrungswert), kommt man auf die richtigen Beträge.

CIP-Kurztitelaufnahme der Deutschen Bibliothek

Fossati, Bruna:
Venedig selbst entdecken/Bruna Fossati
Zürich, Regenbogen-Verlag 1990
(Selbst entdecken; Bd 22)
ISBN 3-85862-036-X
NE:GT

VEN862E1

Redaktion: Christoph Schwager, Brigitte Müller
Lektorat: Bettina Stahel

Gestaltung: Peter Zimmermann
Cover-Photo und Colorierung: Elizabeth Lennard

Satz: OptiPage
Druck: Fuldaer Verlagsanstalt, D-Fulda

Inhalt

LESERTIPS

Zuschriften betreffend Preiskorrekturen, Adreßänderungen und Ergänzungsvorschläge werden nach Möglichkeit in der nächsten überarbeiteten Ausgabe dieses Reisehandbuches als Lesertip publiziert. Die Autorin, Bruna Fossati, sowie der Verlag freuen sich über jede Zuschrift! Diese werden – sofern in der Neuausgabe verwendet – mit je einem Freiexemplar honoriert. Einsendungen bitte an folgende Adresse:

Regenbogen-Verlag
Stichwort „Venedig“
Postfach 472
CH-8027 Zürich

Durch die Lagune auf Venedig zu.

Evviva Venezia!

Einzigartig ist sie, diese Stadt. Darin sind sich Kritiker und Bewunderer, Romantiker, Realisten und Untergangspropheten einig. Ob man Venedig wie Ernest Hemingway lakonisch "die schönste Stadt der Welt" nennt oder sich in originelle bis absurde Vergleiche versteigt, eins ist sicher: Jeder Ausruf, jede Beschreibung stimmt lediglich in ein Echo mit ein, das über die Jahrhunderte zurückklingt. Über Venedig wurde schon alles gesagt, notiert und tausendfach wiederholt, was sich die menschliche Phantasie an Lobgesängen, Klagen und Kritiken vorzustellen vermag. Ein Trost bleibt: Keine noch so treffende und hintergründige Schilderung vermag das wahre Wesen dieser Stadt einzufangen. Venedig ist eine sinnliche Stadt. Sie will erlebt, ergründet werden, mit Neugierde und Genuß, als entdecke man einen neuen Liebhaber, eine neue Liebhaberin.

Ich bin bei jedem Besuch von Neuem erstaunt, ja schockiert darüber, daß es diese Stadt, so wie sie ist, überhaupt gibt. In der Ferne zerrinnt Venedig zu einem Traum, einer Utopie. In der Erinnerung haftet der Alltag: Bilder von gemütlichen Kneipen und angeregten Gesprächsrunden, von eleganten Geschäften und dunklen Stöberstuben, von Sehenswürdigkeiten, beschaulichen Bootsfahrten und romantischen Stadtansichten. Alles andere, das erstaunliche Nebeneinander von Mystik und Geschäftstüchtigkeit, das Ineinanderfließen von Geschichte und Gegenwart, scheint aus der Distanz irreal, wird als Gefühlsduselei abgebucht. Venedig sei Stein gewordene Unwahrscheinlichkeit, habe ich irgendwo gelesen. Stimmt!

Eigentlich ist Venedig gar keine richtige Stadt, nicht nach modernen Maßstäben, höchstens historisch gesehen. So haben vielleicht London oder Paris vor 200 Jahren funktioniert. Quartierstrukturen und Lebenszusammenhänge sind dörflich. Alle kennen sich, Anonymität gibt's in Venedig nicht, daran ändern auch die Touristenmassen nichts. Die Insellage bot wirksame Widerstandskraft gegen die moderne Stadtentwicklung. Ungesunde, häßliche Auswüchse unserer aktuellen Urbanstrukturen wurden aus der Stadt verbannt. Heute sind die Industrieorte Mestre und Marghera für Venedig das, was in früheren Jahrhunderten die Siechen- und Irreninseln waren. In dieser Stadt ist jede Distanz zwischen Arbeit, Wohnen, Bar und Krankenhaus zu Fuß zu bewältigen. Chaos und Hektik des modernen Verkehrs konnten sich rein baulich nicht entwickeln. Verkehrswege sind die ruhigen Kanäle, und nur selten ärgern ein paar undisziplinierte Motorboote durch ihren Lärm. Venedig ist eine Fußgängerstadt, und vielleicht liegt es daran, daß der Architekt Le Corbusier sie die "menschenmöglichste aller Städte" nannte.

Trotz all dieser Idylle: Venedig ist kein Disneyland in der verseuchten Lagune – noch nicht. Die Bevölkerung hat es verstanden, in die Moderne hineinzuwachsen, die Touristenströme zu absorbieren. Die VenezianerInnen waren schon immer eigensinnige Menschen. Das zeigt schon die Geschichte, die sich so spannend liest wie ein Kriminalroman. Mit Stolz und Können, mit Gerissenheit, Geschäftstüchtigkeit und politischem Weitblick schaffte es der kleine Stadtstaat während Jahrhunderten, eine Machtposition zu behaupten, in Handel, Technik, Sozialwesen, Kunst und Kultur tonangebend zu sein. Das in ihren Glanzzeiten erworbene Selbstbewußtsein ist bei den VenezianerInnen bis heute ungebrochen. Es wird ihnen gerne als Arroganz, als Hochmut angekreidet, nicht ganz zu unrecht. Die VenezianerInnen fühlen sich als etwas Besonderes, Fremde werden mit angemessener Distanz behandelt. Mit Arroganz schützen sich die Einheimischen vor der Vereinnahmung durch den Tourismus, auf den sie heute nicht mehr verzichten können – die meisten leben davon. Dieser Arroganz verdanken wir, daß die Stadt heute mehr ist als bloße Kulisse für erlebnishungrige Besucher, daß Venedig lebt. Evviva Venezia!

Bäcker und Zuckerbäcker: In Venedig ein traditionsreiches Handwerk.

Ankunft

AUTO

Die schönste, die passendste Art sich Venedig zu nähern? – Eine schlüssige Antwort auf diese Frage gibt es nicht. Selbst die vordergründig häßlichste Anreise auf der Straße hat ihren ganz besonderen Reiz. Rechts und links des *Ponte della Libertà*, der Freiheitsbrükke, die Venedig mit dem Festland verbindet, fügen sich Industriebauten, Lagerhallen und Fabrikschlote, deren Rauch giftige Farbkontraste knallig gelb, rot und grün in den zarten Himmel malt, zu einem wahrlich surrealen Bild. Vor uns schillern Türme und Kuppeln der Stadt Venedig wie eine Fata Morgana im Dunst. Eine schokkierende Szenerie – absurd, kitschig, zum Schreien schön. Eine Szenerie, die als treffendes Symbol für die heutige venezianische Wirklichkeit steht. Venedig wird von der immer mächtigeren Industrie belagert, langsam aber stetig vergiftet, erstickt. Venedig kann jedoch ohne diese Industrie nicht mehr überleben, die meisten VenezianerInnen verdienen in den Fabriken in Mestre und Marghera ihr Auskommen.

Und damit stecken wir auf dem Ponte della Libertà, auf dem häßlichsten Anfahrtsweg in die Stadt, schon mitten drin in der aktuellen, von Resignation und bitterer Ironie geprägten venezianischen Realität – eine durchaus würdige Annäherung an diese Stadt.

Autoparkplätze:
Die stadtnaheste Möglichkeit, mit besten Vaporetti-Anschlüssen in die ganze Stadt, bieten die Parkhochhäuser auf dem **PIAZZALE ROMA**. Hier halten auch alle Busse, die nach Venedig führen. Auf dem Platz herrschen rund ums Jahr mehr oder weniger chaotische Zustände. Gewisse Parkhäuser, wie *Garage Isotta* und *Garage Venezia*, sind nur tagsüber geöffnet, andere wie die *Autorimessa Comunale* oder die *Garage San Marco* auch nachts. Sie sind alle teuer bis sehr teuer (bis 30 000 Lit. für 24 Stunden) und oft so hoffnungslos überfüllt, daß nicht mal die sonst überraschend Parklücken zaubernden Trink- oder Bestechungsgelder was nützen und nur die Rückfahrt auf die Parkinsel **TRONCHETTO** bleibt. Wer seine Nerven schonen will oder nicht zu den seltenen Glückspilzen zählt, die in jeder überfüllten City „ihre" Parklücke auf Anhieb finden, der sollte den Piazzale Roma vor allem während der Sommersaison oder während des Carnevals meiden. Die Parkinsel Tronchetto bietet ebenfalls gute Vaporetti-Verbindungen nach Venedig: die Nummer 1 durch die ganze Stadt bis zum Lido, die Nummer 8 zu den Zattere und nach San Zaccharia (beim Markusplatz) und im Sommer die Nr. 34 nach San Marco und dem Lido. Von Tronchetto aus kann zudem das Auto auf das Fährboot Nummer 34 bis zum Lido oder zur Punta Sabbioni auf Cavallino verladen werden. Zu Saisonspitzen ist jedoch auch der riesige Parkplatz Tronchetto oft überfüllt. Dann sind die folgenden, durchwegs preisgünstigeren Möglichkeiten vorzu-

ziehen: der Parkplatz in **SAN GIULIANO** bei Mestre, von wo das Vaporetto Nummer 24 direkt an die Fondamenta Nuove nach Venedig führt. Der adrianahe Parkplatz **PUNTA SABBIONI** mit Vaporettoanschluß Nummer 14 nach San Marco oder Fährboot Nummer 17 zum Lido. Und als sehr empfehlenswerte Variante der Parkplatz **FUSINA**, etwas außerhalb der Industriezone von Marghera an der Mündung des Brentakanals, mit Vaporetto-Anschluß Nummer 16 bis zu den Zattere in Venedig. Hier ist kaum je mit Parkschwierigkeiten zu rechnen, und zudem ist die Bootsfahrt nach Venedig, abgesehen von ein paar Industrieakzenten, genauso wie Goethe sie einst beschrieb.

BAHN

Wer mit der Bahn nach Venedig reist, befindet sich gleich mitten im Märchen, zwischen Gondeln und Palazzi. Die Treppen der **STAZIONE SANTA LUCIA**, des Bahnhofs, führen direkt an den *Canal Grande*, von wo die Vaporetti Nummer 1, 2 und 5 beste Verbindungen in die ganze Stadt garantieren.

FLUGZEUG

Der **FLUGHAFEN MARCO POLO** liegt bei der Ortschaft Tessera, am nördlichen Rand der Lagune. Die preisgünstigste (5000 Lit.), aber auch umständlichste Anreise nach Venedig bieten von hier aus die stündlich verkehrenden Autobusse der Linie 5 nach Piazzale Roma.

Bequemer und bestimmt romantischer ist eine Bootsfahrt nach Venedig – durch die Lagune, vorbei an den Inseln Murano und San Michele.

Wer's im Hollywoodstil mag und keine Kosten scheut, mietet sich im Flughafen ein Taxiboot. Die halbstündige Fahrt kostet zwar rund 80 000 Lit., dafür kann man gleich eintauchen in die venezianische Magie, auf kleinen Kanälen zwischen ehrwürdigen Palazzi, vorbei an verwinkelten Brücken, verwunschenen Gärten und stillen Kirchen tukkern. *Aber Achtung*: Um ganz und gar unromantische Auseinandersetzungen mit dem Taxifahrer zu vermeiden, unbedingt vor der Fahrt den Preis und den genauen Bestimmungsort abmachen. (In Venedig können die Taxis nicht immer direkt bis vors Hotel fahren, weil der Kanal zu seicht und gesperrt ist oder weil das Hotel gar keinen Zugang zum Wasser hat!)

Fast ebensoschön und bedeutend billiger (11 000 Lit.) – deshalb die empfehlenswerteste Anreisevariante vom Flughafen aus – ist das große Flughafenboot nach dem Lido und nach San Marco. Die Abfahrtszeiten sind auf die Ankünfte der internationalen Flüge abgestimmt, so daß kaum Wartezeiten entstehen – und die Einfahrt in die großartige Kulisse des *Bacino di San Marco* ist selbst für Venedig-Habitués jedesmal ein Erlebnis.

ANKUNFTSERVICE

Gepäckdienste:

Venedig, das sei betont, ist keine Stadt für Schwerbepackte – es gilt, den Rat, nur soviel einzupacken, wie man auch schleppen kann, besonders ernstzunehmen. Hier hilft nämlich je nach Lage der Unterkunft kein Taxi aus der Patsche. Zwar gibt es organisierte Gepäckträger, die das Gepäck übers holprige Pflaster und die unzähligen Brücken tragen. Aber, um ehrlich zu sein, ich hab' noch nie einen gefunden, wenn ich ihn wirklich brauchte. Und zum stundenlangen Warten, bis endlich irgendwo wer das Telefon abnimmt und gewillt ist, den Einzelauftrag auszuführen, reichte meine Geduld nie – und Wut setzt ja bekanntlich Kräfte frei... Aber vielleicht ist diese Erfahrung nur persönliches Pech. Hier die Standplätze und Rufnummern der Gepäckservices. *Die Preise sind festgelegt:* Zwei Gepäckstücke kosten innerhalb der Stadt, ungeachtet der Distanz, 7000 Lit., jedes weitere Gepäckstück 2000 Lit. Die Preise ändern schnell, die neuesten Tarife sollten jedoch angeschlagen sein und werden zudem auch in der Infobroschüre „Un Ospite di Venezia – a Guest in Venice" publiziert. Hier wie anderswo gilt: Den *Preis vorher vereinbaren*, das spart leidige Diskussionen! – Am Bahnhof sind zwei Gepäckdienste im Einsatz: Die eine Gruppe darf nur innerhalb der Bahnhofshalle arbeiten, die andere draußen. Wer also hier sein Gepäck tragen lassen will, muß gleich zwei Mann engagieren.

■ **PIAZZALE ROMA,** Tel. 52 03 70 und 52 23 590.

■ **FERROVIA** (Bahnhof), Tel. 71 52 72.

■ **SAN GEREMIA** (Cannaregio), Tel. 71 56 94.

■ **RIALTO,** Tel. 52 05 308.

■ **SANTA MARIA FORMOSA,** Tel. 52 35 615.

■ **ACCADEMIA,** Tel. 52 24 891.

■ **SAN MOISE',** Tel. 52 37 578.

■ **CALLE VALLARESSO** (bei der Vaporetto-Station San Marco), Tel. 52 24 412.

■ **BACINO ORSEOLO** (San Marco), Tel. 52 00 545.

■ **ORLOGIO SAN MARCO,** Tel. 52 23 385.

■ **SAN ZACCARIA** (Castello), Tel. 52 28 901.

■ **BRAGORA** (Riva degli Schiavoni), Tel. 52 87 273.

Albergo diurno:

Wer in der Stadt ankommt und erst noch eine Unterkunft suchen muß oder wer als Tagestourist in Venedig weilt, kann sich in einem *Albergo diurno* frischmachen. Im Albergo diurno, was soviel heißt wie Tagesherberge, kann man sich einen Ruheraum mieten, hier stehen Toiletten, Wickeltische, ja sogar Friseur, Pediküre und Masseur zur Verfügung. In Venedig gibt es zwei solche Einrichtungen: das Albergo diurno am Bahnhof (täglich 6.30–20.30 Uhr geöffnet) und eines gleich beim Markusplatz (hinter dem napoleonischen Trakt, auf der Westseite gleich neben der Post, täglich 8.30–20 Uhr geöffnet).

■ **ÖFFENTLICHE TOILETTEN** waren früher in Venedig ein echtes Problem. Die unerfreuliche Situation, das darf betont werden, hat sich in den letzten Jahren verbessert: In den meisten Restaurants, Bars und Osterie findet sich heute ein zwar oft winziger, aber einigermaßen sauberer stiller Ort. Ein guter Tip für Notfälle sind die *Museen*, da gibt's bestimmt ein *gabinetto*.

Verkehrsmittel

VAPORETTI

Was in anderen Städten Tram, Bus oder U-Bahn, sind in Venedig die *Vaporetti*, die Linienboote, die die Stadt von einem Ende zum anderen erschließen und gute Verbindungen zu allen Laguneninseln garantieren. Die Vaporetti fahren zuverlässig und erstaunlich pünktlich. Einzig bei (eher seltenen) Streiks und vor allem beim dichten Nebel im Herbst und Winter ist mit beträchtlichen Verspätungen des gesamten öffentlichen Verkehrs zu rechnen.

Die genauen Fahrpläne sind an jeder Anlegestelle, am *pontile*, angeschlagen. Fahrplanauszüge werden auch in der Broschüre „Un ospite di Venezia – a Guest in Venice" (siehe Kapitel „Informationen") publiziert. *Als Grundregel gilt:* Die Vaporetti fahren zwischen 5 Uhr morgens und 11 Uhr abends, die wichtigsten Linienkurse in der Stadt werden je nach Jahreszeit etwas länger geführt, so bis gegen 23.30 Uhr. Zum **LIDO** und weiter bis zur **PUNTA SABBIONI** auf Cavallino (mit Busanschluß nach Jesolo) fahren im Sommer bis gegen 3 Uhr morgens öffentliche Boote.

Der öffentliche Verkehr ist, wie fast alles in Venedig, recht teuer. Eine Kurzstrecke in der Stadt selbst kostet je nach Linie zwischen 1000 und 1700 Lit., eine Langstrecke zwischen 1500 und 2400 Lit. Für Gepäck muß eine separate Fahrkarte gelöst werden, einzig ein Handgepäck ist frei. An den Anlegestellen können Fahrkartenblökke gekauft werden, die vor der Fahrt entwertet werden. Eine Notwendigkeit für die abendliche Vaporetti-Fahrten, denn zu den Randstunden sind die Billettschalter nicht bedient. Dann kann man zwar noch auf dem Boot eine Fahrkarte lösen, jedoch gegen zusätzliche Gebühr. Wer ohne gültigen Fahrausweis erwischt wird, zahlt kräftig. „Unwissende" TouristInnen können in solchen Fällen nicht auf Mitleid zählen, Schadenfreude ist schon eher die Regel! Für TouristInnen wird eine **24-STUNDEN-FAHRKARTE** angeboten. Sie ist an jeder Anlegestelle erhältlich, kostet 9000 Lit. und berechtigt zu unbegrenzten Fahrten auf allen Boots- und Buskursen der ACTV *(Azienda del Consorzio Trasporti Veneziano)*, des öffentlichen Verkehrsverbundes der Stadt.

Weit attraktiver ist eine andere Vergünstigung, die **CARTA VENEZIA**. Sie ist in erster Linie für die Einheimischen gedacht, kann jedoch auch von Venedig-Besuchern gelöst werden. Die Carta Venezia kostet 9000 Lit., ist 3 Jahre gültig, und man fährt damit auf dem ganzen öffentlichen Verkehrsnetz zum halben Preis (zum Teil noch günstiger). Die Carta Venezia kann gegen Vorweisung eines Fotos, eines Ausweispapiers und einer venezianischen Adresse beim Hauptsitz der ACTV gelöst werden: ACTV, San Marco 3880, Corte dell'Al-

MUSIC
AND

bero. Vaporetto 1, Station Sant'Angelo. Tel. 780 111. Geöffnet Mo–Fr, 8.30–12.30 Uhr.

Bei den Touristen-Informationsstellen sollten übersichtliche Plänchen mit allen Linien und Verbindungen der öffentlichen Verkehrsmittel Venedigs aufliegen – sollten, denn leider ist Infomaterial in dieser Stadt oft und gern „ausgegangen", während Wochen nicht greifbar. Fragen lohnt sich trotzdem, und für den Notfall hier noch eine Übersicht über die Vaporetti-Kurse (weitere Tips für Stadtbesichtigungen mit öffentlichen Verkehrsmitteln siehe Kapitel „Stadtrundfahrten"):

Reguläre Kurse:

■ **LINEA 1** *(accellerato):* **TRONCHETTO/PIAZZALE ROMA – LIDO** und umgekehrt. Alle 10 Minuten.
Haltestellen: Tronchetto – Piazzale Roma (1) – Ferrovia (Bahnhof) (2) – Riva di Biasio (3) – San Marcuola (4) – San Stae (5) – Cà d'Oro (6) – Rialto (7) – San Silvestro (8) – Sant'Angelo (9) – San Tomà (10) – Cà Rezzonico (11) – Accademia (12) – Santa Maria del Giglio (13) – Salute (14) – San Marco (15) – San Zaccaria (16) – Arsenale (17) – Giardini/Biennale (18) – Sant'Elena (19) – Lido (20). (In Klammern sind die Nummern der Anlegestellen angegeben.) *Die ideale Linie für eine Canal-Grande-Besichtigungstour.*

■ **LINEA 2** *(diretto):* **RIALTO – FERROVIA – LIDO** und umgekehrt. Alle 10 Minuten.
Haltestellen: Rialto – Ferrovia – Piazzale Roma – Accademia – San Marco – San Zaccaria – Sant'Elena – Lido. Der schnellste Weg von San Marco zum Bahnhof und zum Piazzale Roma und umgekehrt.

■ **LINEA 5: CIRCOLARE DESTRA** (Rundfahrt rechts). Alle 15 Minuten.
Haltestellen: Murano – Fondamenta Nove – San Zaccaria – San Giorgio – Giudecca – Zattere – Piazzale Roma – Ferrovia – Fondamenta Nove – Murano.

■ **LINEA 5: CIRCOLARE SINISTRA** (Rundfahrt links). Alle 15 Minuten.
Haltestellen: Murano – Fondamenta Nove – Ferrovia – Piazzale Roma – Zattere – Giudecca – San Giorgio – San Zaccaria – Fondamenta Nove – Murano.
Mit dem Vaporetto Nummer 5 kann die *schönste und günstigste Stadtrundfahrt auf Wasserwegen* erlebt werden.

■ **LINEA 6: VENEZIA – LIDO** und umgekehrt. Alle 20 Minuten.
Von der Riva degli Schiavoni nach Santa Maria Elisabetta.

■ **LINEA 8: SAN ZACCARIA – TRONCHETTO** und umgekehrt. Alle 15 Minuten.
Haltestellen: San Zaccaria – San Giorgio – Giudecca – Zattere – Sacca Fisola – Tronchetto.

■ **LINEA 9: GIUDECCA – ZATTERE** und umgekehrt (Fährboot). Alle 15 Minuten.

■ **LINEA 10** und **LINEA 20: VENEZIA – OSPEDALI LAGUNARI** und umgekehrt (zu den Spitälern in der Lagune). Alle 60 Minuten.
Haltestellen: Riva degli Schiavoni – Grazia – San Servolo – San Lazzaro degli Armeni – San Clemente.

◀ *Zubringerdienst auf Wasserstrassen: ein verwinkeltes Netz enger Kanäle ermöglicht einen optimalen Warenumschlag (o), auf breiten Kanälen erschliessen die Vaporetti, die öffentlichen Linienboote, die Stadt (u).*

■ **LINEA 12: VENEZIA – BURANO – TREPORTI** und umgekehrt. Alle 60 Minuten.
Haltestellen: Fondamenta Nove – Murano – Mazzorbo – Burano – Torcello – Treporti.

■ **LINEA 13: VENEZIA – MURANO – VIGNOLE – SANT'ERASMO** und umgekehrt. Alle 60 Minuten.

■ **LINEA 14: VENEZIA – LIDO – PUNTA SABBIONI** und umgekehrt. Alle 30 Minuten.

Touristensaison und Karneval:

■ **LINEA 5 BARRATO: TRONCHETTO – MURANO** und **SAN ZACCARIA – MURANO.** Alle 30 Minuten.
Haltestellen: Tronchetto – Piazzale Roma – Ferrovia – Murano und San Zaccaria – Sant'Elena – Murano.

■ **LINEA 16: FUSINA – ZATTERE** und umgekehrt. Alle 30 Minuten.

■ **LINEA 24: SAN GIULIANO – FONDAMENTA NOVE** und umgekehrt. Alle 30 Minuten.

■ **LINEA 34: SAN MARCO – TRONCHETTO – PIAZZALE ROMA – LIDO** und umgekehrt. Alle 10 Minuten.
Haltestellen: San Marco – Giudecca – Tronchetto – Piazzale Roma – Ferrovia – Rialto – Accademia – San Marco – Giardini – Lido.

■ **LINEA 28: FERROVIA – CASINO'MUNICIPALE** und umgekehrt. Alle 30 Minuten.
Haltestellen: Ferrovia – Piazzale Roma – San Zaccaria – Lido/Casinò.

GONDELN

„Gondola, gondola – bellezza, vieni in gondoleta...", werben die Gondolieri mit Schalk, Charme und Schwerenöterblicken um zahlungskräftige oder -willige TouristInnen. Die schlanke, schwarzglänzende Gondel ist *das Wahrzeichen* Venedigs schlechthin, und eine Gondelfahrt kann als wirklich einzigartiges Erlebnis nur empfohlen werden. Beim gemächlichen Schaukeln auf stillen Kanälen entdecken auch unverbesserliche Realos ihre romantische Ader. Die Romantik hat ihren Preis: An die 80 000 Lit. kostet ein knapp dreiviertelstündiger Gondelspaß. „Genau wie beim Psychiater", kontert ein auf die sündhaft teuren Preise angesprochener Gondoliere meine Kritik. Was soll man dazu schon sagen... Daß eine Gondelfahrt was fürs Gemüt ist und oft mithilft, unbekannte weiche Seiten der eigenen Persönlichkeit zu erkennen, kann ich kaum abstreiten. Der selbstbewußten und witzigen Schlagfertigkeit der Gondolieri ist eh niemand gewachsen. Die stolzen Ruderer sehen sich selbst als die letzten waschechten Venezianer. Sie sind es, die das langsame Verkommen der Stadt hautnah mitverfolgen: die veralgten, mit Abfällen übersäten Kanäle, die durch den Wellengang angefressenen Fundamente, die von Menschenmassen verstopften Brücken und Gassen. Sie rudern tagtäglich daran vorbei, registrieren die stetigen Veränderungen und kämpfen unbeirrt für Sanierungsmaßnahmen, wenn's sein muß auch mal mit einem Streik. Auch die chronische Wohnungsnot in Venedig erleben sie am eigenen Leib: Heute wohnen die

▶
Liebevoll pflegen die Gondolieri die Verzierungen ihrer Barken (o). Dank der geschwungenen, auf Gewicht und Grösse des Gondoliere abgestimmten Ruderdolle, kann die Gondel mit nur einem Ruder gesteuert werden (u).

meisten Gondolieri außerhalb des *Centro Storico*, in wabenartigen Sozialsilos in Mestre und Marghera, und fahren tagtäglich mit dem Motorfahrrad über die Freiheitsbrücke in die Stadt. Es gibt schon ein Gondellied mit dem Titel „Il Gondoliere in motorino". Heute leben die Gondolieri ausschließlich vom Tourismus. Eine „Gondola da casada", eine Hausgondel, kann sich in Venedig niemand mehr leisten. Peggy Guggenheim war die letzte, die sich vom persönlichen Gondoliere zum Abendspaziergang auf den Canal Grande rudern ließ. Heute müssen die Gondolieri während der Sommermonate das Einkommen fürs ganze Jahr erwirtschaften. Im Winter liegen die Gondeln verlassen da; kaum ein Tourist kann sich für feuchtkalte Gondelromantik begeistern. Und auch die Sommergäste sind seltener geworden: Entweder sie haben als Tagesausflügler keine Zeit für einen Gondeltrip, oder sie müssen angesichts der teuren Preise in Venedig auf dieses Vergnügen verzichten. Für die Gondolieri laufen die Unterhaltskosten jedoch weiter: Die Gondeln müssen regelmäßig gewartet, von den hartnäckigen Algen und Muscheln befreit werden. Kommt dazu, daß eine Gondel heute eine bedeutend kürzere Lebensdauer hat als noch vor zwei Jahrzehnten. Schuld daran ist der immer heftigere Wellengang auf den Kanälen. Früher arbeitete ein Ruderer das ganze Leben mit derselben Gondel, konnte sie oft noch an seinen Sohn weitervererben. Heute hält die kunstvolle Gondelkonstruktion rund zwanzig Jahre die ständigen Schläge an der Mole aus, dann muß sie aus dem Verkehr gezogen werden. Eine neue Gondel kostet mehr als ein luxuriöses Motorboot, und die Gondolieri müssen die Bestellungen für ein neues Boot Jahre im voraus aufgeben.

In Venedig verstehen nur noch drei Gondelbauer das traditionelle Handwerk. Jede Gondel ist ein eigenes Kunstwerk, aus acht verschiedenen Hölzern gebaut, 1,38 Meter breit, 10,87 Meter lang und asymmetrisch: die eine Seite ist 24 cm kürzer, was es erlaubt, das Boot mit nur einem Ruder durch die engen Kanäle zu steuern. Ihre spezielle Bauweise läßt sie ganz leicht auf dem Wasser gleiten, darin liegt das Geheimnis ihrer Eleganz und Wendigkeit. Einer Eleganz, die jedoch nur in glatten Gewässern zur Geltung kommt, beim heutigen Wellengang in Venedig kaum mehr eine Rolle spielt. Trotzdem halten die Gondolieri stur an der traditionellen teuren Gondel fest. Neu lancierte Gondeln mit Plastikbelag, die robuster sind und zudem rund die Hälfte kosten, hatten bisher bei ihnen keine Chance. So gesehen ist die Gondel noch keine Folklore, sondern echt gelebte venezianische Tradition – auch wenn sie heute ausschließlich dem Touristenvergnügen dient. Ein Plädoyer für Gondel und Gondolieri? Ich gebe es zu, ich habe eine Schwäche für diese melancholisch wirkenden Boote und ihre selbstbewußten Ruderer. Meiner Meinung nach ist eine Gondelfahrt in Venedig ein Muß – auch wenn man sie sich vom Mund absparen muß. Damit sie jedoch zum romantischen Erlebnis wird, zwei Tips: Setzen Sie den genauen Preis und die Dauer der Fahrt vorher fest. Und mei-

▶
Vater Nedis und Sohn Roberto Tramontin gelten als die besten Gondelbauer der Stadt (o). Der "ferro", das stabilisierende Eisen am Gondelbug, hat Symbolcharakter: Es steht für den Dogenhut und die sechs Stadtteile.

den Sie den Canal Grande, der ist vom Vaporetto aus ungestörter zu genießen. Mit der Gondel muß man sich in verwaiste, stille Kanäle verirren!

Gondelstandplätze:

■ **BACINO ORSEOLO** (hinter den Procuratie Vecchiel bei San Marco): Tel. 52 89 316.

■ **CALLE VALLARESSO** (bei Vaporetto-Station San Marco und Harry's Bar): Tel. 52 06 120.

■ **DANIELI** (Riva degli Schiavoni): Tel. 52 22 254.

■ **SAN MARCO – MOLO:** Tel. 52 00 685.

■ **TRINITA'** (Campo San Moisè, beim Hotel Bauer Grünwald): Tel. 52 31 837 und 52 23 103.

■ **SANTA MARIA DEL GIGLIO** (beim Hotel Gritti): Tel. 52 22 073.

■ **SAN TOMA'** (bei der Vaporetto-Station): Tel. 52 05 275.

■ **RIALTO** (Riva del Carbon): Tel. 52 24 904.

■ **SANTA SOFIA** (Cannaregio): Tel. 52 22 844.

■ **FERROVIA** (San Simon Piccolo, Bahnhof): Tel. 718 543.

■ **PIAZZALE ROMA:** Tel. 52 20 581.

■ **TRONCHETTO** (Parkplatz-Insel): Tel. 52 38 919.

TRAGHETTI

Für Besucher ist es die preisgünstigste Art, Gondelgefühl zu erleben, für die VenezianerInnen ein unentbehrliches Mittel, in der vom *Canal Grande* zweigeteilten Fußgängerstadt schnell und bequem ans gewünschte Ziel zu kommen: das *traghetto*, die Gondelfähre. Einzig drei Brücken – beim Bahnhof, am Rialto und an der Accademia – überqueren den Canal Grande. Früher sicherte deshalb ein dichtes Netz von Gondelfähren ein schnelles Vorwärtskommen. Unzählige Gassen – heute noch durch die Bezeichnung *Calle del Traghetto* erkennbar – wurden durch Gondeln nahtlos miteinander verbunden. Noch in den fünfziger Jahren versahen in Venedig an die 30 Traghetti den gefragten Dienst. Heute sind es noch sieben, und lediglich drei kreuzen den ganzen Tag im regen Verkehr den Canalazzo. Sehr zum Leidwesen der VenezianerInnen, die um die verbleibenden Traghetti kämpfen, die ihnen zeitraubende Umwege zu Fuß oder per Vaporetto ersparen. Die Gondolieri-Vereinigungen wurden per Gesetz verpflichtet, die heutigen Gondelfähren weiterhin zu betreiben, ob sie rentieren oder nicht. Und auch die Preise für die Übersetzung sind fix: 300 Lit. pro Person. Am besten man macht es wie die Einheimischen: legt die Münzen dem Gondoliere auf die Zeitung und läßt sich stehend über den Kanal rudern – ein durch und durch venezianisches Erlebnis! Hier die Betriebszeiten der noch operierenden Traghetti:

■ **SAN SIMEONE PICCOLO – FERROVIA:** 7.45–13.30 Uhr an Werktagen, 8.45–13.30 Uhr an Sonn- und Feiertagen.

■ **SAN MARCUOLA – SALIZZADA DEL FONTEGO DEI TURCHI:** 7.30–14 Uhr, nur werktags.

■ **SANTA SOFIA – PESCHERIA** (Rialto-Markt): 7–21 Uhr an Werktagen, 7.30–19 Uhr an Sonn- und Feiertagen.

■ **SAN SILVESTRO – RIVA DEL CARBON** (Rialto): 7.45–14.20 Uhr, nur werktags.

■ **SANT'ANGELO – SAN TOMA':** 7–21 Uhr an Werktagen, 8–20 Uhr an Sonn- und Feiertagen.

■ **SAN SAMUELE – SAN BARNABA:** 7.15–14 Uhr, nur werktags.

■ **SANTA MARIA DEL GIGLIO – SAN GREGORIO:** 8–19 Uhr täglich. In den Wintermonaten November bis und mit Februar 8–18 Uhr.

TAXI

Taxis sind in Venedig sündhaft teuer: Unter 25 000 Lit. kann man in eines der auf Hochglanz polierten Motorboote nicht mal einsteigen. Und eine Taxifahrt ist zudem die Sünde kaum wert. Die venezianische Taxizunft genießt einen schlechten Ruf. Taxifahrer werden oft als Piraten bezeichnet. Ihre Spezialität: Touristen übers Ohr hauen, und zwar happig! Zwar gibt es verbindliche Tarife, die öffentlich und auch im Taxi angeschlagen sind. Jedes zugelassene Bootstaxi ist mit einem Taxameter ausgerüstet, aber auch wenn dieser vorschriftsmäßig eingeschaltet wird, können Fremde im labyrinthartigen Venedig spielend leicht hinters Licht geführt werden. *Es sei deshalb empfohlen, vor Antritt der Fahrt einen verbindlichen Preis auszuhandeln. Feilschen ist dabei durchaus angesagt.* Lassen Sie sich in aller Ruhe die komplizierten Tarifkombinationen erklären und schwarz auf weiß zeigen! Die Grundtaxe gilt immer bis zu 4 Personen, erst bei mehr Fahrgästen kann ein Zuschlag verrechnet werden. Extrataxen sind für alles Mögliche offiziell erlaubt: So zahlt man im Zentrum 7000 Lit. extra, wenn man ein Taxi telefonisch bestellt, 8000 Lit. extra für eine Taxifahrt am Sonntag usw. Aber abgesehen von diesen offiziell abgesegneten Zuschlägen: Einige Taxifahrer sind äußerst kreativ im Erfinden neuer Extra-Tarife!

Zu einer wahren Plage sind in Venedig zudem in den letzten Jahren die sogenannten „abusivi", nichtkonzessionierte Taxianbieter, geworden. Sie lauern ahnungslosen Touristen mit Vorliebe auf den Parkplätzen außerhalb der Stadt auf und (ver)schaukeln sie gegen astronomische Gagen ins Zentrum.

Und noch etwas sollte man sich in Sachen Taxi in Venedig merken: Ein Taxi garantiert noch lange nicht das Aussteigen direkt vor der Haus- oder Hoteltür. Zum einen liegen gewisse Unterkünfte nicht direkt an einem befahrbaren Kanal, zum anderen scheuen sich bestimmte Taxifahrer, in enge und manchmal verkehrsreiche Kanäle zu fahren, wo gekonntes Manövrieren gefragt ist. Dann kann es passieren, daß man an der nächsten Vaporetto-Anlegestelle ausgeladen wird und trotz Luxus-Taxipreis mit Gepäck ein paar Gassen und Brücken zu Fuß überqueren muß. Deshalb: Auf jeden Fall auch den *genauen Anlegeort* vor der Taxifahrt vereinbaren!

Taxistandplätze und -rufnummern:

■ **RADIO-TAXI:** Tel. 52 32 326 und 52 22 303.

■ **FERROVIA** (Bahnhof): Tel. 716 286.
■ **PIAZZALE ROMA:** Tel. 716 922.
■ **RIALTO:** Tel. 52 30 575.
■ **SAN MARCO:** Tel. 52 29 750.
■ **LIDO:** Tel. 54 15 084.
■ **AEREOPORTO MARCO POLO** (Flughafen): Tel. 964 084.

Informationen

In Venedig schnell zu präzisen Auskünften und brauchbarem Infomaterial zu kommen ist nicht so einfach. Erstens weil man in dieser Stadt Touristen oft mit Arroganz begegnet – sie kommen ja sowieso aus aller Welt in Massen dahergeströmt, man braucht sich also nicht um sie zu bemühen... Zweitens weil es für alle nur möglichen Detailprobleme spezielle Informationsstellen gibt, in denen nach Beamtenart schlußendlich doch niemand zuständig ist oder die permanent „vorübergehend geschlossen" sind. Zuverlässig jedoch sind die Infostellen des EPT, *Ente Provinciale per il Turismo:*

■ **EPT-INFORMATION SAN MARCO,** San Marco Ascensione 71/c (Markusplatz beim Durchgang des napoleonischen Trakts). Tel. 52 26 356. Vaporetto 1 und 2, Station San Marco. Geöffnet Mo–Sa 9–12.30 und 15–19 Uhr.

■ **EPT-INFORMATION FERROVIA SANTA LUCIA,** im Bahnhof. Tel. 71 50 16. Vaporetto 1, 2 und 5, Station Ferrovia. Geöffnet täglich 8.30–20.30 Uhr.

■ **EPT-INFORMATION PIAZZALE ROMA,** Piazzale Roma. Tel. 52 27 402. Vaporetto 1, 2 und 5, Station Piazzale Roma. Geöffnet Mo –Sa 9–18 Uhr, im Winter nur nachmittags 14–18 Uhr.

■ **EPT-INFORMATION LIDO,** Gran Viale 6, Lido. Tel. 76 57 21. Geöffnet Mo–Sa 8–14 Uhr.

In diesen Touristeninformations-Büros sind alle nur erdenklichen Auskünfte erhältlich – und zwar auch in deutsch: Angaben und Wegleitungen zu Adressen, Hotelinfos und die neusten Listen für Billigunterkünfte für Jugendliche, Pläne und Preise für die öffentlichen Verkehrsmittel, Bus-, Bahn- und Bootsverbindungen für Ausflüge in die Lagune und aufs Festland, Broschüren und Verzeichnisse mit Adressen, Öffnungszeiten und Eintrittspreisen aller Sehenswürdigkeiten, Kirchen und Museen, die neusten Informationen in Sachen Veranstaltungen (Kino, Konzerte, Theater, Ausstellungen). Hier wird gratis der Wochenführer *„Un ospite di Venezia – a Guest in Venice"* (s.u.) abgegeben, können zum Teil Spezialbroschüren, Ausstellungsführer und Plakate gekauft werden. Wie freundlich, ausführlich und effizient die Informationen daherkommen, hängt von der Person hinter dem Schalter ab. Wenn Sie auf den/die Falsche treffen sollten: Da hilft nur freundliche Hartnäckigkeit weiter – unbeirrt mit Fragen löchern, und man kommt, langsam und zäh zwar, zu den gewünschten Infos!

■ **ASSESSORATO AL TURISMO,** Ufficio Comunale Turismo e Sport, San Marco 1364/a, Calle del Ridotto,

Cà Giustinian (in einer Quergasse zur Salizzada San Moisè gegen den Canal Grande hin). Tel. 52 09 955. Vaporetto 1 und 2, Station San Marco. Geöffnet Mo–Sa 8.30–18.30 Uhr.

Nebst rudimentärem Stadtplan, allgemeinen Infoprospekten und Auskunft zu Vergünstigungen, vor allem zu möglichen und stets ändernden Vergünstigungen für Jugendliche, wird hier gegen ein kleines Entgelt die Broschüre *Venezia Almanacco*, eine Art Kulturkalender mit allen laufenden Veranstaltungen – leider nur in italienischer Sprache –, abgegeben. Dies ist auch die richtige Stelle für Infos über die verschiedenen Veranstaltungen während der *Großanlässe in Venedig:* Carnevale, Kunst- und Filmbiennale. Auch die *Plakate* zu diesen Veranstaltungen können hier gekauft werden. Nur einen Haken hat die Sache: Öffnungszeiten hin oder her – oft steht man hier vor gähnend leeren Schaltern. Da hilft nur eins: Stöbern Sie ungezwungen durch die Büros. Mit etwas Glück finden Sie eine hilfreiche Büromaus – und sonst bleibt als Trost die etwas kafkaeske Palazzoatmosphäre und die Aussicht auf den Canal Grande.

■ Eine nützliche Quelle für Informationen jeder Art ist zudem das **TELEFONBUCH**, und vor allem das beigelegte Heft *Tutto Città* mit wirklich guten Stadtplänen, mit Listen zu Sehenswürdigkeiten, Museen, Kirchen, Theater, Kinos, Verkehrsmitteln, mit Adressen von Behörden und allen wichtigen Notrufnummern.

■ Als kleine, aktuelle Touristen-Bibel kann auch die wöchentlich erscheinende Broschüre **UN OSPITE A VENEZIA – A GUEST IN VENICE** empfohlen werden. Darin sind neben den üblichen Infos zur Stadt vor allem auch die *Fahrpläne* für die öffentlichen Verkehrsmittel und die gültigen Tarife für Verkehrsmittel und Dienstleistungen sowie *alle aktuellen Veranstaltungen, Ausstellungen und speziellen Stadtführungen* zu finden. Die Broschüre liegt gratis in den meisten Hotels und in vielen Geschäften auf oder kann bei den Touristeninformations-Büros verlangt werden.

■ Die aktuellsten Infos zu Veranstaltungen und Ereignissen in der Stadt sowie alle wichtigen Notrufnummern bieten die lokalen **TAGESZEITUNGEN** *Il Gazzettino* und *Nuova Venezia*, die an jedem Kiosk erhältlich sind.

Infos zur Ökologie:

Wer sich für ökologische Aspekte Venedigs interessiert, kann sich bei folgenden Adressen informieren. Einige dieser Organisationen bieten geführte Touren in der Stadt und durch die Lagune an.

■ **ITALIA NOSTRA,** San Marco 1260. Tel. 52 04 822.

■ **L.I.P.U. – LEGA ITAL. PROTEZIONE UCCELLI,** c/oo A. Sartori, Piazza Parmesan 12, Marghera. Tel. 92 04 44.

■ **PRO NATURA,** c/o Unione Agricultori, via Monteverdi 15, Mestre. Tel. 98 00 00.

■ **VENICE COMMITTEE,** International Fund for Monuments, Castello 3701, Chiesa della Pietà. Tel. 52 37 614.

■ **WWF,** World Wildlife Fund, Calle Sale 15, Mestre. Tel. 95 08 00.

Video-Information:

■ **VENICE EXPERIENCE,** Cinema Centrale, Piscina di Frezzeria. Vaporetto 1 und 2, Station San Marco. Täglich 9–17 Uhr, ganzer Monat Januar geschlossen.
45 Minuten venezianische Geschichte in einer recht spannenden Multivisions-Show. Durchaus empfehlenswert für einen Überblick über die Vergangenheit und Entwicklung Venedigs. Mit Simultanübersetzung (Kopfhörer) in deutsch, englisch, französisch, spanisch und japanisch.

GEFÜHRTE TOUREN

Diverse Reiseagenturen in der Stadt bieten organisierte Stadtrundfahrten, Inseltrips in die Lagune und Touren zu Sehenswürdigkeiten ins Hinterland. Die Angebote und Preise unterscheiden sich von einer Agentur zur anderen kaum.

Spezielle Touren zu *besonderen Themengebieten* organisieren auch kirchliche und Umweltorganisationen – meist sehr empfehlenswert! Informationen dazu in der Tagespresse und in der Broschüre „Un Ospite di Venezia – a Guest in Venice".

Stadtrundfahrten mit offiziellen Führern in einer Sprache nach Wunsch kann man sich auch *individuell* organisieren lassen – gegen entsprechendes Entgelt natürlich! Hier die Adresse:

■ **ASSOCIAZIONE GUIDE TURISTICHE,** Castello 5267, Calle delle Bande. Tel. 70 90 38. Geöffnet täglich 9.30–12.30 und 15–18 Uhr.
Eine Führung muß selbstverständlich im voraus vereinbart werden. Die Preise: Für drei Stunden 72 000 Lit., für 6 Stunden 122 000 Lit., die Preise gelten für Gruppen bis zu 15 Personen.

STADTPLÄNE

Alltägliche Szenen in Venedig: Touristen, verzweifelt über ausgebreitete Stadtpläne gebeugt; streitende Paare, deren Liebesglück in der romantischsten aller Städte von Orientierungsschwierigkeiten getrübt wird. Venedig ist ein Labyrinth aus unzähligen verschlungenen Gassen, die zu allem Unglück auch noch in verschiedenen Quartieren gleiche Namen haben. Sich verirren ist hier normal, sich problemlos zurechtfinden oft ein Glücksfall. Daran können auch Stadtpläne wenig ändern. Von all den an Kiosken und in Buchhandlungen erhältlichen Stadtplänen kann ich nur einen empfehlen: Venezia – Pianta di Città 1:5000, Studio F.M.B. Bologna, in dem auch Burano, Cavallino, Lido, Murano und Pellestrina aufgeführt sind. Die **PIANTINA F.M.B.**, wie er kurz genannt wird, ist der einzige Stadtplan, in dem wirklich alle Gassen und Plätze angegeben sind, und vor allem der einzige, bei dem die Gassenführung stimmt. Damit sollte man auch im venezianischen Labyrinth den richtigen Weg finden. Ein Tip für die schnelle Orientierung sind auch die guten Stadtpläne im Heft „Tutto Città", das jedem Telefonbuch beiliegt.

GELD UND BANKEN

Geld wechseln ist in Venedig einfach: Die Banken sowie die meisten Reisebüros und Hotels nehmen sowohl Bargeld als auch Traveller- und Eurochecks entgegen. Die besten Kurse erzielt man meist auf der Bank, die paar Lire Gewinn werden jedoch bezahlt mit bürokratischem Spiessrutenlaufen und ärgerlichem Zeitverlust. Da ist das schnelle Wechseln im Reisebüro oder im Hotel doch lohnender. *Wichtig:* Egal, wo Sie wechseln, ein Ausweis (Paß oder Identitätskarte) wird immer verlangt! Die meisten Banken und Reisebüros befinden sich hinter dem Markusplatz, Richtung Accademia, und rund um den Bahnhof. Die Adressen und Rufnummern aller Banken und Reiseagenturen in Venedig sind in der Broschüre „Un Ospite di Venezia – a Guest in Venice“ aufgeführt. Die Banken sind nur am Morgen, Mo –Fr 8.30–13.30 Uhr geöffnet. Einzig die Bank im Bahnhof Santa Lucia (täglich 8–19 Uhr) und jene am Flughafen Marco Polo (täglich 11.30–12.30 und 13.30–16.30 Uhr) machen da eine Ausnahme.

Die *Reisebüros* folgen in der Regel den Ladenöffnungszeiten – sind also Mo–Sa 9–12.30 und 15.30–19.30 Uhr geöffnet. Zwar hat sich eingebürgert, daß meist ein Reisebüro bei San Marco durchgehend offen hat, sozusagen im Schichtdienst. Aber die Regeln für diesen Dienst habe ich bisher noch nicht durchschaut, sie werden auch nirgends veröffentlicht. Da hilft nur Suchen, Fragen und „selbst entdecken“! Längere Öffnungszeiten bietet das folgende Reisebüro beim Bahnhof:

■ **ROMEA TOUR,** Lista di Spagna 134. Geöffnet im Sommer täglich 8–20 Uhr, im Winter 9–13 und 15.30–19 Uhr.

■ Rund um die Uhr kann man im **BAHNHOF** zu Lire kommen: 8–20 Uhr in der Wechselstube im Informationsbüro und 20–8 Uhr früh an den Fahrkarten-Schaltern. Diese wechseln allerdings nur Bargeld – keine Euro- und Travellerchecks. In der Touristenhochburg Venedig kann man problemlos in vielen Hotels, Restaurants (auch Osterie) und Geschäften mit Eurochecks und allen Kreditkarten bezahlen.

POST UND TELEFON

Telefonieren kann man in Venedig überall. Telefonkabinen, wie wir sie kennen, sind zwar selten. Dafür gibt es die lustigen Telefone, die an den unmöglichsten Orten an der Hauswand kleben. Da kann man die VenezianerInnen beobachten, wie sie lässig-cool mitten im Menschengewühl an der Wand lehnen und unbeirrt plaudern. Wer's weniger öffentlich vorzieht, hält sich an die Lokale, meist Kneipen und Tabakläden, die mit einem schwarzen Telefon auf gelbem Grund beschildert sind. Auch hier kann's jedoch ziemlich laut zu und her gehen. Telefonintimität gewährleisten nur die öffentlichen Telefonämter (in Italien sind Post- und Telefonamt getrennt) – oder der Apparat im Hotelzimmer. Aber die Telefonruhe im Hotel wird teuer bezahlt, oft kostet hier ein *scatto*, das sind die in Italien berechneten Zeiteinheiten, das Doppelte und mehr vom Normalpreis.

Die öffentlichen Telefonapparate fressen 200-Lire-Münzen oder *gettoni*, spezielle Telefonmünzen. Diese sind an jeder Bar erhältlich, werden auch wie normale 200-Lire-Münzen zum Bezahlen und als Rückgeld gebraucht. Für Auslandsgespräche sind Münzapparate jedoch ungeeignet – es braucht zu viele Münzen. Da geht man besser zum nächsten Telefonamt:

■ **A.S.S.T. PALAZZO DELLE POSTE,** Piazza San Bartolomeo, Hauptpost (beim Rialto). Vaporetto 1 und 2, Station Rialto.

Die einzige öffentliche Möglichkeit, rund um die Uhr am Draht zu hängen!

■ **A.S.S.T. STAZIONE SANTA LUCIA,** beim Bahnhof. Vaporetto 1, 2 und 5, Station Ferrovia. Geöffnet täglich 8–20 Uhr.

■ **SIP PIAZZALE ROMA,** am Piazzale Roma. Vaporetto 1, 2 und 5, Station Piazzale Roma. Geöffnet täglich 8–21.30 Uhr.

■ **A.S.S.T. AEREOPORTO MARCO POLO,** am Flughafen. Geöffnet täglich 8–20 Uhr.

Achtung: Venezianische Telefonnummern haben zurzeit ihre Tücken. In der Stadt ist man daran, einen Teil der Nummern von sechs- auf siebenstellig zu ändern. Und da kann es schon vorkommen, daß bei der angewählten Nummer eine zackige Frauenstimme auf Tonband Instruktionen in schnellem Italienisch herunterleiert. Das Ganze ist nur halb so kompliziert, wie es tönt. Wenn das Tonband antwortet oder wenn ununterbrochen das Besetztzeichen tutet, hilft Folgendes: Der gewählten Nummer die Ziffer 52 voransetzen oder, wenn eine 7 am Anfang der Nummer steht, diese 7 weglassen und die 52 voranstellen. Ein Beispiel: Nummer 89 560 heißt neu 52 89 560 und die Nummer 70 31 66 lautet neu 52 03 166. So einfach ist das!

■ **Auskünfte** über venezianische Neuabonnenten und Abonnenten, Telefonnummern und Adressen bietet Tel. 12. Die internationale Auskunft erreicht man über Tel. 184.

■ Die gültigen **VORWAHLEN** für ausländische Destinationen sind im Telefonbuch aufgelistet. Für Deutschland gilt 0049, für die Schweiz 0041, für Österreich 0043. Anschließend wählt man Ortsvorwahl ohne 0 und die Rufnummer. – Vom Ausland nach Venedig: 0039 41 und die Nummer.

■ Wer einen **R-CALL** wünscht, also ein Telefongespräch, das vom Empfänger bezahlt wird, muß ihn über Tel. 15 anmelden.

■ **TELEGRAMME**, auch ins Ausland, können über Tel. 186 (werktags 8–20 Uhr) diktiert oder beim Telegrafenamt am Campo San Bartolomeo (bei der Hauptpost) direkt aufgegeben werden. 24-Stunden-Dienst!

■ **BRIEFMARKEN** sind auf allen Postämtern und in den *tabacchi* erhältlich. Dies sind meist kleine Geschäfte mit buntem Angebot (Zeitschriften, Bücher, Schreibwaren), die mit gut sichtbaren Schildern als *tabacchi* ausgewiesen sind. *Raucher aufgepaßt:* Es sind die einzigen Orte, die Zigaretten und Tabakwaren verkaufen dürfen. Sie befolgen eisern die Ladenöffnungszeiten: 9–12.30 und 15.30–19.30 Uhr. Da bleibt nur eine Rettung: für den Abend, die Nacht und das Wochenende vorsorgen, denn Automaten scheinen in dieser Stadt ein Fremdwort zu sein.

Buchtips

Kunst, Kultur, Geschichte:

■ **GIORGIO BELLAVITIS.** *Itinerari per Venezia.* Guide de l'Espresso. 505 S., Editoriale l'Espresso. In italienischer Sprache.

Ein äußerst kompetenter Führer zu Geschichte, Kultur, Architektur und Urbanistik Venedigs, geschrieben vom renommierten venezianischen Architekten Bellavitis.

■ **RICCARDO CALIMANI.** *Die Kaufleute von Venedig. Geschichte der Juden in der Löwenrepublik.* 480 S., Claassen Verlag.

Ein Geschichtsbuch, glänzend recherchiert, das sich liest wie ein spannender Kriminalroman.

■ **GIULIO LORENZETTI.** *Venezia e il suo estuario.* In italienischer Sprache, auch Englisch erhältlich.

Lorenzettis 1926 geschriebener Führer gilt heute noch als die vollständigste kunsthistorische Fibel für VenedigbesucherInnen.

■ **JAMES MORRIS.** *3mal Venedig.* Serie Piper Panoramen der Welt. 366 S., Piper Verlag.

Geschichte, Kunst, Kultur und Alltag Venedigs im Plauderton.

■ **GIOVANNI SCARABELLO/ PAOLO MORACHIELLO.** *Venedig. Ein Führer durch die Kunst- und Kulturgeschichte.* Delphin Verlag.

Ein übersichtliches Werk mit historischem Überblick, farbigem Bildteil und Beschreibungen der Sehenswürdigkeiten *en detail.*

■ **HERMAN SCHREIBER.** *Das Schiff aus Stein. Venedig und die Venezianer.* 352 S., Sachbuch rororo 8453. Rowohlt Verlag.

1500 Jahre venezianische Geschichte – anschaulich belebt durch spannende Geschichten von Dogen, Kaufleuten, Päpsten, Piraten, Künstlern, Kurtisanen, Handwerkern, Gondolieri und berühmten Besuchern.

■ **ALVISE ZORZI.** *Die Geschichte der Löwenrepublik.* 805 S., Fischer Taschenbuch 4382.

Das vollständigste Buch über Venedig, das es wohl je gegeben hat. Der Autor, der aus einer uralten venezianischen Familie stammt, erzählt auf brillante Art die wechselvolle Geschichte der Löwenrepublik.

Literarisches:

■ **ALFRED ANDERSCH.** *Die Rote.* Roman. 208 S., detebe 20160, Diogenes Verlag.

Spannend nach Anderschs Manier: Eine Frau sucht in Venedig nach sich selbst.

■ **CAMILLO BOITO.** *Senso. Das geheime Tagebuch der Contessa Livia.* 98 S., Beck & Glückler Verlag.

Berühmt wurde die leidenschaftlich-tragische Liebesgeschichte, die im Venedig des 19. Jh. spielt, durch den gleichnamigen Film von *Luchino Visconti.*

■ **ITALO CALVINO.** *Die unsichtbaren Städte.* Roman. 202 S., dtv 10413.

Marco Polo erzählt die Vision unserer Welt in 55 Städteportraits, und immer wieder spiegelt Venedig durch.

■ **CARLO FRUTTERO & FRANCO LUCENTINI.** *Der Liebhaber ohne festen Wohnsitz.* 319 S., Piper Verlag.

Eine Liebesgeschichte, so skurril, spannend und witzig, daß sie geradezu in Venedig spielen muß.

■ **GOETHE** *in Venedig. Reiseberichte und Gedichte.* 159 S., Artemis Verlag.

■ **ERNEST HEMINGWAY.** *Über den Fluß und in die Wälder.* Roman. rororo Taschenbuch.

Der vielzitierte „Venedig-Roman" Hemingways mit treffend trockenen Beschreibungen zu Stadt und Hinterland.

■ **PATRICIA HIGHSMITH.** *Venedig kann sehr kalt sein.* 330 S., detebe 20484, Diogenes Verlag.

Ein Psycho-Thriller nach Highsmith-Muster, inszeniert in gespenstischen, treffend scharf gezeichneten venezianischen Kulissen.

■ **THOMAS MANN.** *Der Tod in Venedig und andere Erzählungen.* 258 S., Fischer Taschenbuch 54.

Schon fast das literarische Standardwerk: Melancholie, Todessehnsucht und marode Stadtvisionen.

■ **IAN MCEVAN.** *Der Trost von Fremden.* 190 S., detebe 21266, Diogenes .

Was Touristen in Venedig so alles passieren kann... Ein spannender, dichter und meisterhaft erzählter Roman.

■ **RENATO PESTRINIERO.** *Sette accadimenti a Venezia.* 177 S., Solfanelli Editore. In italienischer Sprache.

Sieben versponnene Erzählungen des venezianischen Science-fiction-Autors. Die richtige Einstimmung für phantasievolle Venedig-Spaziergänge.

■ **RENATO PESTRINIERO.** *Il nido al di là dell'ombra.* 146 S., Marino Solfanelli Editore. In italienischer Sprache.

Ein fantastischer Roman, der Venedig von seiner geheimnisvollen Seite skizziert.

■ **NANTAS SALVALAGGIO.** *Il campiello sommerso.* Rizzoli Editore. In italienischer Sprache.

Persönliche Leidenschaften, gesellschaftliche Intrigen und politische Ränkespiele – die romantische Märchenstadt Venedig und die ihr drohende Umweltkatastrophe liefern den Stoff zu diesem süffigen Werk.

■ **NANTAS SALVALAGGIO.** *La doppia vita.* 228 S., Rizzoli Editore. In italienischer Sprache.

Venedig als suggestiver Schauplatz eines eingängigen Eifersuchtsdramas.

■ **GIORGIO SCERBANENCO.** *Venedig sehen und sterben.* 160 S., Scherz Verlag.

Eine verzwickte Kriminalgeschichte an der venezianischen Adria.

■ **MURIEL SPARK.** *Hoheitsrechte.* Roman. detebe 21580, Diogenes Verlag.

Antologien:

■ **GIACOMO CACCIAPAGLIA.** *Deutschsprachige Schriftsteller und Venedig.* 243 S., Stamperia di Venezia Editrice.

Das sich wandelnde Bild Venedigs durch fünf Jahrhunderte Prosa, Essayistik und Poesie. Ideal zum Schmökern und sich Einstimmen.

■ *Reise Textbuch Venedig. Ein literarischer Begleiter auf den Wegen und Kanälen durch die Stadt.* 306 S., dtv 3906.

Mehr als 200 Texte von über 100 Autoren, nach Schauplätzen und Themen geordnet, vermitteln ein abwechslungsreiches Venedigbild.

Bildbände und Bilderbücher:

■ *Venedig aus der Luft.* Fotos: Guido Alberto Rossi, Text: Franco Masiero. 145 S., Verlag C.J. Bucher.
Die Stadt, die Inseln, die Lagune, aus der Vogelschau gesehen.

■ *Venedig – Traum in Licht und Wasser.* Von Thomas P. Wiegand und Samuel Degen. 66 S., Verlag Samuel Degen.
Venezianische Stimmungen, in sehr schönen Schwarzweißfotos eingefangen.

■ **PAUL FLORA.** *Die Raben von San Marco. 72 venezianische Augenblicke.* Diogenes Verlag.
Ein zauberhaftes Venedig-Buch des großen Zeichners.

■ *Katzenkarneval.* Text: Edith Schreiber-Wicke, Illustrationen: Monika Laimgruber. Kinderbilderbuch. Verlag Annette Betz.
Der berühmte venezianische Karneval aus Kinder- und Katzensicht, in herrlich bunten Bildern.

Spezielle Führer:

■ **HUGH HONOUR.** *Venedig.* 402 S., Prestel Verlag.
Siebzehn Spaziergänge durch Venedig – trotz des etwas ältlichen Tons ein leicht lesbarer Führer durch die Staats- und Kunstgeschichte der Serenissima.

■ **MARY MCCARTHY.** *Venedig.* 162 S., Kiepenheuer & Witsch.
Geschichte, Kultur, Kunst und Alltag Venedigs – von der amerikanischen Autorin spannend verwoben und subtil erzählt: ein Essay, das den wirklichen Charme Venedigs vermittelt.

■ **ROLF PETRI.** *Venedig. Ein politisches Reisebuch.* 286 S., VSA-Verlag.
Moderne venezianische Geschichte und Politik und einige Abstecher in die Kunst-, Kultur- und Kneipenszene – lesenswerte Hintergrundinformationen und Tips für gegenwartsinteressierte Stadtgänger.

■ **DIEGO VALERI.** *Venedig-Brevier.* 172 S., Aldo Martello Editore.
Guida sentimentale, sentimentaler Führer, heißt der Originaltitel dieses liebenswerten Venedig-Bändchens. Die Liebeserklärung Diego Valeris, des großen alten Mannes der venezianischen Literatur, an seine Heimatstadt.

Hilfe in Venedig

KONSULATE

Wer in Venedig in arge Schwierigkeiten gerät, wendet sich am besten an das Konsulat des eigenen Landes. Hier die Adressen und Öffnungszeiten. Die Adressen *aller* diplomatischen Vertretungen in Venedig sind im Info-Heft „Un Ospite di Venezia – a Guest in Venice“ aufgeführt (siehe Kapitel „Informationen“).

■ **DEUTSCHES KONSULAT,** San Marco 2888, Campo San Vidal. Tel. 52 25 100. Vaporetto 1 und 2, Station Accademia. Geöffnet Mo – Sa 9.15 – 12.30 Uhr.

■ **ÖSTERREICHISCHES KONSULAT,** Piazzale Roma 461/a. Tel. 52 00 459. Vaporetto 1, 2 und 5, Station Piazzale Roma. Geöffnet Mo – Fr 9 – 12 Uhr.

■ **SCHWEIZER KONSULAT,** Dorsoduro 810, Zattere. Tel. 52 25 996 und 52 03 944. Vaporetto 1 und 2, Station Accademia und Vaporetto 5 und 8, Station Zattere. Geöffnet Mo–Fr 9–11.30 Uhr.

FLUGGESELLSCHAFTEN

■ **ALITALIA/ATI,** San Marco 1757, Bacino Orseolo, Tel. 52 16 333, und San Marco 1166, Bacino Orseolo, Tel. 52 16 222.

■ **AUSTRIAN AIRLINES,** Via Tasso 21, Mestre, Tel. 98 86 66.

■ **CROSSAIR,** Flughafenbüro, Tel. 54 15 665. Ticket-Reservation (für Buchungen oder Umbuchungen von Crossair- und Swissair-Flügen), Tel. 049/54 24 11.

■ **LUFTHANSA,** Flughafen-Büro, Tel. 54 15 347. Ticket-Reservation (für Buchungen und Umbuchungen), Tel. 049/807 19 29.

FUNDBÜROS

■ **BAHNHOF – OGGETTI RINVENUTI,** Tel. 71 61 22 und 52 89 600.

■ **FLUGHAFEN MARCO POLO – OGGETTI SMARRITI,** Tel. 66 12 66.

■ **STÄDTISCHES FUNDBÜRO,** Municipio, Deposito comunale, Cà Farsetti, Riva del Carbon, Rialto (8–14 Uhr), Tel. 70 88 44, und Palazzo Loredan, Tel. 52 24 063 und 52 36 010.

■ **STÄDTISCHE VERKEHRSBETRIEBE,** Tel. 20 921 und 78 01 11.

ÄRZTLICHE VERSORGUNG

Notruf/Krankenwagen:

■ Für **NOTRUFE** jeder Art, auch für ärztliche Hilfe nachts oder an Feiertagen, dient Tel. 113.

■ Wer dringend einen **ARZT** benötigt, ruft Tel. 52 05 622 an.

Krankenwagen heißen in Venedig *Idro-Ambulanza* und kommen auf dem Wasser daher. Drei Krankenwagendienste sind im Einsatz:

■ **CROCE AZZURRA.** Hauptnummer Tel. 52 30 000 und Piazzale Roma, Tel. 52 24 433 (24-Stunden-Dienst).

■ **CROCE ROSSA,** Pronto soccorso San Marco 52, Tel. 52 86 346. Im Einsatz Mo–Sa 8–20 Uhr.

■ **AMBULANZA LIDO,** Tel. 76 59 00.

Spitäler:

■ **OSPEDALI CIVILI RIUNITI DI VENEZIA,** Campo SS. Giovanni e Paolo. Zentrale, Tel. 52 05 622. Aufnahme und Notfall, Tel. 52 00 825.

■ **OSPEDALE FATEBENEFRATELLI,** Cannaregio 3458, Fondamenta Madonna dell'Orto. Tel. 78 31 11.

■ **OSPEDALE AL MARE LIDO,** Lungomare D'Annunzio 1. Zentrale, Tel. 76 87 00. Aufnahme und Notfall, Tel. 52 61 750.

Apotheken:

Eine vollständige Liste aller Apotheken in Venedig findet sich in jedem Telefonbuch. Öffnungszeiten: Mo–Fr 9–12.30 und 15.30–19.15 Uhr, Sa 9–12.45 Uhr. Am Eingang jeder Apotheke hängt eine Liste der diensthabenden Apotheken. Über diese 24-Stunden-Apotheken informiert auch Tel. 192.

NÜTZLICHE TELEFONNUMMERN

Polizei, Feuerwehr:

- **SOS-TELEFON** 113.
- **CARABINIERI/PRONTO INTERVENTO** (Polizeinotruf), Tel. 112.
- **VIGILI URBANI** (Stadtpolizei), Tel. 52 24 063.
- **FEUERWEHR,** Tel. 52 22 222.

Autofahrer:

- **PANNENHILFE,** Tel. 116.
- **AUTOMOBILI RUBATE** (Meldestelle bei Autodiebstahl), Tel. 52 22 999.
- Depot der **ABGESCHLEPPTEN AUTOS** auf Tronchetto, Tel. 52 32 444.

Reisen:

- **BAHNHOF/ZENTRALE,** Tel. 71 61 22 und 71 62 11 (durchgehend bedient).
- **BAHNHOF/INFORMATION,** Tel. 71 55 55 (7–22 Uhr).
- **FLUGHAFEN/ZENTRALE,** Tel. 66 11 11.
- **FLUGHAFEN/FLUGINFORMATION,** Tel. 66 12 62.
- **HAFEN/ZENTRALE,** Tel. 52 89 820.
- **HAFEN/INFORMATION,** Tel. 52 03 166.
- **INFORMATION ACTV** (öffentliche Verkehrsmittel), Tel. 52 87 886.
- **STRASSENZUSTANDSBERICHT,** Tel. 194.
- **NAUTISCHES BULLETIN,** Tel. 196.
- **SCHNEEBULLETIN,** Tel. 162.
- **WETTERVORHERSAGE,** Tel. 191.

... und:

- **ZEITANSAGE,** Tel. 161.
- **WECKDIENST,** Tel. 114.
- **KINOPROGRAMM,** Tel. 198.
- **NACHRICHTEN RAI,** Tel. 190.
- **TAGESHOROSKOP,** Tel. 195.

Unterkunft

Das Angebot an Unterkünften in Venedig läßt kaum Wünsche offen. Da ist für jeden Geschmack und in den verschiedensten Preislagen etwas zu finden. Nur eines gilt es zu bedenken: Wirklich billig ist in Venedig nichts, auch keine Unterkunft. Günstig übernachten heißt hier 50 000–90 000 Lit. hinblättern für ein Doppelzimmer mit Frühstück. Bad oder Dusche können dabei durchaus auf der Etage liegen. Dafür sind im Preis oft gleich die besondere Atmosphäre, ein Exkurs in die Vergangenheit oder die unvergleichliche Aussicht inbegriffen.

Viele Pensionen bieten preisgünstigere Drei- oder Vierbettzimmer an. Und bei einem längeren Aufenthalt, schon ab einer Woche, kann manchmal ein attraktiverer Pauschalpreis ausgehandelt werden. Fragen lohnt sich! Als Faustregel gilt: *Je näher bei San Marco, desto*

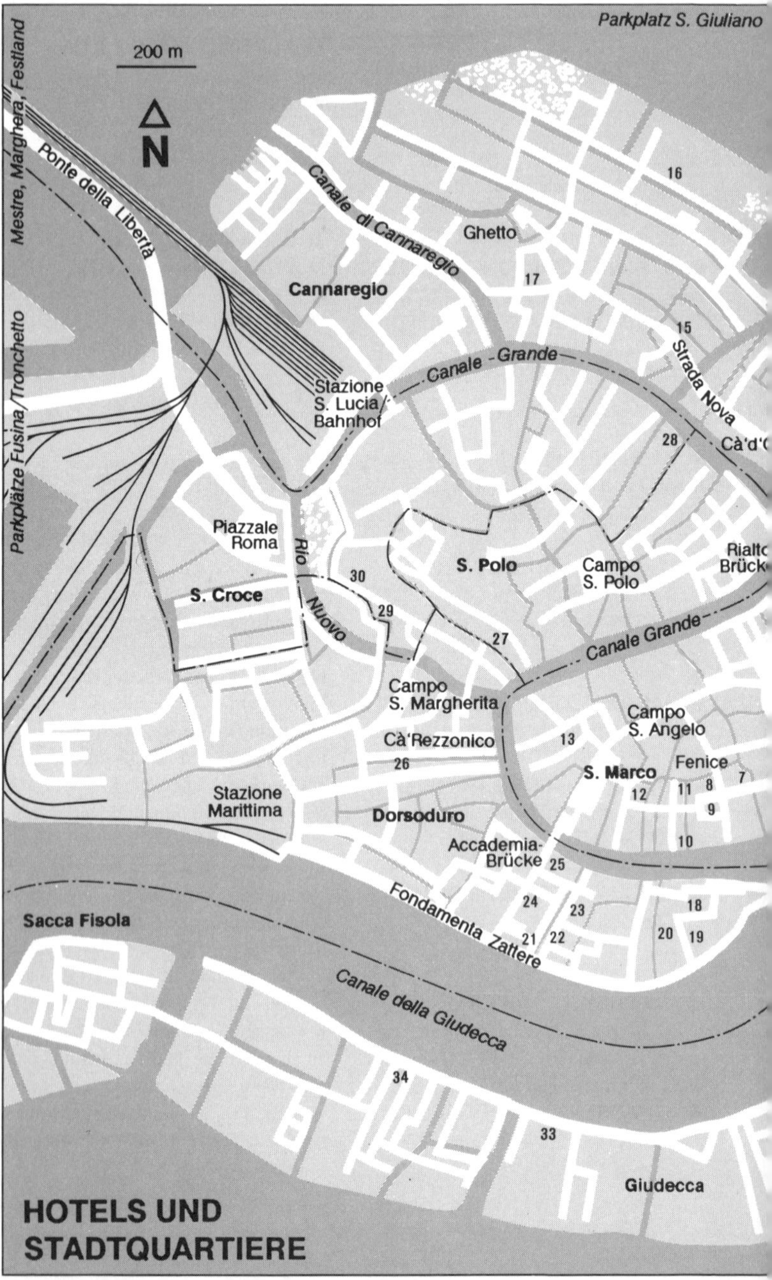

HOTELS UND STADTQUARTIERE

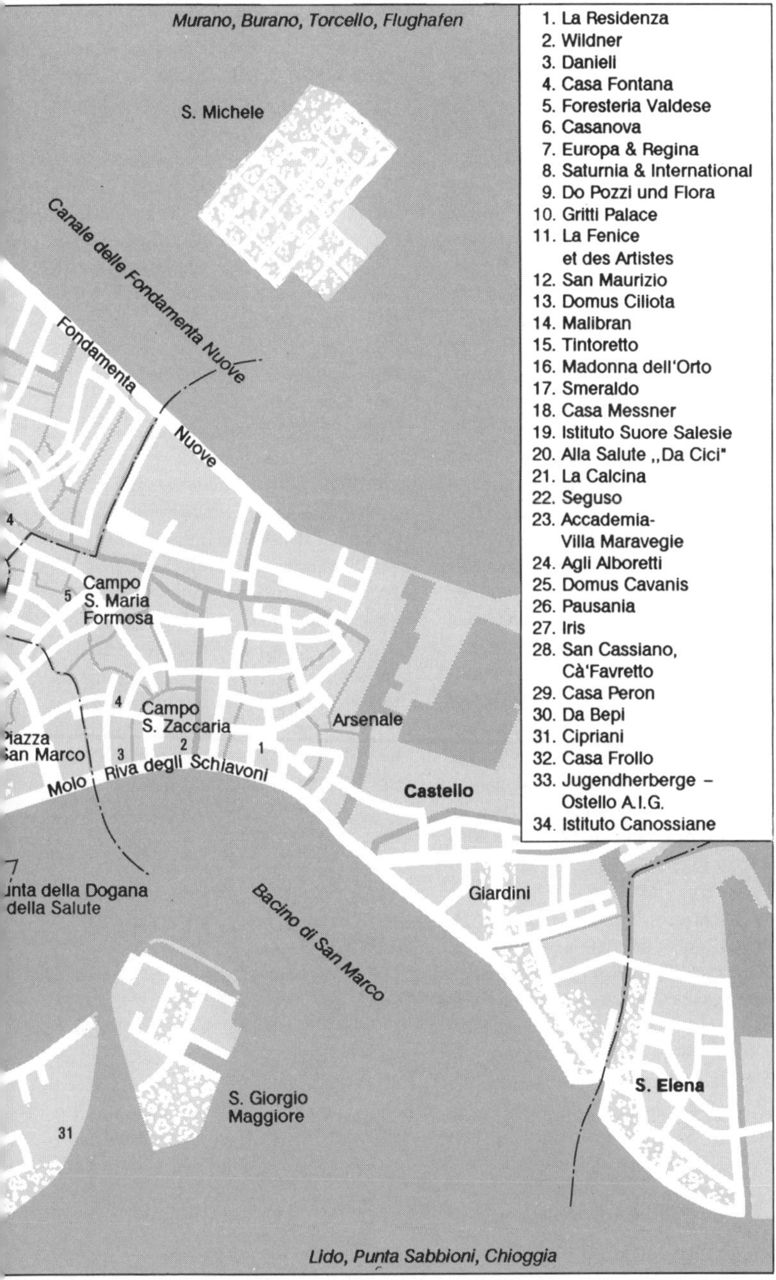
Murano, Burano, Torcello, Flughafen
S. Michele
Canale delle Fondamenta Nuove
Fondamenta
Nuove
Campo
S. Maria
Formosa
Campo
S. Zaccaria
Arsenale
Piazza
San Marco
Molo
Riva degli Schiavoni
Castello
Giardini
Bacino di San Marco
Punta della Dogana
della Salute
S. Giorgio
Maggiore
S. Elena
Lido, Punta Sabbioni, Chioggia
1. La Residenza
2. Wildner
3. Danieli
4. Casa Fontana
5. Foresteria Valdese
6. Casanova
7. Europa & Regina
8. Saturnia & International
9. Do Pozzi und Flora
10. Gritti Palace
11. La Fenice et des Artistes
12. San Maurizio
13. Domus Ciliota
14. Malibran
15. Tintoretto
16. Madonna dell'Orto
17. Smeraldo
18. Casa Messner
19. Istituto Suore Salesie
20. Alla Salute „Da Cici"
21. La Calcina
22. Seguso
23. Accademia-Villa Maravegie
24. Agli Alboretti
25. Domus Cavanis
26. Pausania
27. Iris
28. San Cassiano, Cà'Favretto
29. Casa Peron
30. Da Bepi
31. Cipriani
32. Casa Frollo
33. Jugendherberge – Ostello A.I.G.
34. Istituto Canossiane

teurer die Unterkunft. Wobei Ausnahmen durchaus möglich sind, wie die folgenden Anschriften beweisen.

Manche Unterkünfte bieten in der kurzen Nebensaison tiefere Preise. *Hauptsaison* in Venedig bedeutet: vom 15. März bis 2. November, vom 20. Dezember bis 1. Januar und während des Karnevals.

Frühzeitiges Buchen ist zu jeder Jahreszeit ein Muß. Besonders die preisgünstigen und stimmungsvollen Pensionen und Hotels haben meist nur wenige Zimmer und sind Monate zum voraus reserviert. Im Winter machen viele Häuser dicht, oft nach Lust und Laune und zu andern als den offiziell angegebenen Daten. Und auch bei jenen, die laut Prospekt geöffnet sind, ist Vorsicht geboten: Oft beschränkt sich die Winteröffnungszeit auf die Perioden um Weihnachten/Neujahr und den Karneval.

Ein ausführliches *Hotelverzeichnis* mit Unterkünften aller Kategorien legt das *Ente Provinciale per il turismo* auf (siehe Kapitel „Informationen"). Die darin aufgeführten Preise sind jedoch nur als Richtlinien zu verstehen, die Wirklichkeit schlägt meist rund 30% teurer zu Buche.

Preiswerter läßt sich auf dem Festland nächtigen: In **MESTRE, MARGHERA** oder an der nahegelegenen **ADRIAKÜSTE**. Dazu gilt es jedoch festzuhalten: Mestre und Marghera sind ihrem Ruf getreu Industriesiedlungen von zweifelhaftem Charme, die Fahrt nach Venedig ist umständlich und auch häßlich. Die Einsparungen stehen in keinem Verhältnis zu den Umtrieben und vor allem zur Atmosphären- und Genußeinbuße. Da bietet die Adriaküste attraktivere Möglichkeiten, vor allem in **JESOLO** und **CAVALLINO** (siehe Kapitel „Badeorte an der Adria" und „Badeziel Lagune") mit guten Schiffsverbindungen nach dem **LIDO** und **VENEDIG**. Eine echte Variante für jene, die etwas Zeit haben und Stadttouren mit einem Badeaufenthalt verbinden möchten.

Eine letzte Preisfrage: In Venedig ändern sich die Preise schneller, als der Canal Grande zu fließen vermag – und selbstverständlich steigen sie. Die Gründe sind einerseits in der Inflation der italienischen Lira und andererseits in der schon fast sprichwörtlichen Geschäftstüchtigkeit der VenezianerInnen zu suchen. Preisangaben sind, kaum gedruckt, meist schon veraltet. Der Klarheit halber wurden die Unterkünfte in Kategorien eingeteilt. So sollte es einfacher sein, bei den einzelnen Kategorien die Teuerungsrate dazuzuschlagen und den aktuellen Preisstand zu eruieren. Die folgenden Preisangaben beziehen sich – wenn nicht anders vermerkt – auf das Doppelzimmer mit Frühstück.

Unsere Kategorien:

° *Billige Hotels/Herbergen.* 10 000 Lit. (pro Person im Schlafsaal) bis 50 000 Lit.

°° *Günstige Hotels/Pensionen.* 50 000 – 90 000 Lit.

°°° *Gute Hotels/komfortable Pensionen.* Preise: 90 000 – 130 000 Lit.

°°°° *Gepflegte Mittelklassehotels/Nobelpensionen.* 130 000 – 170 000 Lit.

°°°°° *Exklusive, luxuriöse Häuser,* die

bis zu 1 Million Lit. pro Nacht kosten können.

Die folgenden Hoteltips sind geographisch, nach Quartieren gegliedert, und zwar in der Reihenfolge Castello, San Marco, Dorsoduro, San Polo, Santa Croce, Cannaregio und Giudecca.

BILLIGUNTERKÜNFTE

Weil ein Dach über dem Kopf in Venedig so teuer ist, haben in den letzten Jahren mehr und mehr vorwiegend junge Leute den „Tausendsternekomfort“ vorgezogen: Sie übernachten im Freien, hauptsächlich beim Bahnhof oder unter den Lauben auf der Piazza San Marco. Diesem Schlafsacktourismus hat nun die Stadtverwaltung den Kampf angesagt. Strenge Polizeikampagnen und Strafzettel sollen dem Übel entgegenwirken. Da man zwar auf einen gehobenen Tourismus spekuliert, die Jungen – möglicherweise die zahlungskräftige Kundschaft von morgen – jedoch nicht ganz verärgern möchte, wird auch nach Lösungen gesonnen: Die Rede ist von einem Schiff, das als eine Art Jugendherberge jungen Budgetreisenden zu minimalen Preisen Unterschlupf gewähren soll, oder von Unterkunft in Zelten, wie schon während des Karnevals in den letzten Jahren mit mäßigem Erfolg auf *Sacca Fisola* (Giudecca) praktiziert. Aber eben: Noch ist lediglich die Rede davon, und in Italien – Venedig ist da keine Ausnahme – redet man gerne lange und ausgiebig, auf Kosten konkreter Resultate. *Deshalb:* Auf jeden Fall beim Tourist Office nach den momentan zur Auswahl stehenden Billigunterkünften fragen.

Die günstigsten Adressen in Venedig sind die folgenden, oft klosterähnlichen Institutionen. *Aber Achtung:* Bei den meisten muß man sich an strenge Hausordnungen halten. Es sind kaum Varianten für Langschläfer und Nachtschwärmer!

Castello:

■ **FORESTERIA VALDESE °**, Castello, S. Maria Formosa, Fondamente Cavagnis, Tel. 52 86 797. Vaporetto 1, 2, 4, 5 und 8, Station S. Zaccaria, oder Vaporetto 1, 2 und 4, Station Rialto. Ganzes Jahr offen.
Ein alter Adelspalast, der in eine Herberge verwandelt wurde. Doppel-, Mehrbettzimmer und Schlafsäle. Gäste erhalten den Schlüssel. Preis im Schlafsaal 15 000 Lit. pro Person, fürs Doppelzimmer 36 000 Lit.

San Marco:

■ **DOMUS CILIOTA °**, S. Marco 2970, Calle delle Muneghe, beim Campo S. Stefano, Tel. 70 48 88. Vaporetto 1, 2 und 4, Station Accademia. Offen von Mitte Juni bis Mitte September.
Früher ein altes Kloster, ist es heute außer in den Sommermonaten ein Pensionat für StudentInnen. Zweier- und Dreierzimmer, mit und ohne Bad. Keine besonderen Vorschriften.

Dorsoduro:

■ **DOMUS CAVANIS °**, Dorsoduro 912, Accademia, Tel. 52 87 374. Vaporetto 1, 2 und 4, Station Accademia. Offen von Juni bis September.
Normalerweise ebenfalls ein StudentIn-

nen-Wohnheim. Alles Doppelzimmer.

■ **ISTITUTO SUORE SALESIE** °, Dorsoduro 108, Rio Terrà dei Catecumeni, Tel. 52 23 691. Vaporetto 1, Station S. Maria della Salute. Offen von Juni bis September.

Einzel- und Doppelzimmer mit Etagenbad, 18 000 Lit. pro Person und Nacht. Abends ist um 10.30 Uhr Torschluß.

Giudecca:

■ **OSTELLO A.I.G.** °, Giudecca 86, Fondamenta S. Giacomo. Vaporetto 5 und 8, Station Redentore. Mitte Dezember bis Anfang Februar geschlossen.

Die offizielle Jugendherberge: Eine Übernachtung im Schlafsaal kostet 10 000 Lit. Ein Mitgliederausweis ist obligatorisch, kostet 15 000 Lit. Um 9 Uhr muß man die Herberge verlassen, spätestens um 23 Uhr werden die Tore geschlossen. Die Jugendherberge Venedigs genießt einen zumindest zweifelhaften Ruf. Trotzdem: In den „heißesten" Monaten Juni, Juli und August ist sie *meist ausgebucht.*

■ **ISTITUTO CANOSSIANE** °, Giudecca 243, Ponte Piccolo, Tel. 52 22 157. Vaporetto 5 und 8, Station S. Eufemia. Ganzes Jahr offen.

Nur für Frauen und Mädchen. 9000 Lit. im Schlafsaal ohne Frühstück. Im Winter wird abends um 10 Uhr, im Sommer um 10.30 Uhr geschlossen, und am morgen muß man das gastliche Haus spätestens um 8.30 Uhr verlassen.

EINFACHE HOTELS

Was wir hier als einfache Hotels betiteln, sind meist kleine, zum Teil schon altehrwürdige Hotels und Pensionen mit familiärer Atmosphäre. Viele haben nur wenige Zimmer, einige davon mit Bad/Dusche und WC, die meisten jedoch mit den sanitären Einrichtungen auf der Etage.

Castello:

■ **WILDNER** °°, Castello 4161, Riva degli Schiavoni, Tel. 27 463. Vaporetto 1, 2, 4, 5 und 8, Station S. Zaccaria. 19 Zimmer. Im November geschlossen.

Eine einfache, komfortable Pension ganz nahe der Piazza San Marco. Für vergleichsweise wenig Geld genießt man hier dieselbe Aussicht wie in den ein paar Schritte entfernten Nobelhotels *Danieli* und *Londra Palace*. Die Zimmer werden in erster Linie mit Halbpension abgegeben (eine Mahlzeit kostet pro Person 20 000 Lit.), aber Ausnahmen sind vor allem in der Nebensaison möglich.

San Marco:

■ **AL GAZZETTINO** °°, S. Marco 4971, Calle delle Acque, Tel. 52 86 523. Vaporetto 1, 2 und 4, Station Rialto. 12 Zimmer. 15. Dezember – 1. März geschlossen.

Etwas versteckt, mitten im Brücken- und Kanalgewirr zwischen San Marco und Rialto, bietet diese kleine Pension echte venezianische Gastfreundschaft. Die Wirtin ist herzlich unkompliziert und umsorgt im angeschlossenen Restaurant ihre vielen, meist italienischen Stammgäste. *Einziger Nachteil:* Von der Vaporettostation am Rialto sind's einige Minuten zu Fuß. Für Schwerbepackte ein Handycap.

Dorsoduro:

■ **CASA MESSNER °°**, Dorsoduro 216, Madonna della Salute, Calle dei Catecumeni, Tel. 27 443. Vaporetto 1, Station Salute. 40 Zimmer. 15.11.–15.12. geschlossen.

Familiäre Atmosphäre und gemütlicher gedeckter Garten mitten im Künstlerviertel.

■ **ALLA SALUTE „DA CICI" °°**, Dorsoduro 222, Fondamenta di Cà Balà, Tel. 52 22 271. Vaporetto 1, Station S. Maria della Salute. 60 Zimmer. Mit Ausnahme von Weihnachten/Neujahr von Anfang November bis zum Karneval geschlossen.

Seit den Zeiten, da der amerikanische Schriftsteller *Ezra Pound* hier an seiner präzisen, musikalischen Sprache feilte, wurde die Pension gründlich renoviert. Die Stimmung ist etwas geschäftig, und unter den Gästen sind auch Gruppen auszumachen. *Aber trotzdem:* idyllische Lage, saubere Zimmer und mäßige Preise.

San Polo:

■ **IRIS °/°°**, S. Polo 2912, Fondamenta Donna Onesta, Tel. 52 22 882. Vaporetto 1, Station San Tomà. 25 Zimmer.

An einem kleinen Kanal, umgeben von kleinen Kneipen und Boutiquen, familiäre Atmosphäre und ein typisches Restaurant mit Garten im Haus.

Santa Croce:

■ **DA BEPI °/°°**, S. Croce 160, Fondamenta Minotto, Tel. 52 26 735. Vaporetto 2 und 5, Station Piazzale Roma. 12 Zimmer.

Klein, sauber mit dazugehörigem Restaurant und nur zwei Gehminuten vom Parkplatz *Piazzale Roma* entfernt.

■ **CASA PERON °°**, S. Croce 85, Salizzada S. Pantalon, Tel. 52 86 038. Vaporetto 2, Station Piazzale Roma. 10 Zimmer. Von Anfang November bis zum Karneval geschlossen.

Ideal für Shopping-Trips in San Polo. Ganz in der Nähe liegen die *Frari-Kirche* und der *Campo Santa Margherita*, und zum Bahnhof ist's lediglich ein Katzensprung.

Cannaregio:

■ **SMERALDO °**, Cannaregio 1333, Rio Terrà S. Leonardo, Ponte delle Guglie, Tel. 71 78 38 und 71 73 55. Vaporetto 5, Station Ponte delle Guglie.

Ein Tip für Budgetreisende, die etwas Komfort wünschen. Unter dieser Anschrift sind gleich fünf nahegelegene Pensionen (total 100 Zimmer) an bester Lage, nur 300 m vom Bahnhof entfernt zu buchen. Zimmer mit Sicht auf den Canal Grande im angeschlossenen **ALLOGGI ALBERTO**. Gute Kontaktmöglichkeiten, da zahlreiche Studenten hier ihre Dauerbleibe haben.

■ **TINTORETTO °°**, Cannaregio 2316, S. Fosca, Tel. 72 15 22. Vaporetto 1, Station Cà d'Oro. 20 Zimmer. Betriebsferien Ende Januar/Anfang Februar.

10 Minuten vom Bahnhof entfernt, im typischen Quartier Cannaregio und zugleich an der lebhaften Einkaufsader Strada Nova. Das ursprüngliche Venedig abseits der Touristenströme beginnt hier gleich vor der Tür.

ORIGINELL, GEMÜTLICH

Castello:

■ **CASA FONTANA** °°/°°°, Castello 4701, Campo S. Provolo, Tel. 71 05 33 und 52 20 579. Vaporetto 1, 2, 4, 5 und 8, Station S. Zaccaria. 15 Zimmer.

Vorzügliche Lage, schöne Zimmer und sehr viele Stammgäste. Kein Wunder, denn bei der liebenswürdigen und hilfsbereiten Familie Stainer fühlt man sich aufgehoben und wie zu Hause.

■ **LA RESIDENZA** °°/°°°, Castello 3608, Campo Bandiera e Moro, Tel. 52 85 315 und 52 38 859. Vaporetto 1, 2, 4, 5 und 8, Station S. Zaccaria. 12 Zimmer.

Ein Tip, den man egoistischerweise verschweigen müßte: ein wunderschön renovierter Patrizierpalast, Kassettendecken, Fresken, Gobelins und Stilmöbel; auf dem *Campo* unverfälschter venezianischer Alltag mit Kindern, Katzen, Kirche und Osteria – und alles lediglich ein paar Schritte vom Zentrum entfernt.

San Marco:

■ **SAN MAURIZIO** °°, S.Marco 2642, Calle Zaguri, beim Campo S. Maurizio, Tel. 52 89 712. Vaporetto 1, Station S. Maria del Giglio. 12 Zimmer.

Ein Eisengitter, ein winziges Gäßchen mit Blumentöpfen, der Empfang an einem echten Steinaltar und die freundliche Hilfsbereitschaft einer älteren Dame: *Viel Stimmung für wenig Geld.*

■ **DO POZZI** °°°/°°°°, S. Marco 2373, Corte do Pozzi, Tel. 70 78 55. Vaporetto 1, Station S. Maria del Giglio. 29 Zimmer. Jeden Winter rund 6 Wochen geschlossen, Zeiten unbestimmt.

An einem ruhigen, verwinkelten Hof, nur wenige Schritte abseits der geschäftigen *Calle Larga XXII Marzo*.

■ **CASANOVA** °°°°, S. Marco 1284, Frezzeria, Tel. 70 68 55. Vaporetto 1, 2 und 4, Station S. Marco. 45 Zimmer.

Laut einer Freundin der ideale Ort für romantische und genüßliche Liebesnächte – nomen est omen.

■ **LA FENICE ET DES ARTISTES** °°°°, S. Marco 1963, Campiello della Fenice, Tel. 52 32 333. Vaporetto 1, Station S. Maria del Giglio. 68 Zimmer.

In unmittelbarer Nachbarschaft von Venedigs berühmtestem Theater, zwei blühende Innenhöfe, in der Lobby Blumiges auf Teppichen und Vorhängen, Marmortreppe, Plüschsessel und Bauhausstühle – eine Dekoration, so kitschig wie die Gemälde unter den Balkendecken.

■ **FLORA** °°°°, S. Marco 2283/a, Calle Bergamaschi, Tel. 70 58 44. Vaporetto 1, Station S. Maria del Giglio, und Vaporetto 1, 2 und 4, Station S. Marco. 44 Zimmer. Mitte November bis Anfang Februar geschlossen.

Ein traumhafter Innenhof mit plätscherndem Brunnen. Zimmer mit Schnörkeltapeten, Stilmöbeln und teilweise mit herrlichem Blick über die Dächer.

▶
Hotel mit Palazzoatmosphäre: Pension "La Residenza" am Campo Bandiera e Moro (o). Der billigste Gondeltrip: Mit dem Traghetto, der Gondelfähre, den Canal Grande kreuzen (u).

La Residenza

Dorsoduro:

■ **LA CALCINA °°**, Dorsoduro 780, Zattere, Tel. 70 64 66. Vaporetto 5 und 8, Station Zattere. 31 Zimmer. Anfang November bis Ende Februar geschlossen.

Eine gemütliche, einfache Pension mit altmodischem Charme, wo schon der englische Schriftsteller und Venedig-Kenner *Ruskin* logierte. Direkt an den *Zattere*, der Sonnenpromenade der Venezianer.

■ **SEGUSO °°/°°°**, Dorsoduro 779, Zattere, Tel. 52 22 340. Vaporetto 5 und 8, Station Zattere. 36 Zimmer. Ende November bis Anfang März geschlossen.

Direkt neben *La Calcina*, mit ähnlicher Stimmung (viele englische Stammgäste) und etwas mehr Komfort.

■ **AGLI ALBORETTI °°/°°°**, Dorsoduro 822/884, Rio Terrà Foscarini, Tel. 52 30 058. Vaporetto 1, 2 und 4, Station Accademia. 19 Zimmer. Anfang November bis Mitte Dezember geschlossen.

Ein traditionelles venezianisches Gebäude mit wunderschönem Garten.

■ **PAUSANIA °°/°°°**, Dorsoduro 2824, Fondamenta Gherardini, beim Campo S. Barnaba, Tel. 52 22 083. Vaporetto 1, Station Cà Rezzonico. 25 Zimmer.

Ein unscheinbarer Eingang führt in einen malerischen Vorhof mit Brunnen und Bögen zu einem Palazzo mit gotischen Fenstern. *An der oberen Preisgrenze dieser Kategorie, aber allein schon die Lage lohnt es:* direkt am Kanal, ein kleiner Gemüsemarkt, Handwerkerateliers, Boutiquen, Kneipen und Bars in unmittelbarer Nähe.

■ **ACCADEMIA-VILLA MARAVEGIE °°°/°°°°**, Dorsoduro 1058, Fondamenta Bollani, Tel. 71 01 88. Vaporetto 1, 2 und 4, Station Accademia. 26 Zimmer.

Das schönste an dieser stimmungsvollen Villa aus dem 17. Jh. ist der romantische Garten mit Blick auf den *Canal Grande*.

Santa Croce:

■ **SAN CASSIANO, CA'FAVRETTO °°°°**, S. Croce 2232, Calle della Rosa, Tel. 70 54 77. Vaporetto 1, Station S. Stae. 35 Zimmer.

Wohnen, wie es vor allem früher zum guten Ton gehörte: direkt am Canal Grande, in einem frisch herausgeputzten Palazzo.

Cannaregio:

■ **MADONNA DELL'ORTO °°/°°°**, Cannaregio 3499, Fondamenta Madonna dell'Orto, Tel. 71 99 01. Vaporetto 5, Station Madonna dell'Orto. 39 Zimmer. Mitte November bis zum Karneval geschlossen. Manchmal über Weihnachten/Neujahr offen.

Für den Sommer und einen längeren Aufenthalt mein Lieblingshotel: Ein charakteristischer Palazzo aus dem 17. Jh., liebevoll renoviert, mit einem schlicht zauberhaften Garten in ruhiger und ursprünglicher Gegend, ganz im Norden von *Cannaregio*.

■ **MALIBRAN °°°°**, Cannaregio 5864, Corte del Milion, Tel. 52 28 028. Vaporetto 1, 2 und 4, Station Rialto. 29 Zimmer. Meist Ende November bis Anfang Februar geschlossen.

Hier wohnt man gediegen in geschichtsträchtiger Umgebung: in unmittelbarer Nachbarschaft erholte sich *Marco Polo* von seinen Orientreisen.

Giudecca:

■ **CASA FROLLO °°°**, Giudecca 50, Fondamenta Zitelle, Tel. 52 22 723. Vaporetto 5 und 8, Station Zitelle. 26 Zimmer. Ende November bis Mitte März geschlossen.

Weitab von jedem Touristenrummel auf der Insel *Giudecca* wird man in diesem schönen Palazzo des 16. Jh. verwöhnt. Ob in Zimmern mit Blick auf den verträumten Garten oder auf die Skyline von San Marco – Individualisten fühlen sich hier rundum wohl.

EXKLUSIVE HOTELS

Castello:

■ **DANIELI °°°°°**, Castello 4196, Riva degli Schiavoni, Tel. 26 480. Vaporetto 1, 2, 4, 5 und 8, Station S. Zaccaria. 245 Zimmer.

Hier turtelte die Schriftstellerin *George Sand* mit *Musset*, schmachtete *Ava Gardner* als Anna Karenina, litt *Barbara Hutton* Liebesqualen und vergnügte sich gar *James Bond:* Das Danieli rühmt sich, die *exklusivste Gästeliste der Stadt* zu führen. Heute wandeln in den ehrwürdigen Hallen auch japanische Touristengruppen. Trotzdem: Das Danieli ist und bleibt das venezianischste Hotel der Stadt, der ehemalige *Palazzo Dandolo* wurde ja auch für einen Dogen erbaut. Ein Blick in die atemberaubende Eingangshalle zählt zum Pflichtprogramm für Venedigtouristen.

San Marco:

■ **GRITTI PALACE °°°°°**, S. Marco 2467, S. Maria del Giglio, Tel. 79 46 11. Vaporetto 1, Station S. Maria del Giglio. 90 Zimmer.

Diesen Palazzo hat schon *Hemingway* verewigt, seine Enkelin *Margaux* weilt heute von Zeit zu Zeit zu Gast. *Patricia Highsmith* läßt die Hauptdarsteller ihres venezianischen Kriminalromans in den stilvollen Zimmern und Sälen sinnieren. *Ein Tip für Hobbyköche:* Im Sommer bietet das Gritti Kochkurse von hohem Niveau.

■ **EUROPA & REGINA °°°°°**, S. Marco 2159, Via XXII Marzo, Tel. 70 04 77. Vaporetto 1, 2 und 4, Station S. Marco. 199 Zimmer.

Der venezianische Treffpunkt für Künstler, Journalisten und Kulturschaffende, die es auf einen grünen Zweig gebracht haben.

■ **SATURNIA & INTERNATIONAL °°°°°**, S. Marco 2398, Via XXII Marzo, Tel. 70 83 77. Vaporetto 1, 2 und 4, Station S. Marco. 99 Zimmer.

Etwas nostalgisch und sehr intim mit einem romantischen Garten, beliebt bei gutbetuchten Liebespaaren.

Giudecca:

■ **CIPRIANI °°°°°**, Giudecca 10, Tel. 70 77 44. Vaporetto 5 und 8, Station Zitelle. 98 Zimmer.

Heute die Prestige-Adresse in Venedig, eine pastellfarbene Oase der Ruhe mit viel Grün, Swimmingpool, herrlicher Aussicht und zwei Angestellten pro Zimmer. Bootsservice nach San Marco rund um die Uhr.

Venedig gestern – heute – morgen

KLEINE STADTGESCHICHTE

451 Auf diesen Zeitpunkt wird die Geburt Venedigs datiert: Die Veneter fliehen vor den Hunnen unter Attila und den Longobarden vom Festland auf die sicheren Laguneninseln, siedeln sich auf Malamocco, Torcello und Murano an.

552 Der byzantinische Feldherr Narses unterwirft die Lagunenbewohner dem oströmischen Reich.

697 Wahl des ersten Dogen, Paoluccio Anafesto, durch kaiserlichen Beschluß aus Byzanz. Später werden die Dogen durch eine Volksversammlung gewählt.

810 Pippin, Sohn Karls des Großen, belagert Chioggia und erobert alle Inseln der Lagune bis auf „Rivis altus“ (Rialto). Diese Insel wird zum neuen Sitz des Dogen: Der Grundstein zur heutigen Stadt Venedig ist gelegt.

812 Karl der Große bestätigt den Anspruch Byzanz' auf Seevenetien. Den Venetern wird das Recht zu freiem Handel eingeräumt.

828 Zwei venezianischen Kaufleuten gelingt es, die Gebeine des Heiligen Markus aus Alexandria nach Venedig zu schmuggeln. Neben dem Dogenpalast wird eine Kapelle für den neuen Schutzpatron der Stadt errichtet.

1000 Unter der Führung des Dogen Pietro Orseolo II. erobert Venedig die Küsten Istriens und Dalmatiens und errichtet da Handelsniederlassungen. Schützenhilfe für Byzanz und als Folge neuerliche Privilegien, die das Monopol im Ost-West-Handel untermauern. Während der Kreuzzüge Ausbau des Kolonialreiches in Kleinasien, Syrien und Palästina.

1104 Errichtung des Arsenals, der größten Schiffswerft der damaligen Welt.

1169 Die auf den Inseln beiderseits des Canal Grande liegenden Stadtteile werden zu den bis heute geltenden *Sestieri*, Stadtsechsteln oder Quartieren, zusammengefaßt.

1172 Gründung des Großen Rates, in dem die Adelsfamilien Venedigs vertreten sind. Beginn des vorbildlichen Staatsgefüges der Republik, das über 600 Jahre bestehen wird.

1204 Im vierten Kreuzzug erobert und plündert der neunzigjährige, blinde Doge Enrico Dandolo Konstantinopel und gründet das Lateinische Kaiserreich. Venedig ist auf dem Höhepunkt seiner Macht.

1261 Der byzantinische Staat erobert Konstantinopel mit Hilfe der Genueser zurück, Venedig verliert seine Handelsprivilegien an Genua. Ständige Kriege zwischen Genua und Venedig um die See- und Handelsvorherrschaft im Mittelmeerraum.

1271 Marco Polo bricht zu seiner Reise zum Kublai Khan auf.

1310 Der „Rat der Zehn“ wird gebildet, der für den Verfassungsschutz verantwortlich zeichnet und zeitweilig als mächtigste Institution der Republik fungiert.

1355 Der Doge Marino Falier will die Verfassung abändern. Das dreiste Unterfangen kostet ihn den Kopf.

1381 Im Frieden von Turin kann Venedig seine Vormacht in der Adria gegen-

◀ *Acqua alta, Hochwasser, am Markusplatz: Venedig stirbt in Schönheit.*

über Genua behaupten.

1453 Die Türken erobern Konstantinopel, der Niedergang der glanzvollen venezianischen Republik beginnt.

1454 Frieden von Lodi. Venedig gelingt es, seine auf der *Terra ferma*, dem Festland, erkämpften Machtansprüche zu verteidigen.

1492 Die Entdeckung Amerikas durch Christophorus Columbus und die Erschließung des neuen Seeweges nach Indien durch Vasco da Gama (1498) leiten den Niedergang der Handelsmacht Venedig ein.

1508 Die Großmächte – unter Kaiser Maximilian I., Ludwig XII. von Frankreich, Ferdinand von Aragonien und Papst Julius II. – schließen sich in der Liga von Cambrai zusammen, um Venedigs Besitz unter sich aufzuteilen.

1571 Schlacht von Lepanto, bei der Venedig die Türken besiegt, jedoch gezwungen wird, wichtige Niederlassungen im Mittelmeer, zum Beispiel die Insel Zypern, abzutreten.

1575 Erste große Pestepidemie.

1630 Zweite Pestepidemie.

1669 Candia, das heutige Kreta, geht an die Türken verloren.

1710 Im Frieden von Passarowitz zwischen der Türkei, Venedig und Österreich muß die Republik fast alle Besitzungen im östlichen Mittelmeer aufgeben.

1797 Venedig ergibt sich den Truppen Napoleons. Der letzte Doge, Lodovico Manin, dankt ab.

1798 Napoleon tritt Venedig an Österreich ab.

1805 Österreich muß Venedig an das napoleonische Königreich Italien abgeben, erhält es jedoch 1815 wieder.

1846 Errichtung der Eisenbahnbrücke zum Festland.

1848 Aufstand gegen die österreichische Herrschaft unter Daniele Manin. Die ausgerufene Republik San Marco dauert aber nur kurze Zeit.

1849 Der österreichische General Radetzky nimmt Venedig ein.

1866 Venedig wird ins neugebildete nationale Königreich Italien eingegliedert.

1895 Gründung der Biennale.

1910 Futuristisches Manifest von Tommaso Marinetti: Die Verherrlichung des technischen Fortschrittes macht auch vor Venedig nicht halt, anstelle von romantischen Palazzi wird ein Industrievenedig gefordert.

1916 Venedig wird von österreichischen Flugzeugen bombardiert.

1917 Schließung des Arsenale. Beschluß zugunsten eines Industriehafens in Marghera. Eingemeindung von Marghera.

1926 Eingemeindung von Mestre.

1932 Eröffnung der Autobrücke zum Festland.

1956 Neben der Giudecca wird die künstliche Insel Sacca Fisola aufgeschüttet.

1966 Am 4. November wird die Stadt von einer Hochwasserkatastrophe mit über zwei Meter hohen Wellen heimgesucht.

1973 Sondergesetz zum Schutz der Lagune.

1979 Am 22. Dezember steigt die *acqua alta*, das Hochwasser, bis auf 30 Zentimeter unter den Katastrophenpegel von 1966.

1980 Der venezianische *Carnevale* wird

wiederbelebt. Erster Weltwirtschaftsgipfel westlicher Staatsmänner.

1984 Das Industriekonsortium „Venezia Nuova", das sich die Rettung Venedigs zum Ziel gesetzt hat, wird offiziell tätig. Bis 1995 will „Venezia Nuova" mit technischen Eingriffen die sterbende Lagune behutsam reanimieren – dem Projekt „Progetto Venezia" stehen viele VenezianerInnen skeptisch gegenüber.

1985 Einzug der Ökologiebewegung, der Grünen Liste, ins Parlament der Grosskommune Venedig.

1986 Palazzo Grassi, das durch Fiat gesponserte Ausstellungs- und Kulturzentrum, wird eröffnet.

1987 Zweiter Weltwirtschaftsgipfel westlicher Staatsmänner.

1989 Konzert der Pink Floyd in der Lagune. Besuchermassen und lausige Organisation führen zu großen Schäden und weltweiten Protesten. Folge: Die venezianische Regierung muß zurücktreten.

ZAHLEN UND FAKTEN

Die Gemeinde Venedig ist politisch in 18 Quartiere eingeteilt. Dazu zählen neben dem *Centro storico* auch das *Estuario*, die Laguneninseln Cavallino, Lido, Pellestrina, Murano, Mazzorbo, Burano und Torcello sowie Agglomerationen auf der *Terraferma*, dem Festland, darunter die großen Industriezentren Mestre und Marghera.

Wenn von Venedig die Rede ist, wird gemeinhin lediglich das *Centro storico* gemeint, die Altstadt, mit den sechs Stadtteilen San Marco, Castello, Cannaregio, San Polo, Santa Croce, Dorsoduro und der Insel Giudecca (siehe Kapitel „Die Stadtteile"). Das berühmte historische Zentrum Venedigs ist klein: Von Ost nach West dehnt es sich über 4630 Meter, von Nord nach Süd über 3240 Meter, die Gesamtfläche beträgt rund 830 Hektaren, und in nur 11 Kilometern hat man den ganzen Stadtkern umrundet.

Das Centro storico liegt auf 115 Inselchen, die mit 354 öffentlichen Brücken miteinander verbunden sind. 56 private Brücken sichern den Zugang zu Palazzi und Wohnhäusern. Im Centro storico zählt man heute 127 Campi, 38 Pfarreien und 56 andere Kirchen.

177 *rii*, Kanäle, bilden ein Netz von rund 40 Kilometer Länge. Früher waren es bedeutend mehr, aber allein im 18. und 19. Jh. wurden 39 Kanäle zugeschüttet. Der berühmteste Kanal, der *Canal Grande*, schlängelt sich über 3750 Meter durch die Stadt und ist durchschnittlich 62 Meter breit. Kürzer, aber bedeutend weiter ist der *Canale della Giudecca*: Er mißt 2684 Meter Länge und im Mittel 331 Meter Breite.

Die gesamte Gemeinde Venedig zählt heute 324 000 Einwohner, davon leben 195 500 in den Ortschaften auf dem Festland, 47 600 auf den Inseln und nur 81 000 im Centro storico (Zählung von 1988).

1951 wohnten noch 175 000 Menschen im venezianischen Zentrum, 1981 war die Zahl schon auf 93 600 geschrumpft. Und die Abwanderung geht weiter: Die Statistiken vermerken im Centro storico einen Bevölkerungsrückgang von über 10% pro Jahr

– Tendenz steigend.

Schuld am Exodus ist in erster Linie das Wohnungsproblem, das sich nach den schweren Überschwemmungen von 1966 zu einer wahren Misere entwickelt hat. Laut einem Bericht des „Corriere della Sera“ missen 5% der venezianischen Wohnungen jeglichen Komfort, 17% sind ohne Bad und ganze 47% ohne Heizung. Renovationen können sich die Einheimischen kaum mehr leisten, strenge Auflagen in Sachen Denkmalschutz verteuern jede Instandstellung ungemein. Das hat dazu geführt, daß immer mehr Palazzi von finanzkräftigen Ausländern und „Mailändern“, wie in Venedig die reichen zugezogenen Italiener genannt werden, aufgekauft und zu Ferienresidenzen umgestaltet wurden. Und auch die Einheimischen, die sich mit einer einfachen Wohnung ohne Komfort zufriedengeben würden, haben kaum mehr eine Chance. Eine Auswirkung, sozusagen die Kehrseite, der strengen Mieterschutzgesetze: Zum einen sind die Mietzinse vinkuliert, zum anderen kann in Italien, wer mal eine Mietwohnung hat, kaum mehr rausgeworfen werden. Das wissen die Hausbesitzer wohl, und so lassen sie die Wohnungen lieber leer dahingammeln oder vermieten sie von Zeit zu Zeit zu horrenden Preisen an venedigverliebte AusländerInnen, die, ohne mit der Wimper zu zucken, neben dem offiziellen Mietzins die Auslagen „fuori busta“, happige Schwarzzahlungen, auf den Tisch legen. Das bringt mehr ein, und zudem bleibt die Möglichkeit offen, das Wohnobjekt bei günstiger Gelegenheit äußerst lukrativ zu verhökern.

Diese Situation bringt eine andere Entwicklung ins Rollen: Die Abwanderung und der Touristenboom haben eine gründliche Veränderung der Dienstleistungsstruktur im Centro storico bewirkt. Immer mehr Läden für den täglichen Bedarf schließen, an ihre Stelle treten Geschäfte mit Kitsch, Tand oder Luxusartikeln, die einzig auf die Bedürfnisse der Touristen ausgerichtet sind. Und auch in den wenigen verbliebenen Warenhäusern und Lebensmittelgeschäften sind die Preise wesentlich höher als auf dem Festland. Einkaufen, das tägliche Leben organisieren ist in Venedig schwierig, zeitaufwendig und teuer. Eine Tatsache, die die Abwanderung aufs Festland zusätzlich ankurbelt.

Mestre oder Marghera hieß für die meisten VenezianerInnen bis in jüngste Zeit die Alternative. Die Volkszählung von 1988 hat nun einen neuen Trend aufgedeckt: Die Bevölkerungszahl nimmt auch hier ab, zwischen 5 und 10% jährlich. Vor allem die Jungen kehren Mestre und Marghera den Rükken. Sie haben genug von den schlechtgebauten Wohnsilos, den häßlichen Industriehalden und der mangelnden sozialen Infrastruktur und ziehen in die noch freundlicheren umliegenden Gemeinden, die mehr Lebensqualität versprechen. Eine Entwicklung, die den venezianischen Politikern in den nächsten Jahren noch einiges Kopfzerbrechen bereiten wird.

JENE DER BILDER

Eine literarische Zukunftsvision, von Renato Pestriniero

Der Lärm bahnte sich mühsam einen Weg durch die klebrigen Windungen seines Schlafes: Alberto tauchte aus den Tiefen auf und sah einem neuen Morgen entgegen, der nicht anders war, als er vor zwei Tagen oder Jahren hätte sein können, der sich wie als sonderbarer Scherz der Zeit ständig wiederholte.

Beim zweiten Ertönen der Sirenen wurde Alberto ganz wach und konnte so den Sinn jenes Getöses erfassen, das wie in kreisförmigen Arabesken über Terrassen, Dächer und TV-Antennen wallte.

Nein, dieser Morgen war nicht wie die anderen. Es geschah vielleicht einmal im Jahr und brachte zwar einige Unannehmlichkeiten mit sich, jedoch auch Abwechslung... die Ebbe. Alberto öffnete die Läden und ließ seinen Blick über den Horizont gleiten, streichelte die märchenhafte Landschaft, die sich vor dem perlgrauen Hintergrund abhob. Der tiefgezogene und lichtdurchwirkte Himmel erinnerte an ein Zeltdach, von einem Trapezkünstler aus gesehen. Nur wenige Zentimeter über seinem Kopf formte das Mansardendach einen Winkel, der die Landschaft einrahmte. Alberto gefiel dies sehr. Dieses niedrige Dach vermittelte ihm ein Gefühl von Geborgenheit und Schutz, so wie ein Hut in kalten und regnerischen Wintertagen. Fest in seine Decke eingewickelt, hielt er noch einen Moment lang inne, um seine Augen mit den ersten Farben dieses Tages zu füllen.

Ein leichter Nebel füllte nach und nach alle leeren Räume. Langsam kam er in dichten Schwaden immer näher, mündete in den Canal Grande und in den Canale della Giudecca, verflüchtigte sich schließlich in den unzähligen Kanälen und Gassen. Schön gemächlich dampfte er unter die Arkaden und in die um verwitterte Brunnen gruppierten viereckigen Höfe, hinter alte, nunmehr überflüssige Türen, unter Brücken und durch Mauerrisse voller Spinngewebe und Mäuse.

Die Stadt glich an jenem Morgen einem abgewaschenen Tisch; der einzige sichtbare, noch nicht unter dem Nebelschleier verschwundene Fleck war das Braun der Ziegeldächer jenseits des Kanals.

Lediglich durch die senkrechten Kamine und unnötigen TV-Antennen unterbrochen, lagen bis zum nahen Horizont, wo der Nebelvorhang die Grenze der verzauberten Welt markierte, Grautöne in allen Schattierungen übereinander. Hinter dem Vorhang schlug der Campanile dei Carmini sechs Uhr.

Alberto wartete noch einige Minuten, um das Geräusch, irgendein Geräusch zu hören, welches das Bild vervollständigte. Aber die Stadt rührte sich nicht, was er eigentlich wußte.

Der Lärm würde gegen halb neun beginnen – mit dem Bild von Francis. Vorher gab es nur das Gedröhn des Sieben-Uhr-fünf-Charters, sofern es die Windrichtung erlaubte. Und diesen Morgen hätte man die Rakete sicher nicht hören können. Alberto fühlte eine gewisse Erleichterung bei diesem Gedanken. Der Charter brachte die Bilderbesucher in die Stadt, und Alberto hätte sie am liebsten alle zum Teufel wünschen mögen, sie mit ihren Apparaten, ihrem billigen, marktschreierischen Getue und vor allem ihrer geschliffenen Ignoranz.

Er ging wieder hinein. Die Dusche, die Anweisungen auf der Wandtafel, das Mittwochskostüm, das Licht, der Wasserhahn. Er stieg die fünf Stockwerke auf den engen gewundenen Treppen hinunter. Sie waren wunderschön mit ihren jahrhundertealten, durch die Abnutzung abgerundeten Stufen, mit dem leprösen Verputz, der muffigen Luft. Er war auf der Gasse.

In eben diesem Moment donnerte überraschend der Charter vorüber. Die ganze Stadt war voll von dem Lärm. Alberto rannte die paar Meter bis zur Mensa Darsteller Bild 6. Einige waren schon da, andere trafen bald darauf ein.

Begrüßungen, Witzeleien, Gähnen, Eindrücke. Alberto ließ die Münze in den Schlitz der Maschine fallen, nahm aus dem beleuchteten, zahnlosen, rasselnden Mund sein Frühstück heraus und setzte sich an seinen Lieblingstisch.

Die Tische waren alle gleich, aber von diesem Platz aus konnte er durch ein Fenster blicken, das mehr war als ein gewöhnliches Fenster. Es hob die Zeit auf, war eine Symbiose zwischen Realität und künstlerischer Umsetzung, ständige Erneuerung innerhalb der wahren Grenzen des Kunstwerkes: Der Rio dei Mendicanti tauchte jeden Morgen aus dem Dunkel auf und erschien vor seinen Augen so, wie ihn Canaletto schon drei Jahrhunderte zuvor gemalt hatte, immer gleich in seiner Form, je nach Sonnenlicht, Regenfransen oder den Nebelbögen jedoch jeden Tag wieder anders. Sicher, die Gondel, die von der Werft in den Kanal geschoben wurde, gab es nicht mehr, weg waren die Wäschegirlanden und auch die Leute, die am Ufer flanierten. In der Stadt lebte niemand mehr, seit langem schon. Nur sie waren da, jene der Bilder.

Aber der Tod der Stadt hatte den ursprünglichen Armutsmief, den uralten Geruch vermodernden Holzes, selbst das Quietschen der Mäuse wieder aufleben lassen.

„Los, Leute, es ist schon halb acht." Dario, ein Mann in den Fünfzigern, ein athletischer Körper im roten Künstleroverall, mit kahlgeschorenem Kopf und wirrem Bart, ganz der herrschenden Mode entsprechend, versammelte die Gruppe von jungen Leuten um sich, die sich inzwischen in der Mensa eingefunden hatten. „Also", sagte er, „sind wir alle da? Roberto, Juan, Helen, Flavio, Greta, David, Hans, Gino, Ennio... Wo ist Ennio? Weiß es jemand?"

Niemand wußte etwas.

„Na gut", meinte Dario, „wir warten noch fünf Minuten, dann ernennen wir einen Ersatz. Die Statisten werden um die übliche Zeit eintreffen."

Die Tür öffnete sich, und herein kam Carlo. Er war ein Selbständiger und wirkte nicht offiziell bei den Bildern mit, lebte aber unter den Künstlern, verdiente sich hier und dort das Lebensnotwendige. Er war im Milieu sehr bekannt, vielleicht mehr noch als die Künstler selber. Eine besondere Faszi-

▶
Sottoportegho dell'Abbazia: Nachts suchen heimatlose Liebespaare hier Zuflucht (o). Schummrige Winkel faszinieren auch den venezianischen Science-fiction-Autor Renato Pestriniero (u).

nation ging vor allem von seinen Worten aus. Er vermochte bei jeder Gelegenheit die ganze Aufmerksamkeit auf sich zu lenken; seine Worte blieben in der Luft hängen, außerhalb der Schreie, des Gelächters, der Witze und der Gespräche in der Menge.

Später, in der Einsamkeit, wurde sich jeder bewußt, daß von all dem, was während des Tages gesagt und getan worden war, nur noch etwas im Gedächtnis haften geblieben war: eine wage Idee, in einem dunklen Winkel des Gehirns zusammengekauert, fast unsichtbar und trotzdem sehr präsent. Schien es im ersten Moment ein Gedankengespenst zu sein, das auftaucht und wieder verschwindet, so merkte man bei näherer Betrachtung, daß es das Resultat, die Essenz von Carlos Worten war.

In einer großen oder auch x-beliebigen Stadt wäre Carlo der klassische Vertreter der reformatorischen Jugend gewesen, ein Revolutionär, der die Welt zerstören wollte, um sie dann wieder neu aufzubauen. Er wäre totgeschwiegen, isoliert oder beseitigt worden. Aber hier, in dieser Stadt, die aus toten Dingen bestand, aus Schweigen, Wasserplätschern, Wehklagen im Nebel, wer konnte hier seine Gedanken empfangen, wenn nicht jene der Bilder, die einzigen Bewohner-Darsteller dieser riesigen Schloßruine?

Carlos Augen, klar und durchdringend, nahmen die lärmende Begrüßung seiner Freunde ohne Lächeln an, sein Blick schweifte über all die verschlafenen Gesichter und machte bei Dario halt: „Ich werde den Platz von Ennio einnehmen. Er kommt nicht."

Dario antwortete nicht, aber auf seiner Stirn bildeten sich zwei Längsfalten, als er die Augenbrauen hochzog. Er sah auf seine Uhr. Die fünf Minuten waren vorbei. „Gut", meinte er, „geh hin und nimm dir das Kostüm für das Mittwochsbild Nummer 6."

Carlo lief in die Garderobe, schlug im Vorbeigehen Alberto freundschaftlich auf die Schulter und zwinkerte ihm zu.

Pünktlich um acht Uhr verließ die vollzählige Mannschaft im Kostüm die Mensa und verlief sich in die verschiedenen Gassen, jeder genau auf seinen Posten, seit Jahren den selben.

Die Ankündigung der Ebbe durch die Sirene am Morgen bedeutete, daß die Straßen aus dem Wasser auftauchen würden. Trotzdem hätte niemand von der Gelegenheit profitiert, um auf den Gassen zu gehen. Wie üblich würden alle die Passerellen benutzen, Bretter, die längs der Gebäude, anderthalb Meter hoch vom Boden entfernt, als Wege von der Mensa bis zur Zone der Bilder dienten.

Die Ebbe war ein seltenes und zugleich abstoßendes Ereignis. Das entblößte Straßenpflaster zeigte sein jahrhundertealtes, von faulem Schlamm verkrustetes Gesicht, ein Magma organischer Abfälle, unzähliger vom Salz verformter Objekte – groteske Erinnerungen an eine Zeit, in der sie von den Menschen zum Leben gebraucht wurden, ein abgedeckter Mäusefriedhof.

Das Geschwätz der Jungen verlor sich in der Weite. Die Mensa war nur noch ein schwankender Lichtpunkt im Nebel. Ein Faden Musik entwischte durch die Türe und wurde rasch vom Grau verschluckt. Von drinnen konnte man den Rio dei Mendicanti nicht mehr sehen.

Vom Raketenflugplatz startete das Flugobjekt schnell und lautlos. Begleitet von unmerklichem Rauschen glitt es elegant in den Raum. Ein leichter Nebel, fein wie ein Leichentuch, umhüllte die Stadt: Die Besucher in ihrer Plastikhülle konnten die Türme, die Arkaden und Wasserläufe noch nicht sehen. Dann, plötzlich ein Schrei aus zweihundert Kehlen, gefolgt von Ausdrücken höchster Verwunderung, als sich das Flugobjekt scheinbar überraschend, aber dennoch klar berechnet, in die Wasser der Lagune stürzte. Dann ein Summen von Kameras, Surren von Tonbändern, Klicken von Foto- und Rauschen von holografischen Apparaten – vierhundert glänzende und aufmerksame Augenpaare waren auf Linsen, Geschwindigkeitsanzeiger, Bandspulen und blinkende Lichter gerichtet.

Die ersten Ruinen des überschwemmten Gebietes nehmen durch die opaken Wasserstreifen Form an, kommen näher und flitzen an einer Reihe von Mündern vorüber, die sich zu einem langen, lautlosen Schrei öffnen.

Die zweihundert Wesen, ihren kleinen Robotern untertan, drehen und wenden den Kopf von einer Seite auf die andere, überlassen ihren surrenden Herrschern die schwierige Aufgabe, zu beobachten, aufzunehmen, die Beweise zu sammeln für ihre Gegenwart im Herzen der Feenstadt.

Nun tauchen auch die mächtigen Gerüste auf, welche die True Venice Sightseeing Co. Inc. erstellen ließ, um den noch nicht versunkenen Teil der Stadt zu stützen und ihren Kunden einen schauerlichen Traum zu vermitteln: „Nur die Bilder, die Sie selber machen, werden Sie von der Wirklichkeit der Dinge, die Sie hier sehen, überzeugen können."

Ein riesiger Neonregenbogen verschluckte das Fahrzeug bei seinem Auftauchen im Terminal, während Hunderte von plastifizierten Papierballons unermüdlich willkommen winkten.

Die Ladung aus Passagieren schloß sich dicht und laut schwatzend anderen lauten Ladungen an, die auf dem Platz warteten. Dann begann das Rollband langsam schwankende Statuen uralter Kinder zu befördern. Drei Stunden.

Drei ganze Stunden Aufenthalt im Reich der Feen, im Reich der großen Stille (ob wir das wohl so lange aushalten werden?), wo, so sagt man, sogar das Murmeln des Wassers zu hören ist, das die pockennarbigen Seiten der Palazzi streichelt; und dann... dann *DIE BILDER!*

Der Nebel beginnt in der Sonne zu glänzen, und es ist genauso, wie es der Prospekt verspricht: „Die Stadt ist in einen goldenen Lichtschein getaucht." Aufgepaßt auf die Fotozelle, Auge auf dem Sucher, fotografieren wir das Panorama mit dem goldenen Licht, pardon, dem goldenen Lichterschein über der Stadt. Aber wo sind die Bilder? Wieso beginnen sie nicht jetzt schon? So, liebe Gäste, eine willkommene Überraschung für Sie. Wir freuen uns, Ihnen ankündigen zu dürfen, daß wir heute anstatt nur zwei, wie im Programm vorgesehen, sogar drei Bilder sehen können. – Ooohhh! – Angesichts dieser Tatsache (Gemurmel und Geflüster) ein Geschenk der True Venice... (Freudiges Händeklatschen wie Schmetterlingsflattern.) In der rechten Ecke sehen Sie, in einem Wald von in den Grund gerammten Pfählen, eine Gondel, die den Kanal durchquert... Achtung, bitte die aufgemalten Bodenlinien nicht übertreten. Auf Wunsch lassen wir die Gondel in der Bildmitte halten... Einverstanden, meine Damen und Herren, Ihr Kunstverstand ist offensichtlich, womit wir ja auch gerechnet haben: Die Gondel wird halten. Wie Sie sehen, befördert sie lebende Menschen, und ich muß Ihnen wohl kaum sagen, wie dramatisch sich die Situation zuspitzen kann. Nur eine winzige falsche Bewegung des Gondoliere, und das Boot kentert. Eine unerwartete Welle oder ein unvorsichtiger Passagier, und das Unglück geschieht hier, vor Ihren Augen! Nur noch einige wenige Meter, und die Gondel wird abbremsen, um von Ihnen verdienterweise bewundert zu werden... Aber... irgend etwas scheint hier nicht zu stimmen. Der Gondoliere beschleunigt ja, statt zu bremsen... Da, er überholt eines der Transportschiffe, die durch den Canale Lungo führen, das bedeutet gefährliche Wellen für die kleine Gondel und die wertvolle Fracht, die sie mit sich führt. Es sind Frauen, vielleicht auch Kinder an Bord... Der Gondoliere stößt seine Gondel mit all seiner Kraft vorwärts (der lange Stock wird Ruder genannt), um sich so schnell wie möglich vom immer näher kommenden Bug des Schiffs zu entfernen... Oh, jetzt wird sie von ihm verdeckt!

Die Zuschauermenge hält den Atem an, Apparate baumeln um ihre Körper, bleiche Hände sind über aufgerissenen Mündern zusammengeschlagen, Augen starr auf die Szenerie gerichtet... Meine Damen und Herren, die Gefahr ist gebannt. Hier sehen wir unseren Gondoliere aufrecht in seiner Gondel, die er nun anhält. Wahrhaftig ein schönes Bild, meine Damen und Herren, Sie haben Glück gehabt, eine solche Gelegenheit wird sich so bald nicht wieder bieten. Und jetzt bitte einen Applaus für diese hervorragenden Darsteller, diese wahren Künstler, die für die Kunst alles hergeben und die...

Einer hinter dem anderen, kehrten Alberto und Carlo auf den schmalen Brettern zur Mensa Darsteller Bild 6 zurück. Keiner der beiden sprach ein Wort. Die Hände hatten sie tief in die Taschen der Hosen vergraben, an die sie sich nicht gewöhnen konnten. Alberto sah auf seinen Freund, der einige Schritte vor ihm ging, sah auf sein Leibchen mit den blauen und weißen Querstreifen, auf den über die Schulter geworfenen Beutel, auf den herunterhängenden Matrosenkragen, den Gondolierehut mit dem roten Band. Es war, als würde er sich im Spiegel betrachten. Während sie den Campo S. Moisè durchquerten, hörten sie das Vaporetto des 9. Bildes sich nähern. Von der Brücke aus sahen sie es durch die Nebelschwaden, die über den Kanal strichen, wie aus Rauch auftauchen. Sicher stand William am Ruder. Das Vaporetto fuhr vorüber, von der Kabine winkte William den beiden

Freunden zu.

Alberto und Carlo blieben noch einen Moment lang auf der Brücke stehen, bis das Vaporetto mit seiner Ladung bunter Statisten im Nebel verschwand.

Alberto schickte sich an zu gehen, aber Carlo blieb mit aufgestützten Ellbogen am Brückengeländer stehen.

„Komm, wir gehen. Es wird sonst spät." Alberto machte sich auf den Weg.

„Alberto, sag, hast du darüber nachgedacht?" Alberto wußte, worauf sein Freund anspielte, aber es war ihm noch nicht möglich zu antworten. „Komm, gehen wir jetzt, wir werden später darüber reden."

„Nein, tun wir's jetzt. Wir können nicht mehr zuwarten. Siehst du tatsächlich nicht, wie absurd das Ganze ist? Es ist grotesk!"

Alberto war stehengeblieben. „Du hast ja recht, nur... na ja, du hast die Möglichkeit, unabhängig und trotzdem im Künstlermilieu zu bleiben. Was kann ich aber machen, wenn ich mich dagegen auflehne? Das Ideal, ja sicher, das Ziel dieser Kunst und alles, was daraus folgt... Ich will aber in dieser Gruppe bleiben. In der Stadt könnte ich nicht leben, und was würde ich dann tun? Ginge ich auf die andere Seite der Barrikaden, würde schnell ein anderer meinen Platz einnehmen, denn eines ist sicher, es sind nicht unsere Ideen, die diesem ein Ende bereiten werden."

Alberto blickte aufs Wasser im Kanal. Es war schmutzig, dunkel und ölig. Langsam floß es dahin und nahm die Abfälle mit, welche die Touristen hineinwarfen, während sie sich die Bilder ansahen: Verpackungen von bunten Lunchpaketen, leere Filmschachteln, Flaschen, Fragmente von fremden Welten, unverständlich beschriftet.

Und doch, trotz allem, es war richtig so. Die Stadt war schon seit vielen, vielen Jahren tot, ein Gespensterfriedhof. Nach der Herrlichkeit ein langsamer Zerfall und schließlich das Ende. Die berühmten Palazzi, die schlanken Brükken, die eleganten dreibogigen Fenster konnten sich damals nicht mehr stolz im glasklaren Wasser der Kanäle spiegeln, ohne sich über die Zeit Sorgen zu machen. Als sich die Stadt über ihren Zustand klar wurde, war es schon zu spät, die lange Agonie hatte bereits begonnen.

Und nun, wer konnte die Erinnerung an die Stadt, dieses Feenreich, lebendig halten, wenn nicht sie, die Künstler? Künstler nicht im herkömmlichen Sinn, eher Schöpfer von Bildern, Darsteller von Szenen, die von Menschen aus aller Welt bewundert wurden. Die Kehrseite der Medaille waren natürlich die Mitgliederkarte, die Gewerkschaften, das regelmäßige Salär, die engen Geleise, innerhalb derer sich ihre Tätigkeiten abzuspielen hatten, die genauen Vorgaben für jedes einzelne Bild...

Bild: Das war der springende Punkt, der Alberto verwirrte. Das Wort löste in ihm etwas aus, eine Art Unsicherheit. Genau da konnten die Gedanken Carlos ihn vielleicht beeinflussen, ja, vielleicht war dies schon passiert.

Ohne die Augen vom Kanal abzuwenden, unterbrach Alberto das lange Schweigen.

„Hast du die Sache nie von einem anderen Standpunkt aus betrachtet? Daß man diese Arbeit, die wir als anonyme Angestellte der True Venice wie Marionetten, gelenkt von den Schöpfern der Bilder, ausführen, nicht wirklich als künstlerische Bewegung definieren kann. Wenn die Malerei die Realität interpretiert und ihre Ausdrucksmittel ständig verändert werden, wieso können wir dann die Tätigkeiten, die wir tagtäglich, zu einer bestimmten Zeit, an einem bestimmten Ort wiederholen, nicht als wirkliche Bilder ansehen? Die Malerei hat unzählige Veränderungen durchgemacht: Von der Begrenztheit des Ateliers ging man zum „Plein air" über, verwendete neue Materialien, nicht mehr nur unbedingt Farbe und Pinsel, ließ den Rahmen weg, der das Bild begrenzte. Die Bilder verwandelten sich in Skulpturenbilder, in natürliche Werke, in natürliche oder künstliche, zufällig entstandene Kreationen, in beliebig reproduzierbare Serien, um der Nachfrage der Massen nachzukommen. Wieso sollen wir also nicht den Platz der Farben oder anderer Materialien, welche die Maler durch die Jahrhunderte hindurch für ihre Bilder gebraucht haben, einnehmen? Bilder von lebenden Menschen, die authentische Dinge in einer authentischen Umgebung erleben. Wir sind vervielfältigte Lebewesen, und wir haben beschlossen, diese darzustellen, weil wir diese Stadt lieben und nicht wollen, daß sie, auch wenn sie tot ist, verschlammt. So verschönern wir die Leiche, bauen ihr eine Feder ein und lassen sie täglich lachen und springen für all jene, die das Bedürfnis oder den Wunsch haben, hierher zu kommen, um sie zu sehen. Es interessiert mich nicht, ob es ein paar elende, geldgestopfte Touristen sind, die sich völlig verloren fühlen, wenn sie die verfluchte Videokamera vergessen haben. Nur noch da drin haben sie ihre Augen, sie sind nicht mehr fähig, mit ihren eigenen Pupillen zu sehen. Der Apparat schaut für sie und gibt ihnen die Gewißheit, auch wirklich dagewesen zu sein."

Alberto spuckte in den Kanal. Dann spuckte er ein zweites Mal, zorniger noch. Er wandte sich zu Carlo, blickte ihm in die Augen. „Und trotz alledem", fügte er nach diesem Wutausbruch mit seltsam ruhiger und farbloser Stimme hinzu, „ich weiß, daß du recht hast. Du hast recht, so wie schon all jene recht hatten, die vor dir einen Zustand ändern wollten, der zu lange dauerte und zu einer Gewohnheit geworden war. Gewohnheit darf sich nie einstellen, in gar nichts..."

Carlo näherte sich dem Freund, faßte ihn bei den Schultern: „Begreifst du nun, was ich will? Diese Szenen, die wir darstellen, sind in der Tat eine logische Entwicklung der Malerei, aber der Moment für eine weitere Änderung ist nun da. Wir sind aus der ganzen Welt gekommen, um diese Stadt zum Leben zu erwecken, aber dies darf nicht mehr auf der Basis von Jahresverträgen und auswendiggelernten Worten geschehen. Eignen wir uns diese Stadt wirklich an, leben wir wirklich darin, und wenn uns die anderen dann immer noch sehen wollen, so sollen sie kommen, mit oder ohne Kameras.

Und wenn sie die Bilder sehen wollen,

dann müssen sie selbst durch die Straßen gehen, auf den Holzbrettern oder mit den Füßen tief im Schlamm und uns finden, die wir unser Leben in unserer Stadt leben. So soll unsere Stadt sein, offen für all jene wie wir, aus welchem Winkel der Welt sie auch herkommen. Hier ist kein Platz für die anderen, dies ist ein der Welt und Zeit entrückter Ort, er gehört einer anderen Dimension an, und nur jene, die unserer Rasse angehören, können das verstehen und sich zu eigen machen. Hier wird mit Zauberstab und Magierhut gearbeitet, nicht mit Computer und Fernsehen...“

Das Stimmengewirr des dritten Bildes drang wie monotones Rauschen, durchsetzt mit schrillen Schmähreden, zu ihnen. Die zwei Frauen zeigten sich an ihren betreffenden Fenstern, das eine dem anderen gegenüber auf den beiden Seiten der schmalen Gasse, und mit auf die Hüften gestützten Händen setzten sie das tägliche Gezänk in Szene, unverständlich für die Touristen, die sich auf der darunterliegenden Plattform versammelt hatten.

Auf der Brücke warteten die beiden jungen Männer unbewußt auf den Applaus, der sich in ein, zwei Minuten einstellen würde.

Carlo fing an, laut vor sich hin zu denken, mehr zu sich selbst als zu seinem Freund sprechend: „Wir sind die, welche nicht mehr im Atelier malen können und hinaus auf die Straßen malen gehen und so eine neue Richtung begründen. Wir sind die, welche die Rahmen der Bilder abschaffen, die keine Leinwand benützen, sich des Holzes und Plastiks, Feuers, Eisens und einfacher Erde bedienen, um damit eine neue Richtung zu begründen, oder die ein Stück Wald auf einen Platz in der Stadt umpflanzen und die Leute heißen, ihr Bild anzuschauen... Das sind Dinge, die du selbst gesagt hast...“

Hoch über der grauen Decke brach zuerst klagend, dann schrill das Heulen einer Rakete durch, die mit ihrer bunten Fracht von getaner Pflicht befriedigter Menschenheit startete. Auch sie hatten sich die Feenstadt angesehen und sich in Kunst gebildet. Auch ihre Psyche war tief befriedigt, weil der Beweis der Pilgerfahrt gut in der rotgelben Schachtel versorgt war, in sich eingerollt wie eine schwarzglänzende, buntgezeichnete Schlange, bereit, von den Freunden zu Hause bewundert zu werden.

Die Feenstadt gibt es nicht mehr. Vielleicht ist sie unter dem grauen Schleier verborgen, den das Bordfernsehen zeigt, aber nun genug, sehen wir uns das Programm, die nächste Etappe an...

Alberto fror und zog sich die Jacke über die Schultern. Langsam ging er mit dem Freund über die Brücke. Sie durchquerten den kleinen Platz mit dem seit Jahren stummen Brunnen. Sie schritten in die enge Gasse, an den Seiten zwei hohe Mauern leerer Krater.

Sie verschwanden hinter der Ecke, ihre Stimmen hallten im Nebel. begleitet vom Lärm der Schritte auf den Holzbrettern, hoch über den Straßen voll Schlamm.

(Renato Pestriniero, Venezianer von Geburt und aus Überzeugung, amtiert tagsüber als braver Büromensch, läßt aber nachts und in der Freizeit zum Ausgleich die Phantasie schweifen. – Für die Übersetzung dieses Artikels zeichnet Adrienne Theimer.)

(Hoch)Wasser, Gondeln und die gehasst-geliebten Tauben: Wahrzeichen Venedigs.

Die Stadtteile

Venedig ist schon seit frühester Zeit in sechs Quartiere eingeteilt, die *Sestieri*. Drei Sestieri liegen (vom Bacino di San Marco aus gesehen) rechts des Canal Grande, nämlich **SAN MARCO, CASTELLO** und **CANNAREGIO**, drei links der Hauptwasserader: **SAN POLO, SANTA CROCE** und **DORSODURO**. Zum Stadtteil Dorsoduro gehören auch die Inseln **GIUDECCA** und **SAN GIORGIO MAGGIORE**.

Venedig ist für heutige Begriffe eine kleine Stadt, so daß die einzelnen Stadtteile unmerklich ineinander übergreifen und Unterschiede im Quartiercharakter kaum mehr wahrzunehmen sind. Bei Streifzügen durch Venedig fallen vielmehr die zahlreichen Pfarreibezeichnungen, die Hinweise auf die *Parrocchie* an den Hauswänden auf. Die Stadt ist in über fünfzig Pfarrkreise eingeteilt, vor allem früher spielten diese die Hauptrolle im venezianischen Alltag. Hier eine kurze Charakterisierung der einzelnen Sestieri.

SAN MARCO

Sicher das teuerste Pflaster, die „City" von Venedig und stolzer Mittelpunkt der Stadt – auf 13 Inseln angelegt und in 4 Pfarreien eingeteilt. Rund um Piazza und Basilika, die dem Quartier den Namen gab, reihen sich ehrwürdige Palazzi, Amtshäuser, Kirchen und Museen neben Nobelhotels, Gourmettempeln und Edelshops sowie unzählige Souvenirläden, Schnellimbisse und Pizzerien: Die Touristen geben hier den Ton an – seit Jahrhunderten schon!

CASTELLO

23 Inseln und 9 Pfarrkreise bilden den Stadtteil im nordöstlichen Zipfel Venedigs. Der Name „Castello", italienisch für Schloß, ist auf die befestigte Residenz des Bischofs am Rand der Lagune zurückzuführen. Hier prägte seit den Prunkzeiten der Stadt bis in unsere fünfziger Jahre hinein das „Arsenale", die riesige Schiffswerft, das Quartierleben (siehe Kapitel „Sehenswürdigkeiten" und „Brückenwanderungen"). Arbeiterfamilien und Matrosen aus aller Welt brachten Leben und (oft rauhe) Fröhlichkeit in die Gassen. Heute ist es in Castello still und traurig beschaulich, die einst schmucken Häuser zerfallen, immer mehr Gasthäuser und Läden schließen. Abwanderung ist die Folge und neue Ursache für den kaum zu durchbrechenden Teufelskreis.

CANNAREGIO

Ganz im Norden der Stadt, der *Laguna morta*, der toten Lagune, zugewandt, breitet sich dieser Stadtteil über 31 Inseln und 10 Pfarreien aus. Der Name deutet auf die Schilfrohre hin (italienisch *canne*), die einst in dieser Sumpflandschaft gediehen. Cannaregio ist ein friedvolles, idyllisches Quartier abseits des Touristenrummels: zierliche Palazzi und einfache Häuser, verträumte Campi und üppige Gärten verbreiten eine heitere Stimmung. Cannaregio hat sich in den letzten Jahren zu einem In-Quartier entwickelt. Immer mehr Ausländer und italienische „Fremde" stillen hier ihre Venedig-Sehnsucht. Junge Venezianer richten sich originelle Lofts ein und bringen neues Leben und heiße Musik in die alten Mauern.

SAN POLO

7 Inseln, 3 Pfarreien und die Kirche San Paolo als Namensgeberin – Kirchen und Campi, prächtige Residenzen am Canal Grande, bescheidenere Palazzi an belebten Geschäftsgassen, hohe, düstere Volkspaläste rund um Rialto (siehe Kapitel „Brückenwanderungen") und unzählige Handwerksbuden machen den Reiz dieses dichtbesiedelten Stadtteils aus.

SANTA CROCE

Ein von den Touristen vergessener (und verkannter) Winkel der Stadt – eine *Venezia minore*, ein volkstümliches Venedig mit Bilderbuchcharakter und modernen Akzenten rund um den Bahnhof, die *Stazione Santa Lucia* und den Autoparkplatz *Piazzale Roma*, alles auf 14 Inselchen und über 5 Pfarreien verteilt.

DORSODURO

Der Name deutet darauf hin, daß hier auf Festland gebaut wurde. Trotzdem – für den Stadtteil wurden ganze 17 Inseln befestigt und heute sorgen 7 Pfarrkreise fürs (Seelen-)Wohl der Bewohner. Dorsoduro ist ein kontrastreiches Quartier: Von den *Zattere* bis zum äußersten Zipfel gegen die *Punta della Salute* hin breitet sich das sogenannte Künstlerviertel Venedigs aus. Schriftsteller, Maler, Bildhauer und auch Kunstmäzene (Peggy Guggenheim hielt hier Hof) bevorzugten seit je diesen Winkel der Stadt. Heute gesellen sich zur Künstlerkolonie gutbetuchte Venedigfreunde mit Stilambitionen und gerissene Immobilienhändler – die Liegenschaftenpreise und Mieten in diesem Zipfel von Dorsoduro grenzen schon ans Astronomische. Ganz anders die Stimmung im entgegengesetzten Winkel des Quartiers, gegen den Hafen hin: Hier, vor allem rund um die Pfarrei *Santa Marta*, wohnten schon immer Arbeiter und auch viele Arme. Die eh schon einfachen Behausungen bieten heute ein trostloses Bild, die einst blühenden Fabriken verrotten. An unzähligen Häusern und Hütten prangt ein Schild: zu verkaufen. Vergeblich – Interessenten missen hier die typische Venedig-Idylle. Abwanderung und Überalterung, Drogenszene, Alkoholismus und Verwahrlosung haben der Gegend den Beinamen „Piccolo Bronx" eingebracht.

GIUDECCA

Auf der Insel jenseits des breiten gleichnamigen Kanals ist man zwar noch in Venedig, aber trotzdem herrscht eine spürbar andere Stimmung. Hier atmet man schon eindeutig Inselatmosphäre: Alles ist heiterer, ruhiger, einfacher, irgendwie ländlich. Die Insel hieß ursprünglich *Spinale* oder *Spinalonga*,

▶
Giudecca, die Insel der Klöster und Gärten: Grossartig der Ausblick nach San Marco (o), heiter–ländlich die Stimmung in den Arbeitersiedlungen (u).

nach ihrer Form, die an eine Fischgräte erinnert. Laut gewissen Chroniken soll der heutige Name daher rühren, daß hier in den Anfangszeiten des Stadtstaates viele Juden (italienisch *Giudei* oder *Ebrei*) siedelten. Andere führen den Namen auf den venezianischen Begriff *zudecà* zurück, was „verurteilt" heißt: Verschiedene zu Unrecht verurteilte Bürger (selbstverständlich aus einflußreichen Familien!) erhielten nach Anerkennung ihrer Unschuld von der venezianischen Regierung ein Stück Land auf der Giudecca als Entschädigung zugeteilt. Sicher ist, daß sich die venezianischen Adligen und Reichen stets gerne auf der nahegelegenen Insel vergnügten. Hier hatten viele ihre *ridotti* und *casini*, eine Art „Salons" oder „Garçonnièren", wo man sich zu allen möglichen Lustbarkeiten traf. Einflußreiche Familien bauten elegante Palazzi als Zweitresidenzen. Die Giudecca war (und ist) reich an Gärten, die man sogar tageweise mieten konnte. Die Chronisten berichten von Anschlägen und Überfällen, von Orgien und bacchantischen Gelagen, die im üppigen Grün stattfanden. Auf der Giudecca gab es jedoch auch Kirchen, Klöster und Hospize für Arme, Waisen und auch für junge Mädchen, die mangels Geldes für die Aussteuer nicht auf einen Ehemann hoffen konnten – daher der Name *zitelle* (italienisch „Jungfern"). Und schon früh siedelten sich hier Manufakturen und Fabriken an. Heute allerdings sind viele geschlossen, einige mahnen als Ruinen an den stetigen – nicht vom stets beschworenen Hochwasser bedingten – Zerfall der Stadt.

Im südlichen Teil der Insel, zur offenen Lagune hin, fristeten die Fischer ein zufriedenes Dasein. Heute finden sie kaum mehr ein Auskommen; Sie klagen über die vergiftete und leergefischte Lagune und wandern in andere Berufe, meist in die Industrie, nach Marghera, ab. Am Abend kehren sie jedoch an die malerischen Kanäle auf der Giudecca zurück.

Geblieben sind auch die Arbeitersiedlungen mit den freundlich wirkenden Sozialwohnungen und den heiteren, belebten Höfen. Die Giudecca ist zu einer beliebten und (noch) nicht allzu teuren Wohngegend von Venedig geworden. Und auch die vielzitierten und gutbetuchten Venedigfreunde aus nah und fern beginnen den Reiz der Insel zu entdecken: Mehr und mehr Palazzi werden zu luxuriösen, sündhaft teuren Residenzen aus- oder umgebaut. *Friedensreich Hundertwasser* sucht hier nach Inspirationen. *Arrigo Cipriani*, der Patron der weltberühmten Harry's Bar, hat die Giudecca zum standesgemäßen Wohnsitz erkoren und, weil's so schön ist, gleich noch ein Restaurant und eine Delikatessenfabrik gebaut. Gerüchten zufolge streitet zurzeit die Hotelindustrie über großangelegte Projekte für Nobellogen. Der andauernde Erfolg des *Hotel Cipriani* auf der Insel will kopiert werden. Die zukünftige Entwicklung ist angesagt und kann kaum mehr gebremst werden. Kulturelle Projekte, die für die Insel seit Jahren bestehen, haben in Venedig kaum eine Chance – Gewinn in klingenden Münzen hatte in dieser Stadt schon immer Vorrang. Ein Trost bleibt: Venezianische Projekte brauchen immer ihre Zeit, bis sie gebührend ausdiskutiert sind. Und noch hat die Giudecca wenig von ihrem heiteren, lebhaften Charme eingebüßt. *Ein Streifzug durch die hellen Gassen und Höfe dieser Insel sei wärmstens empfohlen!*

SAN GIORGIO MAGGIORE

Eine der früher so zahlreichen Klosterinseln der Lagune und heute die wohl berühmteste: Die Silhouette von San Giorgio Maggiore inmitten des *Bacino di San Marco* zählt zu den Wahrzeichen Venedigs. Die Insel wurde 982 den Benediktinermönchen zugesprochen, die hier Kloster, Kirche und Campanile erbauten und im Laufe der Jahrhunderte auch stets mit Hilfe der berühmtesten Baumeister verschönerten. Die Kirche *San Giorgio Maggiore* gilt als das schönste Werk des Architekten *Andrea Palladio*. Gerühmt werden nebst der Fassade in weißem Marmor vor allem die hellen, lichtdurchfluteten Innenräume. Kunstinteressierte können hier einige Gemälde von *Tintoretto* bewundern. Das berühmteste für die Kirche geschaffene Kunstwerk, die „Hochzeit zu Kanaa" von *Veronese*, gefiel Napoleon so sehr, daß er es gleich nach Paris mitnahm, heute hängt es im Louvre. Nach der Aufhebung des Klosters im 19. Jh. wurden die Gebäude als Kaserne und Munitionsdepot mißbraucht. Der traurige Zerfall der Insel nahm erst nach dem Zweiten Weltkrieg ein Ende: Der Industrielle *Vittorio Cini* gründete zum Gedenken an seinen verunglückten Sohn Giorgio eine Stiftung mit dem Ziel, den Gebäudekomplex von San Giorgio Maggiore zu sanieren und hier ein internationales Studienzentrum einzurichten. Ein durch und durch gelungenes Vorhaben: Heute finden in der *Fondazione Cini* hochkarätige Kongresse und auch mal Wirtschaftsgipfel statt – in stimmungsvoller Kulisse. Die Kreuzgänge des Klosters, die schöne Bibliothek, der herrliche Garten und auch die Fotodokumentation über die Restaurationsarbeiten sind auf alle Fälle einen Besuch wert: Wer sich dafür interessiert, muß sich anmelden (Tel. 528 99 00) und mit der *Fondazione Cini* eine Führung vereinbaren. Was man auf San Giorgio Maggiore auf keinen Fall verpassen sollte, ist der Ausblick vom Campanile: Ganz Venedig und die Lagune liegen einem zu Füßen. Unbeschreiblich schön!

Verwirrspiel Adreßsystem

Venedig ist einzigartig: Alles ist hier anders – erstens als man denkt und zweitens als man's kennt. So auch das Adreßsystem.

Eine venezianische Anschrift, auch im Telefonbuch, lautet auf Namen, Stadtteil und eine (erstaunlich hohe) Nummer. *Dazu gilt es, sich Folgendes zu merken:* Straßennamen spielen in Venedig eine untergeordnete Rolle: Erstens gibt es über die ganze Stadt verteilt immer

wieder Gassen und Plätze mit demselben Namen (z.B. della Madonna, del Cristo, dei Preti, della Chiesa usw.), und zweitens sind die venezianischen Wege oft so kurz und verschlungen, daß hier eine sinnvolle Numerierung unmöglich ist. So wurden denn in jedem der sechs Stadtteile – der *Sestieri* – die Häuser mit fortlaufenden Nummern versehen. Jedoch nach einem schleierhaften System, das einmal mehr die Vorliebe der Venezianer für Verwirrspiele und Geheimniskrämerei belegt. Heute finden sich nur noch die venezianischen Postboten im Nummernlabyrinth zurecht, die Stadtbewohner bauen darauf, daß hier eh jeder jeden kennt, und die Fremden werden ihrem eigenen Spürsinn überlassen. *Dazu ein paar Tips:* Wichtig ist, daß man sich den Stadtteil merkt – also weiß, ob die gesuchte Anschrift in San Marco, Castello, Cannaregio, San Polo, Santa Croce oder Dorsoduro zu finden ist. Die Giudecca gehört eigentlich zu Dorsoduro, hat aber eine eigene Numerierung. Die tiefste Hausnummer in jedem Stadtteil ist die 1000. Am einfachsten geht's, wenn man am gesuchten Ort anruft und nach der Gasse, dem nächsten Campo und der Vaporettostation fragt – in Venedig sind solche Anfragen an der Tagesordnung. Gehört auch die Telefonnummer zu den Unbekannten, so bleibt eine letzte Rettung: Die *Guida toponomastica*, mit der jede Adresse enträtselt werden kann. Das Buch kann im *Ufficio Turistico* am Markusplatz und am Bahnhof eingesehen oder in guten Buchhandlungen für teures Geld gekauft werden.

In Venedig gibt es einen einzigen Platz (italienisch *piazza*), eine einzige Straße (italienisch *strada*) und nur drei Kanäle (italienisch *canale*): Die Piazza San Marco, die Strada Nova in Cannaregio, der Canal Grande, der Canal di Cannaregio und der Canal della Giudecca. Alle anderen Bezeichnungen für Gassen und Wege sind typisch venezianisch. Ihre Bedeutung zu kennen hilft bei der Orientierung in dieser verwirrenden Stadt:

Die Gassen heißen *calle, calletta* oder *callesella*, die besonders engen *calle stretta*, die weiten *calle larga. Campo* oder *campiello* werden die sonnigen Plätze, meist rund um eine Kirche, die dann auch den Namen gibt, genannt. „Campo" heißt italienisch „Feld", ursprünglich waren alle Plätze Venedigs Wiesen, wo Tiere aller Art grasten. Eine *corte* ist ein kleiner, oft geschlossener Innenhof. Wo eine *crosera* ist, kreuzen sich mehrere Gassen. *Ramo* heißt Zweig und deutet auf eine kleine Abzweigung von der Hauptgasse hin – meist eine Sackgasse auf einen Kanal zu. *Ruga* oder *rughetta* werden bedeutendere, von Palazzi und Geschäften gesäumte Gassen genannt. Eine *marzaria* ist eine ausgesprochene Geschäftsstraße. Die Bezeichnung *salizzada* besagt, daß dies einer der ersten gepflasterten Wege der Stadt war, meist ist die Salizzada die Hauptgasse im Quartier. Ein *sottoportego* ist ein Laubengang oder ein schmaler Durchgang zwischen den Häusern. Die kleinen Kanäle heißen *rio*, und ein *rio terrà* ist nichts anderes als ein zugeschütteter Kanal. *Sacca* ist meist das Ende eines Kanals oder eine Einbahn-Wasserstra-

◀

San Giorgio Maggiore: Eine Insel für Kirche und Kloster.

ße. Bedeutendere, breitere Promenaden am Wasser nennt man *riva*, alle anderen Wege am Wasser *fondamenta*.

NOMEN EST OMEN

Straßennamen erzählen in Venedig Geschichte. Die Bezeichnungen für Gassen und Plätze haben sich im Laufe der Jahrhunderte kaum verändert. So kann man heute noch anhand der verwitterten Straßenschilder die einstigen Sozialstrukturen der Stadt aufschlüsseln. Viele Straßen und Plätze lauten nach Kirchen, Klöstern und Hospizen für die Armen. Andere lassen sich auf mächtige Familien, auf die Palazzi berühmter oder berüchtigter Bürger zurückführen. Im Stadtstaat Venedig war nicht nur das Regierungssystem, sondern auch der Alltag (insbesondere der berufliche) eines jeden Bürgers nach durchdachten, äußerst strengen Regeln bis ins kleinste Detail organisiert.

Den Handels- und Handwerkszünften und auch den Einwanderern aus fremden Landen wurden ganz bestimmte Örtlichkeiten zugewiesen, wo sie ihre Geschäfte und Künste tätigen durften. Für jeden Berufszweig galten genaue Vorschriften, die auch Wohnrecht, Bezahlung, sogar Kleidung und soziale Kontakte reglementierten. Jedes Quartier, ja, jede Pfarrei verfügte über eine vorbildliche Infrastruktur: Alle für das tägliche Leben wichtigen Dienstleistungen waren da vertreten. Die Stadtväter verfolgten mit ihrer ausgefeilten Gesetzgebung vor allem zwei Ziele: Sie wollten die Bürger möglichst zufrieden sehen, um geschäftsschädigenden Unruhen vorzubeugen, und gleichzeitig ein rasch und lückenlos funktionierendes Kontrollsystem aufbauen, um aufflakkernde Aufstände sofort im Keim ersticken zu können. Die Geschichte Venedigs belegt den weitgehenden Erfolg dieser Taktik.

Hier einige Erläuterungen zu Straßenbezeichnungen, denen man auf Streifzügen immer wieder begegnet:

- **ASEO:** Hier wurde Essig angesetzt und verkauft, zum Teil in fabrikähnlichen Betrieben.
- **BOTTERI:** Arbeitsort der Küfer.
- **CAFFETTIER:** In diesen Gassen fand sich im 17. und 18. Jh. ein Kaffeehaus, meist ein zwielichtiger Ort, wo im Hinterzimmer alle möglichen verbotenen Spiele getrieben wurden – an Tischen und auf Plüschsofas.
- **CALDERER:** Kesselflicker.
- **CALLEGHER:** Schuhmacher.
- **CHIOVERE:** Hier werkten die Wollfärber. Der Name rührt von den dicken, langen Nägeln her, an welche die gefärbte Wolle zum Trocknen aufgehängt wurde.
- **COMARE:** Im venezianischen Dialekt heißen heute die Klatschbasen so, früher war das die Berufsbezeichnung für Hebammen.
- **ERBAROL:** Gärtner oder Gemüsehändler.
- **ERBE:** Hier sorgten einst Gärten für Grünfläche zwischen den Mauern und lieferten die in der venezianischen Küche so beliebten Gemüse.
- **FABBRO:** Schmied.
- **FORNO** oder **FORNER:** Hier standen riesige Bäckereien, wahre Fabriken, die vor allem die großen Schiffe mit

Proviant, mit Biskuits und Zwieback versorgten.

■ **FRUTTAROL:** Früchteverkäufer.

■ **INDORADOR:** Die venezianischen Vergolder waren hochangesehene Handwerker und arbeiteten so kunstvoll, daß sie oft ins Ausland abgeworben wurden.

■ **LANA:** Hier wirkten die Wollweber. Dieses Handwerk wurde in Venedig schon im 12. Jh. gepflegt. Fremde, die dieses Metier beherrschten, erhielten Gratis-Wohnrecht in der Stadt – schon damals ein gefragtes Privileg. Venedig wurde für seine Wollwebereien berühmt, und dieser Handwerkszweig war vor allem im 16. Jh. eine der wichtigen Einnahmequellen der Stadt. Die Wollweber durften jedoch nicht nur edle, kunstvoll gewobene und teuer verkäufliche Stoffe herstellen; sie wurden auch von der Regierung verpflichtet, einen bestimmten Anteil guten Tuchs zu günstigem Preis für das einfache Volk zu fertigen.

■ **LUGANEGHER:** Wurstmacher.

■ **MALVASIA:** Nach dem Malvasia-Wein benannt. In solchen Straßen fand sich (und findet sich meist heute noch am gleichen Platz) ein Weinausschank, eine Osteria.

■ **MARANGON:** Schreiner. Nach ihrer Zunft heißt eine der Glocken des *Campanile* von San Marco *Marangona*.

■ **MUNEGHE:** Nonnen. Frauenklöster schossen in Venedig wie Pilze aus dem Boden: Geizige Väter steckten ihre Töchter ins Kloster, um die Aussteuer zu sparen – ein Schicksal, das die Lebenslust und Genußfreude der venezianischen Töchter jedoch eher förderte.

■ **OLIO** oder **OGIO:** Hier wurde das damals kostbare Öl verladen, gelagert oder verkauft.

■ **PESTRIN:** Milchmann, Milchhändler.

■ **PIGNATER:** Töpfer.

■ **PIOVAN:** Kirchensiegrist.

■ **PISTOR:** Bäcker, hier wurde Brot verkauft.

■ **SAONER:** Seifensieder.

■ **SCOAZZERA:** An so bezeichneten Örtlichkeiten wurden ehemals die Abfälle gelagert, die dann von Zeit zu Zeit in Schiffe verladen und in die Lagune versenkt wurden.

■ **SPECCHIERI:** Hier hatte ein Spiegelschleifer sein Atelier. Der Kristallspiegel soll im 14. Jh. in Venedig erfunden worden sein. Die Kunst des Spiegelmachens war ein angesehenes Handwerk und wurde während einiger Zeit gar unter größter Geheimhaltung – vom Dogen diktiert! – ausgeübt, aus Angst vor ausländischer Konkurrenz.

■ **SPEZIER:** So wurden die Apotheker und Gewürzmischer genannt.

■ **SQUERO:** Kleine Werften, wo vor allem Gondeln gebaut werden.

■ **STAMPADOR:** Buchdrucker. Die Buchdruckkunst wurde 1469 nach Venedig gebracht. Mitte des 18. Jh. zählte man in der Stadt 35 Druckereien, die für ihre hervorragende Qualitätsarbeit bei den Gelehrten der damaligen Welt berühmt waren.

■ **STUA:** Hier ließen sich's die Venezianer in dampfenden Badestuben nach türkischem Vorbild wohlsein. Dies war auch die Arbeitsstätte der *stueri*: In alten Chroniken werden sie als „Chirurgen" bezeichnet, die Zehennägel schnitten, Hühneraugen entfernten und mit Kräuteraufgüssen und anderen Behandlungen ihre Kunden kurierten.

■ **TAGLIAPIETRA:** Steinmetz.

■ **TINTOR:** Färber.

■ **TRAGHETTO:** So heißen die Gassen, die zu den Gondelfähren führten. Es gibt unzählige *Calli del Traghetto* in der Stadt, aber nur die wenigsten halten heute, was sie versprechen (siehe Kapitel „Verkehrsmittel“).

Sehenswürdigkeiten

Eines sei klargestellt: In Venedig gibt's nur Sehenswürdigkeiten. Die ganze Stadt ist ein einziges, mehr oder weniger sorgsam gepflegtes Freilichtmuseum. Jedes Haus, jeder Platz, jeder noch so verborgene Winkel erzählt Geschichte.

Das hat spätestens der englische Sonderling Ruskin mit seinem vielzitierten Werk „Die Steine von Venedig“ bewiesen. Mit der Akribie eines pingeligen Buchhalters katalogisierte und aquarellierte er vor rund 130 Jahren jedes geschichtsträchtige Detail der Stadt. Er scheute sich nicht, dafür mit einer eigens mitgeführten Treppe hinter Säulen und an Kirchenfassaden emporzuklettern. Venedig wurde seine Leidenschaft – und sein Verhängnis: Seine junge, lebenslustige Frau ließ die Ehe wegen Impotenz annullieren. Diese Gefahr ist heute gebannt, Venedig wirbt seit Generationen als Flitterwochenparadies.

San Marco, Canal Grande, Rialto-Brücke und, wenn's hoch kommt, ein paar Kirchen und Gemäldesammlungen – darauf beschränken sich die Standard-Venedig-Erlebnisse moderner Touristen. Sicher, den Markusplatz muß man gesehen haben, will man Venedig begreifen. *Jedoch: Wer den Markusplatz kennt, hat noch keine Ahnung vom wirklichen Venedig.* Die Sehenswürdigkeit Venedig kann nicht nach Plan abgehakt werden, Venedig will persönlich entdeckt werden, auf Um- und Irrwegen. Versuchen Sie's!

UM SAN MARCO UND ANDERSWO

■ **PIAZZA SAN MARCO.** Vaporetti 1, 2, 4 und 5, Station San Marco oder San Zaccaria.

Das Herz Venedigs. Für VenezianerInnen ist die *Piazza* der schönste Platz der Welt, ein architektonisches Wunder, unerreicht in der spannungsvollen Harmonie verschiedener Baustile – ganz einfach unvergleichlich. Wagen Sie ja nicht, diese Überzeugung anzuzweifeln! Eine endlose Zahl berühmter Persönlichkeiten aus allen Jahrhunderten und aller Welt wird dann als Zeugen angerufen. Jedes Detail, von den Bodenbelägen bis zu den Dachziegeln, wurde beschrieben, gezeichnet und abgelichtet. Wenn das kein Beweis ist!

Der Markusplatz ist *der* touristische Magnet Venedigs. Hier drängen sich während der Hauptsaison so viele Besucher, daß selbst die frechen Tauben die Flucht ergreifen. Mit Schirmen und bunten Staubwedeln winkende Führer lotsen laute Touristengruppen durchs

...talische Ueppigkeit prägt Basilika (o) und Dogenpalast (u), ...e Löwe, Emblem der Stadtrepublik, zeugt heute noch vom ...ı ferne Asien von der einstigen Macht.

Gewühl. Warteschlangen versperren den Zutritt zu Basilika, Campanile und Dogenpalast. Lassen Sie sich vom Tohuwabohu nicht verärgern, es fügt sich durchaus in die Tradition des Markusplatzes. Vielleicht herrschte früher nicht das jetzige babylonische Sprachengewirr, aber Rummelplatzcharakter hatte die Piazza schon immer. Am **CAMPANILE** wurden in Käfigen kleinere Übeltäter, vor allem Ehebrecher, dem Gespött des Volkes preisgegeben. Wochenlang mußten sie sich da witzige, oft in Versform vorgebrachte Anzüglichkeiten anhören. Rund um den Platz hielten Händler jede Art von Waren feil, die weißen Rechtecke im Bodenbelag markierten ihre Standplätze. Der Markusplatz ist ein gutes Verkaufspflaster geblieben: Souvenirhändler, fliegende Fotografen, Eisverkäufer und die Inhaber der Taubenfutter-Stände bestätigen dies schmunzelnd. Allein der Verkauf von Taubenfutter ernährt heute sieben Großfamilien!

Ein Orientierungsrundgang durch den „schönsten Salon Europas" (Zitat Napoleon): Wenn wir vor der Basilika stehen, ist gleich links, wo stets Kinder und Touristen auf zwei geduldigen Löwenstatuen reiten, die **PIAZZETTA DEI LEONCINI**. An die **TORRE DELL 'OROLOGIO** schließen die **PROCURATIE VECCHIE** an, wo einst die Staatsverwalter residierten. Gleich gegenüber die **PROCURATIE NUOVE**. Geschlossen wird der Platz durch den *Napoleonischen Trakt*, das jüngste Gebäude der Piazza, wo heute das *Museo Correr* untergebracht ist. Von der Basilika zur Lagune, zum **BACINO DI SAN MARCO** hin, öffnet sich die **PIAZZETTA**. Vorne, an der Mole, die *Colonne Gemelle*: Auf der einen Säule trohnt der *Geflügelte Löwe von San Marco*, auf der anderen hält *San Teodoro* einen Alligator in Schach. Zwischen den Säulen wurden Todesstrafen ausgeführt, und getötete Kriminelle wurden zur Abschreckung, an den Füßen aufgehängt, zur Schau gestellt.

Dasselbe makabre Schauspiel fand auch beim Dogenpalast, dem **PALAZZO DUCALE**, statt: Die neunte und zehnte Säule, rechts vom Haupteingang, der *Porta della Carta*, aus, sind etwas dunkler als die anderen – laut Überlieferung vom Blut der Missetäter. Gegenüber dem Dogenpalast die **LIBRERIA MARCIANA**: Die Bibliothek gilt als das Meisterwerk des Architekten *Sansovino*. 1545, gleich nach der Fertigstellung, stürzte die Decke des Lesesaals ein. Sansovino wurde unverzüglich eingesperrt und erst wieder freigelassen, nachdem er sich verpflichtet hatte, den Schaden auf eigene Kosten wiedergutzumachen. Ein Werk Sansovinos ist auch die **ZECCA**, die Münzstätte, gleich rechts an der Mole, gegen das *Giardinetto Reale* hin. Das Gebäude wurde mit dem Verkauf von 25 000 türkischen Sklaven auf Zypern finanziert.

■ **BASILICA DI SAN MARCO.** *Gallerie*: Mo–So 10–16.30 Uhr, Eintrittsgebühr. *Pala d'Oro/Tesoro*: Mo–Sa 9.30–16.30 Uhr, So 14–16.30 Uhr, Eintrittsgebühr.

Goethe erinnerte sie an einen „kolossalen Taschenkrebs", *Mark Twain* sah in ihr „eine riesige Wanze"; mal wird sie einem prunkvollen orientalischen Pavillon gleichgesetzt, ein andermal als kitschige Theaterkulisse abgetan. Aber mögen sich die Gemüter noch so streiten und die Imaginationen auf tierische Abwege geraten, etwas ist die *Basilica di San Marco* bestimmt: einzigartig. Es gibt keine zweite Kirche, die dieser auch nur entfernt ähnlich sieht. Ein unbekümmertes Nebeneinander von Baustilen, eine geradezu schamlose Anhäufung von Kunstschätzen. Mosaikglanz im Übermaß und immer wieder Täuschung im Detail: der Inbegriff der Macht und Eitelkeit der Serenissima. Schon der erste Anblick täuscht: Die Basilika ist nicht ein Marmormonument, sondern aus einfachen Backsteinen erstellt, die dann später mit dünnen Marmorplatten verschönert wurden. San Marco ist eine wahre Räuberhöhle: Im dunklen, kreuzförmigen Innenraum funkeln Gold und Edelsteine, kostbare orientalische Gesteine, Jaspis, Alabaster, Porphyr und Achat – Beute aus den venezianischen Feld- und Kreuzzügen. Statuen und Reliquien, die wundertätige *Ikone der Madonna Nikopeia*, die der heilige Lukas gemalt haben soll, der obere Teil der *Pala d'Oro*, des überreichen Altarbildes, die stolze *Pferde-Quadriga*, der Altar in der Taufkapelle, die Sarkophage der ersten Dogen – alles Diebesgut, geklaut und geplündert, vor allem bei der schrecklichen Eroberung Konstantinopels. Selbst der Schutzpatron der Stadt, der heilige Markus, der hier begraben liegt, wurde „entführt". Laut Legende wurde sein Leichnam von zwei venezianischen Adligen aus dem „heidnischen" Alexandria geschmuggelt, versteckt in Körben voller Schweinefleisch. Die Venezianer fanden immer Wege, das gewünschte Ziel zu erreichen und es dann auch nach maßgeschneidertem Moralkodex zu rechtfertigen. Die Markus-Basilika ist das beste Beispiel dafür.

■ **TORRE DELL'OROLOGIO,** Di–Sa 9–12 und 15–17 Uhr, So 9–12 Uhr, Mo geschlossen. Eintrittsgebühr.

Große Attraktion auf dem 1499 errichteten Turm sind die zwei Mohren, die zu jeder vollen Stunde ihre Hämmer sausen lassen. Während der Auffahrtswoche und an der *Epifania*, am 6. Januar, drehen zudem noch ein Engel und die Drei Könige eine Runde und verneigen sich vor der Madonna. Gleich darunter zeigt das große Zifferblatt Uhrzeit, Planetenbewegungen und die Position der Sternzeichen an. Beim Turmtor beginnen die *Mercerie*, seit jeher schon die eleganteste und teuerste Einkaufsstraße der Stadt.

■ **CAMPANILE,** Aussichtsterrasse, Mo–So 10–16 Uhr. Eintrittsgebühr. (Siehe auch Kapitel „Die schönsten Ausblicke".)

„El paron de casa", den Hausherrn, nennen die Venezianer ihren geliebten Campanile. Ein Wahrzeichen in vielerlei Hinsicht: Auf seiner Spitze dreht sich ein goldener Engel nach jedem Wind – ein sinniges Bild für die Taktik der venezianischen Politiker, damals wie heute, meinen böse Zungen. Früher diente der Campanile als Leucht- und Wachtturm. Auf der *Loggetta del Sansovino* saßen während der Sitzungen des Großen Rates die *Arsenalotti*, die Arsenalarbeiter, auf der Wache. Der mächtige

Stadtstaat Venedig hatte keine eigentliche Polizei; für Ruhe und Ordnung sorgten die geschätzten und vertrauenswürdigen Arsenalarbeiter sozusagen nebenamtlich, was bei der perfekt organisierten Kontrolle der Bürger jeden Standes auch vollauf genügte.

■ **PALAZZO DUCALE,** Mo–So 8.30–14 Uhr. Eintrittsgebühr.

Eine architektonische „Verrücktheit" – leichte, verspielte Elemente tragen wuchtige Backsteinmauern. Eines der Wunder Venedigs, mit dem die Stadt demonstrierte, daß hier alles anders und vor allem möglich sei. Hier hielten die Dogen zwischen Prunk, Brokat und prächtigen Gemälden in einem wahrhaft „goldenen Käfig" Hof, schmachteten in Ungnade gefallene Venezianer in finsteren Verliesen – das Wandeln durch die schier endlosen Saalfluchten läßt Macht und Bedeutung der einstigen Seerepublik erahnen.

■ **PONTE DEI SOSPIRI,** S. Marco. Vaporetto 1, 2, 4 und 5, Station S. Marco oder San Zaccaria.

Die **SEUFZERBRÜCKE** – warum sie derart bewundert wird, bleibt für mich ein Rätsel. Durch die enge Brücke wurden die Verurteilten vom Dogenpalast in die *Prigioni*, die Gefängniszellen, geführt. Von den zwei kleinen Fenstern konnten sie einen letzten Blick auf die Schönheit des *Bacino di San Marco* erhaschen, bevor sie lange Jahre oder für immer in finsteren, feuchten Verliesen schmachteten. Kein Wunder, daß sich da tiefe Seufzer ihrer Brust entrangen. Heute bringt die Brücke die freien Venezianer zum Seufzen: Während der Touristensaison gelangen sie nur auf Umwegen auf den Markusplatz. Der **PONTE DELLA PAGLIA** mit Blick auf die Seufzerbrücke ist von staunenden Menschenmassen buchstäblich besetzt, da hilft nicht mal brutale Ellbogenkraft weiter.

■ **PALAZZO CONTARINI DEL BOVOLO,** San Marco, Corte Contarini del Bovolo, beim Campo Manin. Vaporetto 1, 2 und 4, Station Rialto.

Ein magischer Winkel der Stadt, der vor allem nachts seinen Reiz offenbart. Dann versteht man, warum sich so viele fantastische Novellen um diesen Ort ranken: Aus einem verwilderten Garten (der beliebteste Treffpunkt der venezianischen Katzen!) wächst eine wunderschöne Wendeltreppe in die Höhe. Das marmorne Wunderwerk war im 16. Jh. so berühmt, daß sich die noblen Palazzobesitzer gleich danach benannten: del Bovolo.

■ **PONTE DI RIALTO.** Vaporetto 1, 2 und 4, Station Rialto.

Während Jahrhunderten führte hier die einzige Brücke über den Canal Grande – zuerst eine einfache Bootsbrücke, dann eine kunstvolle Holzkonstruktion mit Zugbrücke und schon von Geschäften gesäumt. Das heutige Wahrzeichen aus Marmor, von *Antonio da Ponte* entworfen, fügt sich seit 1588 unverändert ins Stadtbild (siehe Kapitel „Brükkenwanderungen").

■ **GHETTO,** Cannaregio. Vaporetto 5, Station Ponte delle Guglie. Vaporetto 1 und 2, Station San Marcuola.

Das älteste Ghetto der Welt, Zeugnis der wechselvollen Geschichte der Juden in der *Serenissima* (siehe Kapitel „Brückenwanderungen").

▶
Prunkvolle Schnörkel für den Privatgenuss: Palazzo Contarini del Bovolo (o). Geometrische Strenge fürs Geschäft: die Markierungen auf der Piazza San Marco wiesen den Händlern ihren festen Standplatz zu (u).

ARSENALE, Castello, Campo dell 'Arsenale. Vaporetto 1, Station Arsenale.

Die riesige Schiffswerft, die jahrhundertelang zum Ruhm der Stadt beitrug. Das Arsenal wurde 1104 gegründet und entwickelte sich innert kurzer Zeit zur bedeutendsten Werft der damaligen Zeit: In einem einzigen Tag schafften es die 16 000 Arbeiter, ein voll kriegstaugliches Schiff vom Stapel zu lassen. 1597 wurden hier in nur sechzig Tagen hundert neue wendige Kriegsgaleeren für den Zypernfeldzug gegen die Türken in See gesetzt – eine Leistung, die weltweit so tief beeindruckte, daß das Wort „Arsenal" in vierzehn Sprachen Eingang fand. Noch bis in die dreißiger Jahre blieb das Arsenal einer der wichtigsten Arbeitgeber Venedigs und prägte das Leben des ganzen Quartiers *Castello*. Nun wird seit Jahren um eine neue Verwendung des stillen und verlassenen Gebäudekomplexes diskutiert und gestritten. Einen Eindruck von seiner einstigen Bedeutung gewinnt man bei einem Spaziergang oder bei einer Vaporettofahrt (siehe Kapitel „Brückenwanderungen" und „Stadtrundfahrt auf Wasserwegen").

KIRCHGANG OBLIGATORISCH

Wer aufgrund der unzähligen Kirchen Venedigs auf besondere Religiosität seiner Bewohner, zumindest zu früheren Zeiten, schließt, irrt gewaltig. Die *Serenissima* vertrat über Jahrhunderte mit Stolz eine liberale, vom päpstlichen Rom unabhängige Politik und wirkte dadurch als wahrer Anziehungspunkt für Freidenker und kritische Geister. Weltlicher Wohlstand und Genuß entsprachen den lebensfrohen Venezianern weit mehr als geistige Erhebung und Enthaltsamkeit, wie alte Chroniken belegen: Da wird unterhaltsam und spannend vom sinnesfrohen Treiben hinter schützenden Klostermauern berichtet, von skandalösen Auftritten von Nonnen, Priestern und Prälaten. Nicht Frömmigkeit, vielmehr das Streben nach Macht und Prunk veranlaßte den venezianischen Adel und die ansässigen Orden zum Bau so vieler prachtvoller Gotteshäuser. Demzufolge entwickelten sich die geistlichen Kongregationen denn auch zu den wichtigsten Mäzenen des zeitgenössischen Kunstschaffens. Und so kommt es, daß heute in Venedig für all jene, die sich für Malerei, Bildhauerei und Architektur interessieren, der – häufige – Kirchgang als obligatorisch erkärt werden muss.

Die *Öffnungszeiten* der Kirchen Venedigs kennt wirklich nur der Himmel: Sie sind so uneinheitlich, daß nicht mal die Venezianer darüber genau Bescheid wissen. Am ehesten gilt der Grundsatz: Die meisten Gotteshäuser sind morgens 9–12 Uhr geöffnet, die größeren und wichtigeren auch nachmittags 15.30–18 Uhr. Über Mittag bleibt die überwiegende Mehrheit geschlossen.

Zu den bedeutenden Kunstförderern der venezianischen Gesellschaft zählten auch die *Scuole*, die Bruderschaftshäuser der verschiedenen Handwerkerzünfte und der in der Stadt lebenden Minderheiten. Sie standen ständig in einem Wettbewerb um das schönste, größte, vom berühmtesten Künstler ausgeschmückte Begegnungszentrum, denn damit wurden Bedeutung und Macht von Berufsstand oder Bevölkerungsgruppe gefeiert.

Hier die wichtigsten Kirchen und *Scuole* sowie einige Tips gemäß persönlicher Vorliebe.

■ **SCUOLA S. GIORGIO DEGLI SCHIAVONI,** Castello, Campo Furlani. Vaporetto 1, 2 und 4, Station San Zaccaria. Di–Sa 10–12.30 und 15.30–18 Uhr, So 10–12.30 Uhr. Eintrittsgebühr.

Liebenswerte und witzige Details, heitere Farben und typisch venezianische Stimmung noch und noch bestechen an den teils ironischen, teils naiven Gemälden, die *Vittore Carpaccio* (1460–1526) für die Bruderschaft der Dalmatiner – von den Venezianern *Schiavoni*, sprich Slawen genannt – schuf. Ein Kunstgenuß etwas abseits der Touristenpfade, den man sich nicht entgehen lassen sollte.

■ **SS. GIOVANNI E PAOLO,** Castello, Campo SS. Giovanni e Paolo. Vaporetto 1, 2 und 4, Station San Zaccaria, oder Vaporetto 5, Station Ospedale Civile. Mo–Sa 7.40–12.30 und 15.30–19.30 Uhr, So 15.30–19.30 Uhr.

San Zanipolo nennen die Einheimischen diese riesige, vom dominikanischen Predigerorden zwischen 1246 und 1430 erbaute Kirche im Stil der venezianischen Gotik. Im grandiosen, hallenartigen Bauwerk liegen 15 Dogen und zahlreiche verdienstvolle Feldherren begraben. Der berühmteste von ihnen, *Bartolomeo Colleoni*, ließ sich vor der Kirche mit einem imposanten, vom florentinischen Bildhauer *Andrea Verrocchio* geschaffenen Reiterstandbild verewigen (siehe Kapitel „Hinter den Kulissen von San Marco“).

■ **S. MARIA DELLA SALUTE,** Dorsoduro, Campo della Salute. Vaporetto 1, Station Salute.

Über eine Million Holzpfähle tragen das triumphale, mächtige Barockdenkmal, eines der Wahrzeichen der Stadt. Besonders schön und bei Winternebel unvergleichlich stimmungsvoll ist die breite Freitreppe, die zur im 17. Jh. nach einer schrecklichen Pestepidemie erbauten Votivkirche führt (siehe Kapitel „Festkalender“).

■ **SCUOLA GRANDE DI SAN ROCCO,** S. Polo, Campo S. Rocco. Vaporetto 1, Station S. Tomà. Mo–So 10–13 und 15–18 Uhr. Eintrittsgebühr.

Schwelgen in *Tintoretto*: Mystische Phantasien und fast fanatische Frömmigkeit in glühenden Farben überwältigen hier im wahrsten Sinn des Wortes (siehe Kapitel „Von Campo zu Campo“).

■ **S. MARIA GLORIOSA DEI FRARI,** S. Polo, Campo dei Frari. Vaporetto 1, Station S. Tomà. Mo–Sa 9–12 und 14.30–17.30 Uhr, So 14.30–17.30 Uhr. Eintrittsgebühr.

Die wohl imposanteste Kirche der Stadt, ein massiges Bauwerk aus rotem Backstein, das von der Macht des Kapuzinerordens – daher der geläufige Name „Frari“ – in der Serenissima zeugt. 1340 wurde der Bau begonnen, 129 Jahre später vollendet. Im Innenraum sorgen Skulpturen und Gemälde aller Stilperioden, von der Gotik bis

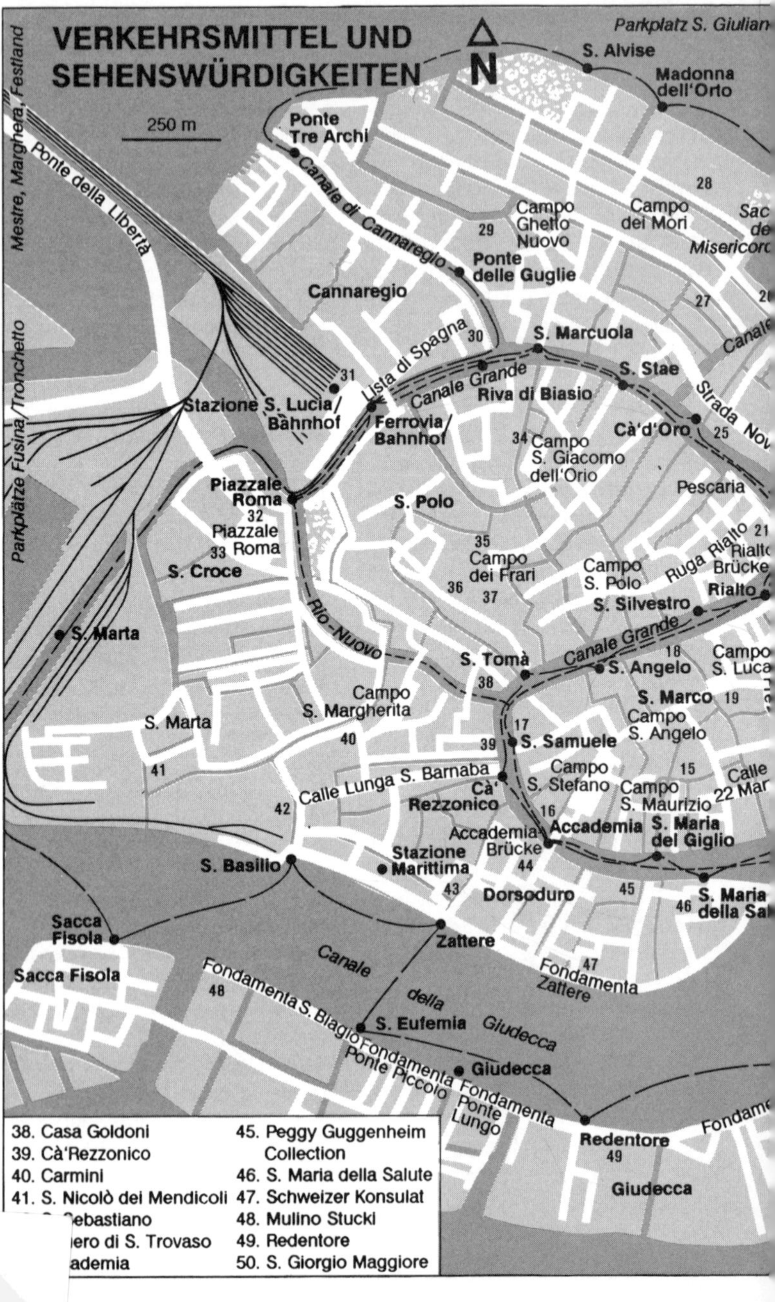
VERKEHRSMITTEL UND SEHENSWÜRDIGKEITEN
N
250 m
Mestre, Marghera, Festland
Ponte della Libertà
Parkplätze Fusina/Tronchetto
Parkplatz S. Giulian
S. Alvise
Madonna dell'Orto
Ponte Tre Archi
Canale di Cannaregio
Campo Ghetto Nuovo
Campo dei Mori
Ponte delle Guglie
Cannaregio
Lista di Spagna
S. Marcuola
S. Stae
Canale Grande
Riva di Biasio
Stazione S. Lucia/ Bahnhof
Ferrovia/ Bahnhof
Cà'd'Oro
Strada Nov
Campo S. Giacomo dell'Orio
Pescaria
Piazzale Roma
Piazzale Roma
S. Polo
S. Croce
Campo dei Frari
Campo S. Polo
Ruga Rialto
Rialto Brücke
Rialto
S. Silvestro
Rio Nuovo
S. Marta
S. Tomà
S. Angelo
Campo S. Luca
S. Marco
Campo S. Margherita
S. Marta
Campo S. Angelo
S. Samuele
Calle Lunga S. Barnaba
Cà' Rezzonico
Campo S. Stefano
Campo S. Maurizio
Calle 22 Mar
Accademia
S. Maria del Giglio
Accademia-Brücke
Stazione Marittima
S. Basilio
Dorsoduro
S. Maria della Sa
Sacca Fisola
Sacca Fisola
Zattere
Canale della Giudecca
Fondamenta Zattere
Fondamenta S. Biagio
S. Eufemia
Fondamenta Ponte Piccolo
Giudecca
Fondamenta Ponte Lungo
Redentore
Giudecca
Fondame
38. Casa Goldoni
39. Cà'Rezzonico
40. Carmini
41. S. Nicolò dei Mendicoli
42. S. Sebastiano
45. Peggy Guggenheim Collection
46. S. Maria della Salute
47. Schweizer Konsulat
48. Mulino Stucki
49. Redentore
50. S. Giorgio Maggiore

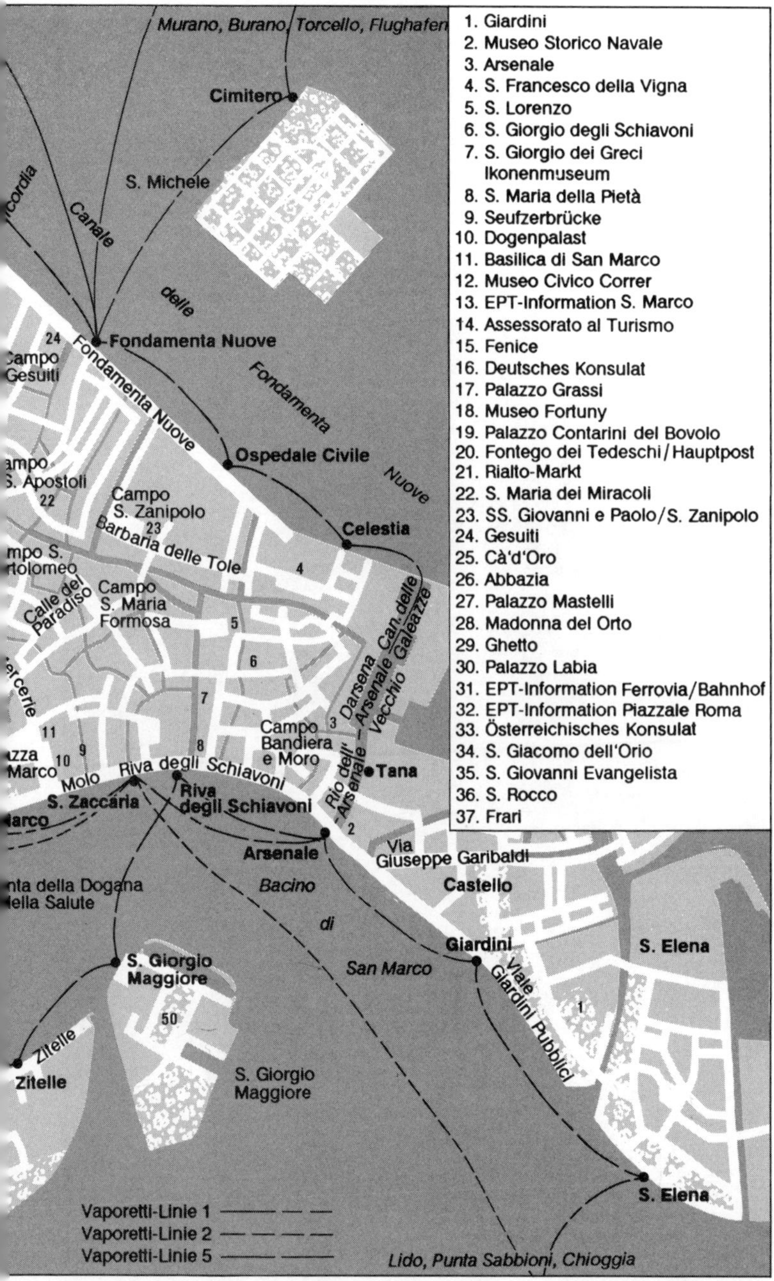
1. Giardini
2. Museo Storico Navale
3. Arsenale
4. S. Francesco della Vigna
5. S. Lorenzo
6. S. Giorgio degli Schiavoni
7. S. Giorgio dei Greci Ikonenmuseum
8. S. Maria della Pietà
9. Seufzerbrücke
10. Dogenpalast
11. Basilica di San Marco
12. Museo Civico Correr
13. EPT-Information S. Marco
14. Assessorato al Turismo
15. Fenice
16. Deutsches Konsulat
17. Palazzo Grassi
18. Museo Fortuny
19. Palazzo Contarini del Bovolo
20. Fontego dei Tedeschi/Hauptpost
21. Rialto-Markt
22. S. Maria dei Miracoli
23. SS. Giovanni e Paolo/S. Zanipolo
24. Gesuiti
25. Cà'd'Oro
26. Abbazia
27. Palazzo Mastelli
28. Madonna del Orto
29. Ghetto
30. Palazzo Labia
31. EPT-Information Ferrovia/Bahnhof
32. EPT-Information Piazzale Roma
33. Österreichisches Konsulat
34. S. Giacomo dell'Orio
35. S. Giovanni Evangelista
36. S. Rocco
37. Frari
Murano, Burano, Torcello, Flughafen
Cimitero
S. Michele
Canale delle Fondamenta Nuove
Fondamenta Nuove
Fondamenta Nuove
Ospedale Civile
Celestia
Campo S. Zanipolo
Barbaria delle Tole
Calle del Paradiso
Campo S. Maria Formosa
Campo Bandiera e Moro
Darsena Arsenale Vecchio
Can. delle Galeazze
Rio dell' Arsenale
Tana
Riva degli Schiavoni
Molo
S. Zaccaria
Riva degli Schiavoni
Arsenale
Via Giuseppe Garibaldi
Castello
Bacino di San Marco
Giardini
Viale Giardini Pubblici
S. Elena
S. Giorgio Maggiore
S. Giorgio Maggiore
Zitelle
Zitelle
S. Elena
Vaporetti-Linie 1
Vaporetti-Linie 2
Vaporetti-Linie 5
Lido, Punta Sabbioni, Chioggia

zum Neuklassizismus, in düsterschummriger Atmosphäre für Kontraste.

■ **S. GIACOMO DELL'ORIO,** S. Croce, Campo S. Giacomo dell'Orio. Vaporetto 1, Station Riva di S. Biasio oder S. Stae.

Eines der suggestivsten Gotteshäuser der Stadt mit archaisch anmutenden Holzstrukturen – eine sehr schön geschnitzte Holzdecke – und byzantinischen Akzenten.

■ **S. MARIA DEI MIRACOLI,** Cannaregio, Campo dei Miracoli. Vaporetto 1, 2 und 4, Station Rialto.

Sie liegt etwas versteckt an einem kleinen *Campo*, wurde zwischen 1481 und 1498 zu Ehren einer an dieser Stelle Wunder wirkenden Madonna errichtet und ist meine ausgesprochene Lieblingskirche. Eine Vorliebe, die ich mit vielen teile: S. Maria dei Miracoli wird in jedem Kunstführer mit lobendsten Attributen bedacht, als „wertvollste Schmuckschatulle", als „stilreines Renaissancejuwel" beschrieben. Ich liebe vor allem die harmonische, intime Stimmung, die das Zusammenspiel der in Rot- und Gelb-, Blau- und Grautönen gehaltenen Marmorverkleidung vermittelt (siehe Kapitel „Kurioses rund um Rialto").

■ **GESUITI,** Cannaregio, Campo dei Gesuiti. Vaporetto 5, Fondamenta Nuove.

In der zwischen 1715 und 1728 von den Jesuiten gebauten Kirche verblüfft vor allem der mit grün-weißem Marmor und weißgoldenen Stukkaturen gestaltete Innenraum, der wirkt, als wäre die ganze Kirche mit Damast ausgekleidet. Wer *Trompe-l'oeil-Motive* mag, darf dieses Barockwunder nicht verpassen.

■ **MADONNA DELL'ORTO,** Cannaregio, Fondamenta Madonna dell'Orto. Vaporetto 5, Station Madonna dell 'Orto.

Sie gilt als die schönste gotische Kirche Venedigs. Verspielte Ornamente schmücken die Fassade aus warmem rotem Backstein. Im einfachen Innern einige der dramatischen, zum Teil schon albtraumhaften Gemälde (z.B. „Die Anbetung des Goldenen Kalbes" und „Das jüngste Gericht") von *Tintoretto*, der hier auch begraben liegt (siehe Kapitel „Durch Cannaregio zum Ghetto").

■ **REDENTORE,** Giudecca, Fondamenta Giacomo. Vaporetto 5 und 8, Station Redentore.

Eines der schönsten Beispiele für die Architekturkunst von *Andrea Palladio*: heiter-harmonisch die Außenfassade mit den minarettähnlichen Glockentürmen, von kühner Einfachheit der helle, weite, einzig vom architektonischen Spiel geprägte Innenraum. Die Erlöserkirche wurde 1577–1592 gebaut als Dank für das Ende einer großen Pestepidemie. Noch heute erinnert alljährlich eine feierliche Prozession über eine Schiffsbrücke von den Zattere zur Giudecca an diesen Anlaß (siehe Kapitel „Festkalender").

■ **S. GIORGIO MAGGIORE,** S. Giorgio. Vaporetto 5 und 8, Station S. Giorgio.

Eine ganze Insel für Kirche und Kloster (siehe Kapitel „Stadtteile").

◀ *Die Macht der Kirche verlor sich in Venedig schon immer im Nebel.*

DIE SCHÖNSTEN AUSBLICKE

■ **CAMPANILE DI SAN MARCO,** Piazza S. Marco. Vaporetto 1, 2 und 4, Station S. Marco oder S. Zaccaria. Mo – So 10 – 16 Uhr. Eintrittsgebühr.

Er ist nicht so altehrwürdig, wie er glauben macht: 1902 stürzte der alte *Campanile* in sich zusammen, ohne weiteren Schaden anzurichten. Die Venezianer bauten das von weither und überall sichtbare Wahrzeichen ihrer Stadt originalgetreu bis ins letzte Detail wieder auf. Die Fahrt hinauf zur Glockenstube lohnt sich, trotz Schlangestehen. Das ganze Dächergewirr der Stadt liegt einem zu Füßen: *Calli, Campi* und Kanäle, Kirchen, *Palazzi*, luftige Innenhöfe und verwunschene Gärten, Altanen, Dachterrassen und Kamine – das Labyrinth Venedig offenbart hier seine ganze Faszination.

■ **CAMPANILE DI SAN GIORGIO,** Isola di S. Giorgio. Vaporetto 5 und 8, Station S. Giorgio. Mo – So 9 – 12.30 Uhr, 14 – 16 Uhr. Eintrittsgebühr.

Aus 60 Metern Höhe die schönste Gesamtansicht der Stadt: die stille Weite der Lagune, Inselidyllen und bei klarem Wetter stolze Berge am Horizont, die großartige Harmonie von San Marco, Canal Grande, Zattere und Giudecca – es verwundert kaum, daß unheilbare Venedigfans (ich eingeschlossen) diesen Aussichtsort immer und immer wieder aufsuchen.

Stadtrundfahrten auf Wasserwegen

Bootstrips sind in Venedig ein Muß: Die Stadt will vom Wasser aus erlebt werden. Die preisgünstigste und zugleich venezianischste Formel ist eine Fahrt mit dem *Vaporetto*. Zwei dieser öffentlichen Verkehrsmittel bieten wahre Sightseeing-Routen: Die **LINEA 1** folgt der „schönsten Hauptstraße der Welt", dem *Canal Grande*, vorbei an Prunkpalästen, die Geschichte (und Geschichten) erzählen. Unbekannter, aber nicht minder faszinierend: die Route der **LINEA 5**. Sie umkreist die ganze Stadt, eröffnet Ausblicke auf den Giudecca-Kanal, die Lagune, das Arsenal und in verträumte Winkel der *Venezia minore*, des einfachen, volkstümlichen Venedig.

CANAL GRANDE

Fahrt mit dem Vaporetto 1 von San Marco bis zum Bahnhof und zurück. Abfahrt alle zehn Minuten von der Station San Marco Richtung Ferrovia. Dauer der Besichtigungstour: ca. 2 Stunden.

Wie ein großes S schlängelt sich der *Canalazzo*, so nennen die Venezianer den Canal Grande in der Umgangssprache, mitten durch die Stadt. Er ist Prachtstraße und Hauptverkehrsader zugleich, seit Jahrhunderten schon. Dort, wo früher Gondeln und Barken still und elegant durchs Wasser glitten, verursachen zwar heute Vaporetti, Transportschiffe und Motorboote Lärm und vor allem schädliche Wellen. Die einstigen Prunkpaläste verfallen leise und lang-

◀ *Santa Maria della Salute: Die berühmte Freitreppe in winterliche Stimmung getaucht.*

sam. Ihr strahlender Putz und die leuchtenden Fresken, die so viele Besucher früherer Jahrhunderte zu entzücken vermochten, sind abgebröckelt. Viele der einst stolzen Bauwerke stehen schief, als hätten sie sich der Unbill der Zeit beugen müssen. Für alle sichtbar nagen Wasser und Algen an den müden Mauern, fressen sich immer höher hinauf. Trotzdem: Allein der Abglanz der früheren Herrlichkeit genügt, um Erstaunen und Bewunderung zu wecken. Und kein Besucher, sei er noch so verwöhnt oder phantasielos, vermag sich dem Charme dieser einzigartigen Wasserstraße zu entziehen.

Je nach Jahres- und Tageszeit, je nach Wetter und Lichteinfall wird jede Fahrt auf dem Canal Grande wieder zu einem neuen, einzigartigen Erlebnis. Am schönsten ist die Stimmung bei Sonnenuntergang, kurz vor dem Einnachten: Licht- und Schattenspiele auf dem Wasser und zwischen den Häusern sind dann am intensivsten, ein goldener Schleier überzieht wie kostbare Patina die blassen Marmormauern. Da und dort erhellt sich ein Fenster, ein ganzes Stockwerk. Lüster und Leuchter lassen die glitzernde Pracht hinter den gotischen Spitzbogenfenstern aufblitzen. Eine Atmosphäre zwischen Tag und Traum, welche die Phantasie beflügelt: Es fällt leicht, sich auszumalen, wie hier die wohlhabendsten und mächtigsten Familien der Stadt Hof hielten, wie rauschende Feste gefeiert, Handelsmissionen geplant, Feldzüge vorbereitet, politische Komplotte geschmiedet, Kurtisanen verehrt, Leidenschaften und Liebesaffären gelebt, vertuscht und durchgehechelt wurden. Hinter diesen Mauern wurden zwischen dem 12. und 17. Jh. die Geschichte und auch die kulturelle Entwicklung Europas maßgeblich mitgeprägt.

Heute ist es in den Palazzi still geworden. In vielen sitzen zwischen Kronleuchtern und Wandfresken Beamte der Stadt- und Regionalverwaltung über ihren verstaubten Akten. Einige wurden in Luxushotels umfunktioniert. In andere haben sich Konsulate und Handelsfirmen eingemietet, wieder andere zeugen als Museen vom Glanz vergangener Epochen. Nur wenige sind noch in Privatbesitz: Hier halten sich wohlhabende Ausländer und Exponenten der Mailänder Schickeria ihre Renommier-Ferienresidenz. Venezianer, die am Canal Grande wohnen, sind heute einzig Ausnahmen, welche die Regel bestätigen.

Jeder Palazzo, der sich im trägen Wasser des Kanals spiegelt, trägt den Namen eines berühmten venezianischen Geschlechts; die meisten wurden von zu ihren Zeiten berühmten Architekten erbaut. Da gäbe es geschichtliche Fakten aufzuzählen, über architektonische Finessen zu plaudern. Dinge, die den Rahmen sprengen würden. Deshalb hier zu dieser Fahrt einzig einige Hinweise zu den wichtigsten Gebäuden sowie einige inspirierende Anekdoten.

Wir besteigen das Vaporetto bei der Anlegestelle San Marco, gleich vor *Harry's Bar*, ergattern uns einen Sitzplatz an Deck auf der linken Seite und konzentrieren unsere Aufmerksamkeit auf die Palazzi an diesem Kanalufer.

Das Gebäude an der äußersten Spitze des Canal Grande, dort, wo sich auf

▶ *Canal Grande: Märchenhafte Palazzi (o) und im Hintergrund das Industriegespenst von Mestre und Marghera (u).*

einer glänzenden Kugel ein goldener Merkur nach dem Wind dreht, ist die **PUNTA DELLA DOGANA**. Hier wurden früher alle Waren, die per Schiff nach Venedig gelangten, verzollt, und von hier aus schlossen die Venezianer mit einer schweren eisernen Kette zum gegenüberliegenden Ufer den Kanal gegen Übergriffe fremder Schiffe ab. Gleich anschließend die **SALZMAGAZINE**, die heute leerstehen. Sie sind als Ausstellungshallen, zum Beispiel für die Biennale, oder als Sportzentrum im Gespräch.

Imposant und effektvoll lenkt dann die Barockbasilika **SANTA MARIA DELLA SALUTE** den Blick auf sich. Sie wurde als Danksagung für das Ende der Pestepidemie, die in der Stadt mehr als 50 000 Opfer gefordert hatte, im 17. Jh. erbaut (Architekt war Baldassare Longhena, in der Sakristei links vom Hauptaltar Gemälde von Tizian und Tintoretto). Jedes Jahr im November erinnert ein großes Fest an dieses Pestgelübde (siehe Kapitel „Festkalender").

Das schmucke kleine Haus mit den farbigen Marmorrosetten (gleich nach der Einmündung eines kleinen Kanals) ist die **CA'DARIO**, ein wahres Juwel im lombardischen Baustil des 16. Jh. Bis vor kurzem sorgte der Palazzo für Gesprächsstoff: In Venedig munkelte man entsetzt, es sei von den *Rolling Stones* gekauft worden (Mick Jagger soll einmal da genächtigt haben), ein andermal hob die Polizei eine Orgie aus, in der jüngste und älteste Sprosse der *Venezia bene*, der venezianischen High-Society, mitmischten: Altehrwürdige Familiennamen sorgten für Schlagzeilen im Zusammenhang mit Drogen und Sexspielen. Ein weiterer Krimi aus der Cà Dario: Ein Diener soll vor ein paar Jahren den Besitzer mit einem silbernen Kerzenleuchter erschlagen haben. Heute ist es hinter der verspielten Fassade wieder ruhig geworden: Die Cà Dario ist im Besitz eines gewissen *Fabrizio Ferrari*, der das Haus für hochstehende Meetings und, so scheint es, seriöse Feste vermietet.

Das weiße, einstöckige Gebäude ist der **PALAZZO VENIER DEI LEONI**, wo *Peggy Guggenheim* ihren Kultursalon pflegte und heute die **GUGGENHEIM COLLECTION** moderner Kunst untergebracht ist. Vom Vaporetto aus kann man einen Blick auf die fröhlich erregte Reiterstatue von Marino Marini werfen, die wegen ihres abschraubbaren Penis in Venedig für Skandal sorgte (siehe Kapitel „Museen"). Als nächstes folgt der **CAMPO SAN VIO**: In der gleichnamigen Kirche hat sich heute ein Mailänder Modemanager wohnlich eingerichtet. Dann **PALAZZO BARBARIGO**: Die Mosaikverzierungen an der Front werben schon seit hundert Jahren für die Glasmanufaktur.

Das Vaporetto fährt unter der neuen **ACCADEMIA-BRÜCKE** durch, die nach jahrelangem Provisorium und unzähligen Querelen getreu dem früheren morschen Modell nachgebaut wurde. In Venedig siegte einmal mehr der Konservatismus, alle futuristischen Vorschläge, darunter so originelle wie eine Konstruktion ganz aus Glas des Bildhauers Luciano Vistosi, fanden bei den Einwohnern keine Gnade. Am Campo bei der Anlegestelle befindet sich der

▶ *Cà Dario: Schauplatz von Origien und Krimis neueren Datums.*

Eingang zur **GALLERIA DELL'ACCADEMIA**, dem wichtigsten Kunstmuseum der Stadt.

Der barocke Palazzo eine Station weiter ist die **CA'REZZONICO**, die in ihren pompösen Innenräumen ein Museum des 18. Jh. beherbergt (siehe Kapitel „Museen").

Es folgen die zwei dicht aneinandergebauten **PALAZZI GIUSTINIAN**. In einem komponierte *Richard Wagner* an seiner Oper „Tristan und Isolde". Anschließend die **CA'FOSCARI**, heute Sitz der Universität.

Gleich nach der nächsten Haltestelle der elegante **PALAZZO PISANI MORETTA**, der heute dem Architekten *Maurizio Sammartini* gehört. Auch dieser Palast wird für mondäne und politische Anlässe ersten Ranges vermietet. Französische Staatsoberhäupter scheinen für ihn eine Schwäche zu haben: Sowohl *Valery Giscard d'Estaing* als auch *François Mitterrand* waren schon hier zu Gast.

Wir erreichen die **RIALTO-BRÜKKE**, das Herz und der älteste Teil Venedigs. Schon 1175 wurde hier die erste (und sie blieb bis ins letzte Jahrhundert die einzige) Brücke über den Canal Grande erstellt, damals eine Zugbrücke aus Holz. Das heutige Prachtexemplar stammt von 1588 und wurde nach Entwürfen des Architekten *Antonio da Ponte* gebaut. Das Treiben ist rege, auch auf der Uferpromenade **RIVA DEL VIN**. Hier wurde früher der Wein für die Republik verladen und verzollt, daher der Name. Unmittelbar vor der Brücke der **PALAZZO DEI DIECI SAVI**, wo die mächtigen „zehn Weisen" über die Geschicke des Staats und seiner Bürger berieten.

Gleich nach der Brücke der **PALAZZO CAMERLENGHI**, ehemaliger Sitz des Finanzgerichtes. Im Untergeschoß kann man die Gefängnisse sehen, wo säumige Schuldner für ihre Vergehen büßten. Dann der farbenfrohe, lebhafte **RIALTO-MARKT**, wo lautstark und witzig Früchte, Gemüse, Fleisch und unter den neugotischen Arkaden (Anfang 19. Jh. erbaut) frische Fische jeder Art an Frau und Mann gebracht werden. Das barock-klassizistische Gebäude etwas weiter ist der **PALAZZO CORNER DELLA REGINA** (18. Jh.). Er verdankt seinen Namen der Königin von Zypern, der Venezianerin *Caterina Corner*, die hier (im früheren Gebäude) 1454 geboren wurde. Heute ist im Palast das geschichtliche Archiv zeitgenössischer Kunst der Biennale untergebracht. Zwei kleine Bauwerke weiter der imposante **PALAZZO PESARO**, Sitz der **GALLERIA D'ARTE MODERNA** und des **MUSEO ORIENTALE** im obersten Stockwerk (siehe Kapitel „Museen"). Dann die Barockkirche **SAN STAE**, die mit Schweizer Geldern restauriert wurde und in der heute zahlreiche Konzerte und Ausstellungen veranstaltet werden.

Das strenge Gebäude etwas weiter ist der **DEPOSITO DEL MEGIO**, der ehemalige Kornspeicher der Stadt. Gleich anschließend der **FONDACO DEI TURCHI** mit der typischen Front eines venezianisch-byzantinischen Wohnhauses des 13. Jh. Viele mächtige Patrizierfamilien residierten hier und entfalteten solche Pracht, daß die Republik ihre Staatsbesuche im 15. Jh. hierher bat. Im 17. Jh. wurde der Palast den Türken als Handelsniederlassung übergeben, daher der Name. Der Palast wurde im 19. Jh. auf etwas umstrittene Art restauriert. Nach dem **PONTE DEGLI SCALZI**, der die Quartiere Santa Croce und Cannaregio verbindet, die Kirche **SAN SIMEON PICCOLO**.

Wir sind am Bahnhof angelangt, steigen ins Vaporetto Linea 1 in die entgegengesetzte Richtung, nehmen wieder auf der linken Seite Platz und lassen die gegenüberliegende Front des Canal Grande Revue passieren.

An der linken Seite des **CANAL DI CANNAREGIO** protzt der **PALAZZO LABIA**, früher Residenz eines neureichen, angeberischen Stadtbürgers, heute Sitz der *RAI*, der italienischen Radio- und Fernsehgesellschaft. Gleich nach der Kirche San Marcuola der **PALAZZO LOREDAN VENDRAMIN-CALERGI**, ein Beispiel lombardischer Baukunst. In einer 20-Zimmer-Suite verbrachte Richard Wagner, der hier am 13. Februar 1883 starb, die letzten Monate seines Lebens, meist eingeschlossen in einem mit rotem Samt ausgeschlagenen Raum. Heute hausen im Palazzo heiterere Musen: Während des Winters ist hier das Spielkasino von Venedig untergebracht.

Vier Häuser weiter der **PALAZZO BARBARIGO**. Wer genau hinsieht, kann an der Mauerfront noch Überreste der Fresken entdecken, die im 16. Jh. die Kanalansicht mit Farbe und Fröhlichkeit belebten. Gleich bei der nächsten Haltestelle der berühmteste und schönste Palast Venedigs: die **CA'D'ORO**. Der heute blaß schimmernde Stein war im 15. Jh. bemalt, in Blau-, Rot- und vor allem in Goldtönen, daher der Name. Alles scheint leicht und zierlich an diesem typischen Bau in gotisch-venezianischem Stil: die feinen Rosetten, die zierlichen Spitzbogenfenster, die anmutigen Löwenskulpturen auf den Balkonen. Heute ist die Cà d'Oro ein Museum (siehe Kapitel „Museen").

Nach fünf Palästen folgt die **CA'DA MOSTRO**, eines der charakteristischsten Gebäude im venezianisch-byzantinischen Stil des 14. Jh. Hier war vom 16. –18. Jh. das renommierteste Gasthaus der Stadt untergebracht, das *Albergo del Leon Bianco*, berühmt für seine illustren Gäste: sowohl gekrönte Häupter als auch hochgeschätzte Kurtisanen gehörten zum Stammpublikum.

Unmittelbar vor der Rialto-Brücke der **FONDACO DEI TEDESCHI**, zur Zeit der Republik die Handelsniederlassung der deutschen Gesandten. „Heute ist es der größte Schlafsaal der Region", vertraute mir ein Freund an. Venezianische Selbstironie: Hier ist heute die Hauptpost einquartiert.

Bei der Rialto-Brücke beginnen die **FONDAMENTA DEL FERRO** (früher die Münzprägestätte) und anschließend die **RIVA DEL CARBON**, die ihren Namen von den hier ehemals angesiedelten Kohlehandlungen hat. Wir fahren weiter, vorbei an wunderschönen Palästen. Viele sind heute Sitz von Gemeinde- und Regionalverwaltungsbüros. Nach der Einmündung des Rio di San Luca der **PALAZZO BENZON**. Darin hielt die im 19. Jh. berühmte und äußerst lebhafte *Contessa Marina Benzon* Hof (ihr ist ein Gondolieri-Lied gewidmet). In ihrem erstklassigen kulturellen Salon verkehrten alle Künstler und Schriftsteller von Rang, darunter auch Byron, Moore und Canova. Vor der Haltestelle S. Angelo der **PALAZZO CORNER-SPINELLI**, ein eindrückliches Beispiel der Renaissance-Architektur am Canal Grande.

Die aneinandergebauten Paläste etwas weiter sind die **PALAZZI MOCENIGO**. Hier vergnügte sich *Lord Byron* mit seiner geliebten *fornarina*, einer lebensfrohen Bäckersgattin. Heute besitzt die berühmte Prima Ballerina der Mailänder Scala, *Carla Fracci*, ein Appartement in diesem Komplex. Das monumentale, frisch herausgeputzte Gebäude gleich am Campo San Samuele ist der **PALAZZO GRASSI**, heute im Besitz der *Fondazione culturale Agnelli* unter Leitung des FIAT-Magnaten. Ein Beispiel für eine äußerst gelungene Renovation bis ins kleinste Detail (federführend beim Umbau war die Architektin *Gae Aulenti*). Der Palazzo Grassi ist heute ein Kulturzentrum, das durch erstrangige Ausstellungen und andere kulturelle Initiativen von sich reden macht (siehe Kapitel „Kunst, Kultur, Spektakel“).

In der danebenliegenden **CHIESA SAN SAMUELE**, einem der ältesten Gotteshäuser der Stadt aus dem 11. Jh., hat sich heute eine Schule für klassisches Ballett etabliert.

Anschließend der **PALAZZO MALIPIERO-SACERDOTI**, wo heute der Minister *Gianni de Michelis* (berühmt auch für seine rauschenden Karnevalsfeste) und die Stylistin *Roberta Camerini*, Tochter der renommierten Modeschöpferin, Wohnsitz haben.

Nach dem Campo San Vidal der **PALAZZO CAVALLI-FRANCHETTI** aus dem 15. Jh., neben der Cà d'Oro das beste Beispiel für die verspielte venezianische Blumengotik. Etwas weiter, hinter einem schmucken kleinen Garten direkt am Kanal die *cassetta rossa*, auch **CASINO DELLE ROSE** genannt. Hier wohnte der Dichter *Gabriele D'Annunzio* und werkte der Bildhauer *Canova* an seinen monumentalen Plastiken.

Dann folgt der **PALAZZO PISANI GRITTI**, heute eines der renommiertesten Hotels der Stadt. Zwei Häuser weiter ein zierlicher Palazzo, der als **CASA DI DESDEMONA** bekannt ist. Hier soll der Mohr Otello das opernreife Eifersuchtsdrama à la Shakespeare inszeniert haben. Kurz vor der Anlegestelle der **PALAZZO GIUSTINIAN**, heute Sitz der Administration der Kunstbiennale sowie des zentralen Fremdenverkehrsbüros. Gleich anschließend das **ANTICO RIDOTTO**, heute ein Theater, noch im letzten Jahrhundert ein berühmt-berüchtigtes Spielkasino, in dem sich auch *Casanova*, mit oder ohne blutjunge Nonnen, die Zeit vertrieb.

Wir sind am Ende unserer Kanalfahrt angelangt. Vor uns liegt wieder das Becken von San Marco, und gleich bei der Anlegestelle lockt jene, die es stilvoll mögen, ein Drink in der weltberühmten *Harry's Bar*.

VENEZIA MINORE

Rundfahrt mit dem Vaporetto 5 vom Bahnhof durch den Cannaregio-Kanal, die nördliche Lagune, das Arsenal und den Giudecca-Kanal zurück zum Bahnhof. Abfahrt alle 15 Minuten von der Station Ferrovia Richtung S. Marco/Murano. An der Haltestelle Fondamenta Nuove umsteigen in die „Circolare destra“ (Richtung S. Marco/Giudecca), ansonsten man bis nach Murano weiterfährt. Die Rundfahrt kann auch in umgekehrter Richtung von S. Marco aus unternommen werden. Abfahrt alle 15 Minuten von der Station S. Zaccaria Richtung Fondamenta Nuove. Dann gilt es jedoch an den Fondamenta Nuove in die „Circolare sinistra“ Richtung Ferrovia umzusteigen.

Das Vaporetto fährt eine kurze Strecke auf dem **CANAL GRANDE**, biegt dann links in den **CANALE DI CANNAREGIO** ein. Gleich links der **PALAZZO LABIA**, wo sich heute die Angestellten der *RAI*, der italienischen Radio- und Fernsehgesellschaft, von den großartigen Fresken *Tiepolos* inspirieren lassen. Weit spannender ist jedoch das lebhafte Treiben auf dem **PONTE DELLE GUGLIE** und im kleinen Markt auf der anderen Seite. Die Brücke ist mit vier auffallenden Obelisken geschmückt – daher der Name – und verbindet eine der Hauptadern der Stadt, die vom Bahnhof über die Strada Nova zum Rialtomarkt führt.

Nun sind wir schon mitten im ursprünglichen, unverfälschten Quartier Cannaregio. Noch kurz ein Blick auf die *fondamenta*, die Uferpromenade rechts: ein von massiven Steinquadern umrandeter Eingang in einen *sottoportegho*, eine Unterführung, fällt auf. Hier schlossen bis 1797 jede Nacht schwere Tore das dahinterliegende **GHETTO** ab, wo die venezianischen Juden über Jahrhunderte zu wohnen gezwungen waren (siehe Kapitel „Brückenwanderungen“). Ghetto ist eine venezianische Wortschöpfung, die auf den Ausdruck „getto“ oder „gheto“, was soviel wie gießen bedeutet, zurückzuführen ist. In diesem rundum mit Kanälen abgesicherten Stadtteil waren früher die Eisengießereien angesiedelt, um Feuersbrünsten vorzubeugen. Später wurde dann im bestens kontrollierbaren Gelände den Juden Wohnrecht gewährt. Und gleich links, hinter einer recht stolzen Fassade, die durchaus an ein Wohnhaus denken läßt, verbirgt sich heute noch eine Gießerei, wo nach jahrtausendealter Tradition gearbeitet wird. Hier entstehen die goldglänzenden Verzierungen für die Gondeln.

Das Vaporetto nähert sich dem **PONTE DEI TRE ARCHI** mit seinen drei schwungvollen Bögen. Rundum herrscht Stille. Da gibt es keine imposanten Palazzi zu bewundern, vielmehr prägen ärmliche, vergammelte Behausungen das Bild – die Kehrseite des glänzenden Postkarten-Venedig. Das halbleere Boot tuckert gemächlich in die Weite der Lagune hinaus. Links eine venezianische Realität, die das sonst so idyllische Bild trübt: Hinter dem **PONTE DELLA LIBERTA'**, der Bahn- und Autobrücke, die Venedig mit dem Festland verbindet, steigen gelbgrüne Rauchschwaden aus den Industriekaminen von **MARGHERA** giftig in den Himmel.

Da wendet man sich lieber der rechten Seite zu: Lange Reihen von *bricole* (Holzpfählen) weisen den Booten den Weg durch die Lagune. Möwen kreischen, in der Ferne taucht die Insel **MURANO** auf, ganz nah wiegen sich die stolzen Zypressen der Friedhofsinsel **SAN MICHELE** im Wind: Hier ist die Welt wieder in Ordnung. Dem Ufer entlang Gärten, Lagerhäuser, kleine Bootswerften und einfache Wohnsiedlungen, dann das weite Becken der **SACCA DELLA MISERICORDIA**. Was auf den ersten Blick so gewöhnlich, ja langweilig wirkt, ist – will man den Legenden und eindrücklichen Überlieferungen alter Chroniken Glauben schenken – eine der geheimnisvollsten Ecken der Stadt: Von da aus starteten die Hexen Venedigs zu ihren lustvollen Festen inmitten der Lagune... Leider bleibt kaum Zeit, die Phantasie fliegen zu lassen. Wir müssen an den **FONDAMENTA NUOVE** umsteigen, ins Vaporetto 5, *Circolare destra*.

Schon bald sind die Zinnen und mächtigen Backsteinmauern des **ARSENALE** erreicht. Das Vaporetto fährt mitten durch die riesige Schiffswerft hindurch. Zu sehen gibt's nichts Bewegendes, aber man gewinnt einen Eindruck von den Dimensionen dieser Anlagen, wo im Mittelalter Tausende von Menschen ihr hartes Brot verdienten (siehe Kapitel „Sehenswürdigkeiten", „Brückenwanderungen"). Rechts nach den beiden Türmen, die den Eingang zum Arsenal kennzeichnen, halten griechische Löwen Wache, links beginnt das Gebäude der **CORDERIE**, der Seilwerkstätten, und gleich danach entdeckt man den Eingang des **MUSEO NAVALE** (siehe Kapitel „Museen").

Vor uns liegt nun das **BACINO DI SAN MARCO** in seiner ganzen Schönheit: Geradeaus die Inseln **SAN SERVOLO** (links), **SAN GIORGO, SAN LAZZARO** und das **LIDO**, rechts die pastellfarbenen, eleganten Palazzi an der **RIVA DEGLI SCHIAVONI**, der **DOGENPALAST**, die **PIAZZETTA**, der **CANAL GRANDE**. Wir tauchen aus der verträumten Stille von Kanälen und Lagune in emsige Betriebsamkeit: An den Ufern flanieren Menschentrauben, auf dem Wasser kreuzen Passagierschiffe, Gondeln und Transportschiffe.

Das Vaporetto überquert das Markusbecken mit dem Ziel **SAN GIORGIO MAGGIORE** (siehe Kapitel „Stadtteile"). Die harmonischen Fassaden dieser Kirche sowie der etwas weiter am Ufer der Insel **GIUDECCA** gelegenen **REDENTORE-KIRCHE** lenken die Blicke auf sich. Es heißt, ihr Architekt, der berühmte *Andrea Palladio*, habe durch die Gestaltung dieser Fassaden eine optische Täuschung beabsichtigt: Die Insel Giudecca sollte dadurch näher erscheinen.

Nun folgt eine richtige kleine Kreuzfahrt: zuerst dicht an der malerischen, ruhigen Uferpromenade des Giudecca -Quartiers, dann zu den **ZATTERE** hinüber, wo es in den sonnigen Straßencafés dicht am Wasser laut und fröhlich zu und her geht. Bei der nächsten Haltestelle, S. Basilio, scheint das Vaporetto richtiggehend zu schrumpfen im Schatten der riesigen weißen Kreuzfahrtschiffe, die hier vor Anker liegen – Ve-

▶ *Rechts und links des Canal della Giudecca: Gepflegte Fassaden an den Zattere, beim Künstlerviertel rund um die Salute-Kirche (o), gespenstische Leere hinter den gähnenden Fenstern des Mulino Stukky (u).*

nedig steht im Programm der meisten Traumschiffreisen durchs Mittelmeer. Gleich hinter den Luxusdampfern eine andere Welt, die romantischen Träumereien kaum Hand bietet: das Hafenareal der Stadt.

Wir kreuzen jedoch wieder über den Giudecca-Kanal. Vor uns ein eigentümliches Gebäude, ein Monster aus roten Ziegelsteinen, im neugotischen Stil mit Türmchen und Zinnen verziert: das **MULINO STUCKY**, ein langsam vor sich hin verfallendes Denkmal des frühen Industriezeitalters. Die Mühle wurde von einem gewissen *Giovanni Stucky* in Auftrag gegeben, der sich dabei von hanseatischen Vorbildern inspirieren ließ. Schon bei seinem Tod 1910 wurde jede Arbeit in der Mühle eingestellt. Seit Jahren, beinahe Jahrzehnten, wird über eine Renovation und Umfunktionierung des riesigen Hauses debattiert. Einmal war es als kulturelles Begegnungszentrum im Gespräch, ein andermal als billige Unterkunft für junge Touristen, aber nun scheint der ausgeprägte Geschäftssinn der Venezianer den Sieg davonzutragen: Das Mulino Stukky soll laut neuesten Meldungen in ein Luxushotel verwandelt werden.

Nächste Station ist **SACCA FISOLA**, ein neues Wohngebiet mit gesichtslosen Blockbauten. Dann geht's wieder über den Giudecca-Kanal, weiter durch den **CANALE DELLA SCOMENZERA** zum **PIAZZALE ROMA** und zurück zum Bahnhof. Vergammelte Lagerhäuser, Bahnschienen, rostige Waggons und auch Autos beleidigen, möchte man – venedigverwöhnt – fast sagen, das Auge. Dies ist einer der unbestritten häßlichsten und traurigsten Winkel der Stadt, aber ebenso eine Realität wie die blendenden Fassaden am Canal Grande.

Brücken-wanderungen

Venedig wirklich erleben heißt sich auf Irrwege begeben: ins Labyrinth der Calli und Campi eintauchen, sich im Brükken- und Kanalgewirr verlieren, verwinkelten Gassen und lauschigen Lauben entlangstreifen, Ziel und Zeit vergessen. Das Wagnis wird belohnt, denn nur wenige Schritte abseits der ausgetrampelten Touristenpfade eröffnet sich eine einzigartige Welt, wo die verspielten Kulissen zu leben beginnen und die leichte Wehmut und das große Schweigen über dunklen Gewässern die Lebenskraft dieser immer wieder totgesagten Stadt erst recht zur Geltung bringen.

Straßennamen weisen den Weg in die Geschichte, machen auf Handwerkszweige und Handelstätigkeiten, auf mächtige Familien, bedeutende Ereignisse und kuriose Gesetze aufmerksam und schlüsseln gleichzeitig die Sozialstrukturen der einst mächtigen Republik auf. Reizvolle Details – da ein verspielter Torbogen, ein verschnörkelter Brunnen, ein kitschiger Straßenaltar, dort ein verträumter Innenhof, ein verwunschener Garten, eine üppiggrüne Dachterrasse – wechseln mit lebhaften Alltagsszenen auf lichtdurchfluteten

▶
Wo kein Kanal hinkommt, werden die Lasten in der Fussgängerstadt Venedig heute noch von Hand geschoben, über die unzähligen Brücken mit speziell gebauten Schubkarren.

Plätzen, in schummrigen Beizen, überfüllten Lebensmittelgeschäften und winzigen Handwerksbetrieben. Stolze Palazzi, ehrwürdige Kirchen, prachtvolle Portale zeugen von ruhmreicher Vergangenheit, abbröckelnde Fassaden, verwitterte, verbarrikadierte Fensterläden von der traurigen, von Abwanderung und Zerfall geprägten Gegenwart.

Trauer und Fröhlichkeit, Prunk und Armut gingen in dieser Stadt schon immer ineinander über: Licht- und Schattenspiele, wie sie uns stets von neuem über den stillen Kanälen überraschen und die den wahren Zauber, die unvergleichliche Schönheit Venedigs ausmachen. Die ganze Stadt ist eine einzige Sehenswürdigkeit, eine magische Kulisse, welche die Phantasie beflügelt und in die zu verirren sich lohnt.

Hier einige Vorschläge für abwechslungsreiche Brückenwanderungen abseits der Touristenrouten, hinein in eine stillere, unscheinbarere, aber um so faszinierendere venezianische Wirklichkeit. Gute, rutschfeste und bequeme Schuhe sind in Venedig ein Muß. Besichtigungstouren werden in dieser Stadt zu Wanderungen im wahrsten Sinn des Wortes. Man legt in den verschlungenen Gassen Kilometer zurück, ohne es richtig zu merken – Stimmungen, Details und angenehme Ruhepausen in gemütlichen *Osterie* am Weg lenken von den Strapazen ab. Aber spätestens am Abend spürt man die zurückgelegten Strecken – und vor allem das ständige Treppauf und -ab über die allgegenwärtigen Brücken in den Knochen. In Venedig hab' ich schon manchen sport-gestählten, wanderfesten Kollegen stöhnen hören!

Für die hier vorgeschlagenen Streifzüge sollte man sich mindestens einen halben Tag Zeit nehmen – je nach Lust auf Museums-, Kirchen- und Beizenbesuche am Weg kann jedoch jeder Spaziergang problemlos zu einem Ganztagesausflug werden.

Und noch eine Notiz am Rande: Es gibt *einen* wirklich brauchbaren Stadtplan von Venedig: den *F.M.B.-Plan* (siehe Kapitel „Stadtpläne").

IM SCHATTEN DES ARSENALS

Ausgangspunkt: Station Arsenale, Vaporetto 1.

Wir befinden uns an der **RIVA DEGLI SCHIAVONI**, der breiten Promenade entlang dem *Bacino di San Marco*. Herrlich der Ausblick: das Lido, die Inseln San Giorgio und Giudecca mit ihren imposanten Kirchenfassaden von Palladio, die Einmündung des Canal Grande. Auf dem Wasser herrscht reger Verkehr: Gondeln und Vaporetti, Frachtboote, Fähren und oft auch schnittig-weiße Traumschiffe kreuzen. Die Stimmung ist einmalig und wechselt je nach Wetter, Tages- und Jahreszeit, ohne an Faszination einzubüßen. Es heißt, daß es keinen besseren Ort gibt, um die Besonderheit des weltberühmten venezianischen Lichts zu studieren.

Brücke, rechts Calle dei Forni, Calle della Pegola, Campo dell'Arsenale. Hier befindet sich der Haupteingang des Arsenale. Sämtliche Arsenale sind nach diesem benannt, das seinen Namen vom arabischen *d'arsina* herleitet, was soviel bedeutet wie „ein Haus emsi-

▶
Trügerische Idylle im Quartier Castello (o): Rund um das Arsenale, die einst weltberühmte Schiffswerft (u), will in den verfallenden Häusern kaum jemand mehr wohnen.

ger Werktätigkeit". Eine Industriewerkstätte: Vom Jahr 1155 an wurden sämtliche Galeeren auf dieser riesigen Werft gebaut, hier herrschte während der großen Epoche venezianischer Geschichte unablässige Geschäftigkeit. Dante war höchst beeindruckt und schilderte das Arsenal im 21. Gesang des „Inferno". Im Mittelalter wurde hier schon Fließbandarbeit verrichtet. Der Schiffsbau war so optimal organisiert, daß innert kürzester Zeit die herrlichsten Galeeren vom Stapel gelassen werden konnten. Eine Notwendigkeit, denn die Nachfrage nach den wendigen, schnellen venezianischen Schiffen war groß. Nebst Kriegs- und Handelsschiffen wurden hier auch Passagierschiffe gebaut: „In Venedig wurde der Massentourismus erfunden", meint dazu ein venezianischer Freund. Die Venezianer haben früh erkannt, daß das Transportieren von Pilgern ins Heilige Land ein lukratives Geschäft war – der Tourismus florierte.

Das Arsenal ist ein imposantes Bauwerk. Vor dem kunstvollen Gitterportal halten stolze griechische Löwen – Kriegsbeute! – Wache, dahinter verbergen sich endlose Gebäude. Wie riesig die berühmte Schiffswerft wirklich ist, davon können wir uns während des folgenden Spazierganges überzeugen:

Ponte dell'Arsenale, Fondamenta della Madonna, Fondamenta dell'Arsenale, links Campo della Tana, Brücke, Fondamenta della Tana. Wir folgen den Mauern des Arsenals. Das schnurgerade, fast endlos scheinende Gebäude dem Kanal entlang sind die *Corderie*, die Seilwerkstätten. Hier wurden die dicken, schweren Schiffstaue gedreht. Während der Kunstbiennale sind in den riesigen Hallen Ausstellungen untergebracht, ein Besuch lohnt dann schon des Gebäudes wegen. Ringsherum Stille und Beschaulichkeit: malerische Gassen münden in die Fondamenta, Wäsche flattert im Wind, vielleicht sitzt eine Gruppe Frauen vor der Tür, beim Klöppeln oder Lottospielen. Man kann sich kaum vorstellen, daß dies während Jahrhunderten eines der pulsierendsten Quartiere der Stadt war, eine richtige Arbeitersiedlung mit vorbildlicher Sozialstruktur. Die *Arsenalotti*, wie die Werftarbeiter genannt wurden, waren angesehene, geschätzte Bürger der Serenissima – und haben sich schon seit dem Mittelalter für ihre Rechte gewehrt. Rund ums Arsenal entstanden Wohnsiedlungen für die Arbeiter, Gemeinschaftsverpflegungsstätten, Hospize für die Alten und Kranken. Heute ist es in diesem Winkel der Stadt besonders ruhig geworden, das Gespenst der Abwanderung geistert durch die Gassen, immer mehr Geschäfte und Kneipen schließen. Und die vordergründige Idylle täuscht: Zwischen den verträumt-verfallenen Palazzi hat sich die Drogenszene ausgebreitet – für die Jungen ein Grund mehr, den schlecht instandgehaltenen Wohnungen den Rücken zu kehren. Zurück bleiben die Alten.

Rechts Calle Loredan, links Fondamenta San Gioacchino, links Calle San Gioacchino, links Fondamenta Forner, rechts Brücke, Calle Riello, links Campiello Figaretto, links Salizzada stretta, Calle larga San Pietro, Brücke, Campo San Pietro. Wieder blicken wir an die gezackten Mauern des Arsenale, dem

Kanal entlang kleine Werften, die sich heute schlecht und recht durch Reparaturarbeiten über Wasser halten. Der Campo ist mit Gras überwachsen, wie ursprünglich alle Plätze der Stadt. Ein Hund schläft im Schatten des schiefen Campanile. Eigentümlich die Stimmung im ehemaligen Kreuzgang der Kirche: Kinderspielzeug, alte Pneus, ein Bootswrack. Von irgendwoher Radiomusik. Was heute so vergammelt wirkt, war einst der hoch in Ehren gehaltene religiöse Mittelpunkt der Stadt. In der Kirche **SAN PIETRO** residierte der Patriarch, das kirchliche Oberhaupt Venedigs. Die Basilika von San Marco hingegen war einzig die Kirche des Dogen. Durch das Verbannen der kirchlichen Obrigkeit in diesen äußersten Winkel der Stadt demonstrierten die geschickten Herrscher unmißverständlich, wer in der Serenissima die Macht in Händen hielt. Erst 1807 wurde San Marco zum Sitz des Patriarchen und somit zur Kathedrale ernannt.

Calle larga San Pietro, links Salizzada stretta, Campo di Ruga. Bemerkenswert auf der linken Seite der niedere Durchgang zum Kanal – und für hungrige Mäuler zur Rechten das kleine Restaurant „Alla nuova Speranza“, wo unverfälschte Hausfrauenkost lockt (siehe Kapitel „Essen und Trinken“).

Calle Ruga, Calle Crociera, Brücke, rechts Fondamenta Sant'Anna. Meist halten hier morgens einige Fischer ihren Fang feil, scherzend und oft leicht anzüglich, zur Freude der schlagfertigen Hausfrauen. Einige gutbesuchte Kneipen säumen den Kanal. Früher reihte sich hier eine Osteria an die andere, interne Verbindungstüren sorgten dafür, daß die Kneipentour unabhängig von den Wetterverhältnissen zum Erfolg wurde. Beim kleinen Platz am Ende des Kanals setzt ein kleiner Markt farbige Akzente. *Ein Ort zum Verweilen: Hier gehört Venedig noch ganz den Venezianern.* Touristen verirren sich nur wenige hierhin, und die meisten nur während der Kunstbiennale. Links befindet sich nämlich der Eingang zu den *Giardini*, der weitläufigen Parkanlage mit den verschiedenen Länderpavillons der Ausstellung.

Via Giuseppe Garibaldi, Riva San Biagio, Campo San Biagio. Hier, in einem ehemaligen Kornspeicher der Republik, ist das **MUSEO STORICO NAVALE** (siehe Kapitel „Museen“) untergebracht – für jene, die mehr über die venezianische Schiffsbaukunst erfahren möchten, ein sinnvoller Abschluß dieses Streifzuges im Schatten des Arsenals.

HINTER DEN KULISSEN VON SAN MARCO

Ausgangspunkt: Station San Zaccaria, Vaporetto 1, 2 und 4.

Wir beginnen unseren Streifzug durch den lebhafteren Teil des Arbeiterquartiers **CASTELLO** an der *Riva degli Schiavoni*, tauchen von der lichtdurchfluteten Weite des Bacino di San Marco ins schattige Gassenlabyrinth – einzig ein paar Schritte vom Touristenmekka Markusplatz entfernt lebt hier die Stadt noch nach eigenem Rhythmus.

Zwei Brücken, links Ramo Pescaria, Campiello Pescaria. Der Fischmarkt, der dem kleinen Platz den Namen gab, ist seit Jahrzehnten verschwunden, geblieben ist die heimelige Atmosphäre.

Calle Crosera, rechts Calle del Pestrin, links Calle Corazzieri, rechts Calle Pignater, Brücke, Campiello del Grana, Corte del Grana, Calle del Occhio grosso, links Corte Soranzo, Calle delle Muneghette, Campiello dei Due Pozzi. Ein stiller Platz, der seinen Namen von den schönen Brunnenrondells in der Mitte hat. Solch kunstvoll verzierte Brunnen stehen auf fast jedem Campo der Stadt, ganz Venedig war durch ein bestens funktionierendes System artesischer Brunnen erschlossen.

Links Calle del Mandolin, rechts Calle dei Scudi, Brücke, Ramo delle Gatte, Campo delle Gatte. Der verträumte Platz wird auch *Campo Ugo Foscolo* genannt, zum Gedenken an den italienischen Dichter, der hier wohnte. Und noch eine Notiz am Rande zur Bezeichnung „delle Gatte“: Wer glaubt, der Name habe irgendwas mit Katzen zu tun, die in Venedig ja zum Stadtbild gehören, täuscht sich. Er rührt vielmehr daher, daß hier früher eines der Quartiere der Delegationen fremder Staaten war – eines der Beispiele, wie Wortspiele und spöttische Bezeichnungen im venezianischen Dialekt im Laufe der Zeit offizielle Bezeichnungen zu übertrumpfen vermochten: Aus *Campo delle Delegate* wurde *delle Gatte*.

Salizzada delle Gatte, rechts Calle dell'Olio. Kleine Geschäfte, Gemüsestände, Lebensmittelläden, in denen sich alle nur erdenklichen Gegenstände des täglichen Gebrauchs in unwahrscheinlichen Kompositionen türmen, beweisen, daß hier noch Leben im Quartier herrscht. Wer ein wenig „Venezianità“ der rauh-herzlichen Art erleben will, gönnt sich hier in der kleinen Kneipe „Ae do Marie“ eine Pause und eine *ombra*, ein Glas Wein.

Links Calle della Vida, rechts Corte della Vida, rechts Calle della Vida, links Calle Campanile, Campo San Ternita, Brücke, Fondamenta del Cristo, Campo Celestia. Hier stand im 13. Jh. ein berüchtigtes Zisterzienserinnenkloster. Die eingesperrten Nonnen – meist Töchter aus gutem Hause, bei denen der Vater die Aussteuer sparen wollte – lebten nach eigenen Regeln, und ihre Ausschweifungen füllen Seiten in alten Chroniken: Da ist von Liebhabern, vor orgiastischen Festen, pompösen Bällen und von Aufständen gegen die Staats- und Kirchengewalt, die strafend eingreifen wollte, die Rede. Ihrem genußfreudigen Gebaren machte ein Großbrand 1569 ein Ende, der Kloster und Kirche zerstörte.

Links Calle del Cimitero, Campo della Confraternità, rechts Campo San Francesco della Vigna. Da rankte zu Beginn der Republik der größte Rebberg Venedigs – daher der Beiname der Kirche San Francesco (*vigna* heißt Rebberg). Der Bau von Kirche und Kloster datiert aus dem 16. Jh. und gab zu großen Streitigkeiten Anlaß: Die Pläne des Architekten *Sansovino* paßten den Mönchen nicht; er mußte sie abändern, aber das Gezänk ging weiter, so daß zum Schluß sein Konkurrent *Palladio* die Fassade entwarf und baute.

Calle San Francesco della Vigna, links Calle Te Deum, Brücke, Calle del

Fontego, links Salizzada Santa Giustina, rechts Calle Zorzi. Der lichterfunkelnde Madonnenaltar in der schummrigen Unterführung ist nicht zu übersehen – eine der kuriosen kleinen Sehenswürdigkeiten der Stadt.

Rechts Corte Nuova, Brücke, links Fondamenta San Giorgio degli Schiavoni, rechts Calle San Lorenzo, Campo San Lorenzo. In der **KIRCHE SAN LORENZO** finden heute kulturelle Anlässe statt. Sollte sie ausnahmsweise mal offen sein, unbedingt hineinschauen! Sie gilt als architektonische Kuriosität, ist wie ein doppeltes Theater konzipiert. Zwei identische Räume, der eine fürs Publikum, der andere für die Nonnen gedacht, stehen einander gegenüber, getrennt durch einen riesigen doppelseitigen Altar, der jedoch den Augenkontakt von Seite zu Seite nicht verhindert. Die richtige Kulisse für die koketten Nonnen, die für ihren losen Lebenswandel und ihre künstlerischen Ambitionen bekannt waren.

Heute ist San Lorenzo für die ausgefallenen Maskenbälle während des Karnevals bekannt – eine typisch venezianische Art, Traditionen hochzuhalten.

Brücke, rechts Fondamenta di San Lorenzo, links Calle larga San Lorenzo, rechts Calle Cappello, Brücke, Ramo Cappello, Campiello Cappello, Brücke, Calle Muazzo, links Barbaria delle Tole. Eine lebhafte Straße, gesäumt von diversen Kunsthandwerkateliers, einem Puppenspital und einer Buchhandlung, in welcher Sekundärliteratur zu Venedig erhältlich ist: ideal zum Stöbern und Schmökern.

Salizzada SS. Giovanni e Paolo, Campo SS. Giovanni e Paolo. Einer der größten Campi Venedigs, im Volksmund wird sie **SAN ZANIPOLO** genannt: ein weiteres Beispiel, wie die Venezianer Namen, vor allem lange oder komplizierte, zu einem für sie einfachen, für Auswärtige jedoch unverständlichen Kürzel zusammenfassen. Die streng wirkende Kirche SS. Giovanni e Paolo – oder eben San Zanipolo – ist das Pantheon Venedigs: Hier fanden die Dogen ihre letzte Ruhe. Beachtenswert das Reiterstandbild für den Söldnerführer *Bartolomeo Colleoni* auf dem Platz. Es wurde vom Bildhauer *Andrea Verrocchio* geschaffen und gilt als eine der vollkommensten Reiterstatuen überhaupt. Dazu eine Anekdote: Der verdiente Haudegen Colleoni stiftete bei seinem Tod 1475 der Republik 100 000 Zechinen mit der Auflage, ihm vor San Marco ein Denkmal zu errichten. Der Regierung war das Geldgeschenk höchst willkommen, die verlangte Ehrung schien den Mächtigen jedoch allzu unverschämt. Die Lösung aus dem Dilemma: Das Denkmal wurde statt auf der Piazza San Marco vor der Scuola di San Marco (heute das Spital) aufgestellt – und feiert seither sowohl die tapferen Taten Colleonis als auch das listige Taktieren der venezianischen Politiker.

Salizzada SS. Giovanni e Paolo, rechts Calle dell'Ospedale, Brücke, Calle Tetta, Fondamenta Tetta. Diese Calle hat ihren Namen nicht, wie fälschlicherweise immer wieder angegeben, von den tiefen Einblicken in weibliche Ausschnitte – *tetta* meint in der italienischen Umgangssprache Busen –, sondern erinnert ganz lakonisch an eine verdienstvolle Familie, die hier residierte (siehe Kapitel „Von Campo zu Campo").

Rechts Calle lunga Santa Maria Formosa. Hier lädt die Osteria „Al Mascaron" zu Häppchen, Wein und venezianischen Alltagsszenen ein (siehe Kapitel „Essen und Trinken").

Campo Santa Maria Formosa. Einer der schönsten und typischsten Campi der Stadt: Zwischen Kirche und stolzen Palazzi tummeln sich Jugendliche und Kinder, Hausfrauen füllen auf dem Markt ihre Körbe, in den Cafés ringsum ist kaum ein Platz zu ergattern (*empfehlenswert:* die Gelateria am Rio del Mondo Nuovo!). *Ein beachtenswertes Detail:* Am Sockel des Campanile einer der für die Straßenarchitektur Venedigs typischen Groteskköpfe – ein *mascaron*. Die schrecklichen Fratzen sollten böse Geister und teuflisches Gesindel fernhalten.

Ramo del Campo, rechts Fondamenta del Dose. Von hier aus läßt sich ein städtebauliches Detail, dem man in Venedig immer wieder begegnet, besonders gut beobachten: Platz war in Venedig seit jeher Mangelware, es galt, die eh schon engen Gassen möglichst für die Fußgänger freizuhalten. So wurde der gesamte Warenumschlag vom Wasser aus organisiert; durch die Hintertür wurden – und werden bis zum heutigen Tag – die Handelsgüter direkt in die Häuser geliefert. Eine kluge Lösung, die jedoch in den letzten Jahrzehnten durch das ständige Hochwasser problematisch geworden ist.

Links Brücke, Calle del Paradiso. Ein eleganter gotischer Bogen, der **ARCO DEL PARADISO**, spannt sich über die Gasse. In der kunstvollen Verzierung sind die Wappen der Familien *Foscari* und *Mocenigo* zu erkennen – sie gaben diesen Straßenschmuck in Auftrag, um die (geschäftlich und finanziell) glückliche Heiratsverbindung zwischen ihren Häusern zu feiern – so wollte es der Brauch im Venedig des 15. und 16. Jh. An der Calle del Paradiso ist eine weitere Besonderheit der Straßenarchitektur Venedigs besonders gut erhalten: die Gasse ist von sogenannten *barbacani* gesäumt. „Barbacane" heißt wörtlich übersetzt „Hundsbart", gemeint sind damit die zum Teil geschnitzten Holzvorbauten. Auf diesen Holzstützen wurde das Haus über die Gasse hinausgebaut – so hatte man eine breitere Gasse, ohne kostbaren Wohnraum zu verlieren. *Einziger Nachteil:* Die Wohnungen und Geschäfte waren dunkel, das Licht konnte kaum mehr ins enge Gassenlabyrinth eindringen. Diesen Mangel kompensierten die gewieften Venezianer durch die vielen sonnigen Dachterrassen, die *altane*.

Links Salizzada San Lio, rechts Calle Cassellaria, gleich wieder links Calle Cassellaria, rechts Ramo Cassellaria, links Ramo Cassellaria, Ponte dell'Angelo. Hier hatten die *casselleri*, die Truhenschreiner, ihre Buden: Sie schufen fast ausschließlich Truhen für die Mitgift reicher Töchter, schnitzten in winzigen, düsteren Werkstätten wahre Kunstwerke aus Ebenholz, Elfenbein und Perlmutter, besetzt mit Edelsteinen und Goldintarsien. Und als kluge Geschäftsleute sorgten sie auch dafür, daß ihnen die Kundinnen erhalten blieben: Alte Chroniken berichten, daß die Zunft der Casselleri – im 11. Jh. zählte sie über 400 Mitglieder – wiederholt ganze Scharen venezianischer Bräute befreite, die triestinische oder istrische Piraten geraubt hatten. Zum Dank für diese Heldentaten besuchte der Doge alljährlich in einer feierlichen Prozession ihren Zunftaltar in der Kirche *Santa Maria Formosa*.

Der **PONTE DELL'ANGELO** hat seinen Namen vom Haus geradeaus links direkt am Kanal – ein Name, der einmal mehr von einer Legende herrührt. An der Hauswand hält seit Mitte des 16. Jh. ein steinernes Engelsbild Wache, und zwar aufgrund des folgenden Vorkommnisses: Im Haus lebte ein frommer Anwalt, der jedoch nebenbei auch allerlei dunkle Geschäfte trieb. Als Diener hatte er einen dressierten Affen, der alle häuslichen Aufgaben bestens versah. Eines Tages lud der Anwalt einen Kapuzinermönch ein und zeigte ihm ganz stolz seinen Affendiener. Dieser erkannte jedoch in ihm sofort den personifizierten Teufel. Er befahl dem teuflischen Affen, sich sofort zurück in die Hölle zu scheren – was dieser auch tat, aber bei seiner Höllenfahrt brach er ein Loch in die Wand. Der vom Affenteufel befreite Anwalt fand auf den rechten Weg zurück, und um ähnliche Gefahren auf immer zu bannen, ließ er das Loch in der Hausmauer mit dem schützenden Engel stopfen.

Calle dell'Angelo, links Ramo dell'Angelo, Brücke, Calle del Rimedio, rechts Fondamenta del Rimedio. Rimedio heißt auf italienisch Abhilfe oder Heilmittel – der Name dieser Gassen rührt daher, daß hier Malvasier-Wein verkauft wurde, dem man Heilwirkung zuschrieb: Er soll die Glieder gestärkt und den Geist geschärft haben.

Links Campo Fianco della Chiesa, links Calle della Chiesa, Brücke, Calle dei Mercanti, rechts Ruga Giuffa. Ursprünglich war das eine Händlerstraße, einige führen den Namen darauf zurück, daß hier vor allem armenische Händler aus der Stadt Julfa lebten. Andere, ältere Chroniken hingegen belegen, daß sich hier im 12. und 13. Jh. slavische Zigeuner (vom dalmatischen Wort „gejulka" = Zigeuner) niedergelassen hatten.

Calle Corte Rotta, Sottoportegho Corte Rotta. Nach der Unterführung gleich rechts führt ein unscheinbares grünes Tor zu einer Werkstatt, die zu den Sehenswürdigkeiten der Stadt zählt. Hier, in einem holzduftenden Raum arbeitet *Giuseppe Carli*, einer der letzten *forcole*-Bauer Venedigs. Die „forcola" ist das wichtigste Stück Holz auf einer Gondel. Es ist die Spezialdolle, die es dem Gondoliere ermöglicht, mit einem einzigen Ruder oder Riemen die Gondel zu bewegen und präzis zu steuern. Giuseppe Carli ist ein Künstler. Er könnte vom Verkauf zweckentfremdeter „forcole" leben, seine Werke sind heute in Galerien und Museen, vor allem in den USA (zum Beispiel im Museum of Modern Art in New York) zu bewundern. Der Handwerker Carli ist sichtlich stolz auf die Anerkennung seiner Arbeit als Kunst, doch daß die Gondolieri seine Erzeugnisse schätzen,

ist ihm weit wichtiger. Wenn der alte, nun leider kranke Mann in der Werkstatt ist, so lohnt es sich, mit ihm zu plaudern – mit seinem weichen, venezianischen Singsang läßt er ein Stück Stadtgeschichte auferstehen, und er scheut sich auch nicht, die Umweltsünden, unter denen Venedig zu leiden hat, mit treffenden Worten zu geißeln. Heute ist seine Bitterkeit gegenüber der modernen Zeit etwas gemildert, da er endlich einen fähigen Nachfolger für seine Werkstatt gefunden hat.

Brücke, Fondamenta dell'Osmarin. Wenn wir jetzt geradeaus weitergehen über die Brücke und dann rechts, gelangen wir zur Kirche **SAN GIORGIO DEI GRECI** mit ihrem schiefen Turm und dem berühmten **IKONEN-MUSEUM** – ein Abstecher, der sich unbedingt lohnt (siehe Kapitel „Museen").

Links Fondamenta di San Lorenzo, rechts Brücke, Calle del Lion, Brücke. Die Kirche **SAN GIORGIO DEGLI SCHIAVONI** verbirgt hinter ihrer eher unscheinbaren Fassade Juwele venezianischer Kunst: ein Fries von Gemälden von *Vittore Carpaccio* – witzig und ergreifend (siehe Kapitel „Kirchgang obligatorisch").

Fondamenta dei Furlani, Campo San Antonin. Eine kuriose Episode spielte sich 1819 in der Kirche San Antonin ab: Hier verbarrikadierte sich ein ausgewachsener Elefant, der sich von den Schaustellerbuden an der Riva degli Schiavoni befreit hatte. Niemand konnte ihm friedlich beikommen, die Gewehrkugeln prallten an ihm ab und erst die zu Hilfe gerufene Artillerie machte dem Drama mit schwerem Geschütz ein Ende. Das Elefantenmassaker inspirierte zu ganzen Büchern und gar zu einem Theaterstück.

Links Salizzada San Antonin, rechts Campo Bandiera e Moro. Einen Katzensprung von der Piazza San Marco und nur wenige Schritte von der Riva degli Schiavoni entfernt, ein Campo wie aus dem Bilderbuch – Bäume und Kneipen, einfache Wohnhäuser und Palazzi (in denen man gar als Tourist willkommen ist, vgl. Kapitel „Hotels", Pensione Residenza) bilden die Kulisse. Greise und Mütter sitzen an der Sonne und lassen sich von den ausgelassenen Kinderscharen kaum stören – und selbstverständlich fehlen weder Kirche noch Brunnen. Die Kirche **SAN GIOVANNI IN BRAGORA** ist eine der ältesten der Stadt – schon im 9. Jh. stand hier ein Gotteshaus – und lohnt trotz mehrmaliger Um- und Ausbauten einen Besuch.

Calle del Dose, Riva degli Schiavoni. Wir sind an den Ausgangspunkt unseres Spazierganges zurückgekehrt, flanieren wieder an der berühmten Riva degli Schiavoni. Für jene, die noch etwas Entdeckergeist übrig haben: Ein paar Schritte weiter in Richtung Markusplatz lädt die Kirche **SANTA MARIA DELLA PIETA'** zu einer letzten Pause. Sie ist berühmt für ihre hervorragende Akustik. Hier verdiente sich der venezianische Musiker und Komponist *Antonio Vivaldi* sein Brot als Violinist und Chorleiter am angegliederten Hospiz für Waisenmädchen. In der Kirche finden das ganze Jahr über Konzerte statt, und oft, vor allem während der Tourismussaison im Sommer, erfüllen Vivaldi-Klänge aus Konserven den Raum.

◄ *Giuseppe Carli hat sein Handwerk zur Kunst gemacht: Seine "Forcole", die Spezialdollen für die Gondeln, stehen heute auch im Museum of Modern Art in New York.*

KURIOSES RUND UM RIALTO

Ausgangspunkt: Station Rialto, Vaporetto 1, 2 und 4.

Wir überqueren den Ponte di Rialto, eines der Wahrzeichen der Stadt (siehe Kapitel „Sehenswürdigkeiten"), und stehen schon mitten im ältesten Teil Venedigs. Hier, am *Rivus altus,* bauten Siedler aus den Laguneninseln die ersten Hütten und Stände, aus denen sich in nur wenigen Jahrhunderten die Märchenstadt Venedig entwickelte. Die Gegend um Rialto war seit jeher der lebhafteste Winkel der Stadt und ist es bis heute geblieben. Zur Hochblüte der Serenissima lebten in den engen, finsteren Gassen rund um den **MARKTPLATZ** Händler, Huren und Gauner mehr oder weniger in Eintracht neben braven Bürgern, die ständig um die Ehre ihrer Töchter und Gattinnen bangten. Heute ist Rialto ein lebhaftes, friedliches Pflaster. Einzig die allgegenwärtigen Souvenirhändler fühlen sich zum Teil noch einer gewissen Gaunertradition verpflichtet.

Am schönsten erlebt man den Rialtomarkt ganz früh am Morgen: Im Morgengrauen legen die Lastkähne aus den fruchtbaren Laguneninseln, vor allem aus San Erasmo und den Vignole, an. Berge glänzend-frischen Gemüses und saftiger Früchte werden mit witzig-derben Sprüchen ausgeladen. An den Ständen feilschen Hotelköche, Restaurantbesitzer und die ersten Hausfrauen um die schönste Ware und den besten Preis. Auf anzügliche Wortspiele folgen schlagfertige Antworten. Lachen und der singende venezianische Dialekt hallen in den Plätzen und Gassen. Um diese Zeit gehört Rialto noch ganz den VenezianerInnen. *Szenen wie aus Casanovas Memoiren:* Der unersättliche Weiberheld liebte es nach durchzechter Nacht in dekadenter Gesellschaft, auf dem Heimweg am Rialtomarkt Kopf, Geist und Gemüt zu durchlüften – inmitten der rauhen Herzlichkeit der Marktleute das wahre Leben zu spüren. Ein Bummel durch den Rialtomarkt, zwischen prallgefüllten Früchte- und Gemüseständen, vorbei an den Auslagen der Metzger und Geflügelhändler bis zur *Pescheria*, der Fischhalle, hat heute nichts an Reiz eingebüßt.

Die frühen Morgenstunden haben einen weiteren Vorteil: Die lauten Touristengruppen, die sich sonst in einem ununterbrochenen Strom über die Rialtobrücke schubsen und drängen, schlafen noch in ihren Hotelbetten. Die Souvenirstände sind geschlossen, und dadurch rücken auch die Gebäude und Geschäfte rund um den Markt besser ins Blickfeld. So am **CAMPO DI SAN GIACOMO DI RIALTO** die Kirche von San Giacomo. Hier mahnt eine Inschrift an der Fassade die Händler zu anständigem, gesetzestreuem Geschäftsgebaren. Gleich gegenüber, etwas versteckt zwischen den Marktständen, die kuriose Statue eines Buckligen: der **GOBBO DI RIALTO**. An dieser Stelle wurden Verurteilungen, neue Gesetze und Verlautbarungen verkündet, wie auf der Piazza San Marco. Die Stadtväter merkten jedoch rasch, daß das Händlervolk am Rialto ein vitales Interesse an Informationen über Wirtschaft, Politik und diplomatische Taktiken hatte, und so wurde hier ein bezahlter Nachrichtendienst eingerichtet: Durch ein bescheidenes Entgelt, dessen Höhe in einer *gazzetta* (daher heute noch der Name vieler italienischer Zeitungen) festgehalten war, konnte man sich von einem Herald die letzten News verlesen lassen. Der Laubengang rund um den Campo war der **BANCO DI GIRO**: An diesem Ort hatten schon im 12. Jh. die Geldverleiher ihren Platz. Zur Ausübung dieses Geschäfts wurden Juden in der Stadt zugelassen. Sie durften sich jedoch nur tagsüber in Venedig aufhalten, mußten jeden Abend zurück aufs Festland, und ihre Transaktionen wurden durch strenge Gesetze geregelt. So waren sie zum Beispiel unter Strafe verpflichtet, allen, die danach verlangten, Geld zu leihen, ohne Rücksicht auf Kreditwürdigkeit. Die Zinssätze wurden vom Senat festgelegt und waren meist recht niedrig. Diese Verordnung wurde erst im 16. Jh. mit der Errichtung des *Ghettos* (siehe nächstes Kapitel) etwas gelockert. Am Campo San Giacomo di Rialto vorbei, direkt von der Rialtobrücke weg, führt die **RUGA DEGLI OREFICI**, die Straße der Goldschmiede. Im 14. Jh. wurden Goldschmiede per Dekret gezwungen, ihre Läden und Werkstätten genau hier einzurichten – und nach der Abschaffung des Gesetzes blieben sie ihrem Standort über Jahrhunderte hinweg treu. Heute noch finden sich unter den Lauben verschiedene Schmuckgeschäfte und -ateliers.

Ruga degli Speziali, links Ramo Due Mori, rechts Calle Due Mori. Hier kann man sich in der *Cantina do Mori* von Streifzügen durch Markt und Historie in passender Atmosphäre herrlich erholen: Eine verlockende Auswahl an typischen Weinen, Häppchen nach Lust und Laune und gegen Mittag auch warme Spezialitäten direkt von der Theke stärken Einheimische und Stadtwanderer.

Links Calle San Mattio, links Ramo Ruga Vecchia, rechts Calle Donzella, rechts Calle del Sansoni, links Calle Erbarol, Campiello Sale oder Sole. Nach gewundenen Gassen, so eng, daß man bei Regen den Schirm schließen muß, und so dunkel, daß man kaum merkt, ob nun Tag oder Nacht ist, wirkt der freundliche, lichtdurchflutete Campo wie das Erwachen aus einem unheimlichen Traum. Durch die Sonne (italienisch *sole*), die hier zwischen den hohen Häuserschluchten nur selten ihre Wärme und Heiterkeit ausstrahlen kann, kam der kleine Platz zu einem neuen Namen. Ursprünglich hieß er *del Sale* (*sale* = Salz), weil hier die Salzhändler ihre Lager und Verkaufsstätten hatten. Die hohen, eng aneinandergebauten Häuser mit den niedrigen Wohnungen widerspiegeln die ehemaligen Reichtumsverhältnisse dieser Gegend: Gegen den Canal Grande hin sonnten sich die Reichen und Mächtigen in protzigen Palazzi, ein paar Schritte dahinter lebte „das Volk“ – Diener, einfache Handwerker und Arme, eng zusammengepfercht in trostlosen, düsteren Behausungen.

Rechts Rio Terrà della Scoazzera, Brücke, links Fondamenta Salviati, rechts Calle del Tamossi (auf Karte Calle Banco Salviati), Calle Albrizzi,

Campiello Albrizzi, rechts Ramo Albrizzi, links Rio Terrà Carampane. Dieser heute so stille Winkel war lange eine der verrufensten Gegenden der Stadt: Hier gingen die Huren ihrem Gewerbe nach, und laut alten Chroniken logierten in dieser Gasse ihre abgebrühtesten Vertreterinnen mit der längsten Berufserfahrung. Venedig war für seine blühende Prostitution berühmt, und wie es sich für den bestens organisierten Stadtstaat gehörte, war auch dieses Gewerbe durch strenge Gesetze reglementiert: Die Kurtisanen mußten in ganz bestimmten Gegenden wohnen, die Höhe ihres Mietzinses war fest vorgeschrieben, sie durften sich nur zu bestimmten Tageszeiten auf dem Canal Grande oder in den Kirchen zeigen, und Schmuck jeder Art war ihnen verboten.

Rechts Fondamenta della Stua, links Brücke Ponte delle Tette. Die Brücke heißt wörtlich übersetzt „Busenbrükke". Laut einem offiziellen Dekret mußten die hier ansässigen Prostituierten barbusig an Fenstern und Balustraden um Kunden werben. *Der Grund für die Vorschrift:* Die Venezianer frönten der Homosexualität derart, daß sie den Regierenden Kopfzerbrechen bereitete. Die offen dargelegten weiblichen Reize sollten die jungen Burschen „auf den rechten Weg" zurückführen. Im Venezianischen werden die Schwulen *recion* genannt, was soviel heißt wie „großes Ohr". Die Bezeichnung hat folgenden Ursprung: Auf den oft jahrelangen Reisen der Handelsschiffe war Homosexualität eine akzeptierte Tatsache. Den Offizieren der Schiffe wurde offiziell das Privileg eingeräumt, einen jungen Burschen zu ihrem persönlichen Vergnügen mitzuführen. Als Zeichen, daß dieser für die Schiffsmannschaft tabu war, trug der Jüngling einen besonderen Ohrring. Die jungen Freudenmänner wurden nach ihrer Rückkehr fürstlich entlöhnt und mit allen Ehren in die Gesellschaft aufgenommen – damals eine gängige Möglichkeit, die nötigen Mittel für Heirat und Geschäftsgründung zu beschaffen.

Rechts Fondamenta delle Tette, links Unterführung Campiello Stua, rechts Calle Bragadin, links Fondamenta Agnelli, rechts Calle della Regina, rechts Calle dei Morti. Für Hungrige: auf der rechten Seite der unscheinbare Eingang der *Trattoria Antico Giardinetto*, wo herzhafte Küche zu anständigen Preisen und ein schattiger Garten garantiert Erholung spenden. Wem der Sinn eher nach Kaffee oder Aperitif steht, überquert eine weitere Brücke und gönnt sich in der Bar (mit Tischen im Freien!) auf dem gemütlichen *Campo San Cassiano* eine Ruhepause.

Links Calle del Campanile, rechts Calle Erbarol, links Calle dei Botteri, rechts beim Canal Grande Fondamenta dell'Olio, Campo della Pescaria. Zurück am Rialtomarkt, tauchen wir aus den schattigen Gassen in die freundliche Helligkeit am Canal Grande. Wen die Füße noch tragen und weitere Brücken nicht abschrecken, steigt ins *Traghetto*, die Gondelfähre, zahlt dem Gondoliere 300 Lit. und läßt sich ans andere Ufer übersetzen.

◄ *Rund um Rialto: Die Reichen sonnten sich an den Kanälen, die Armen lebten zusammengepfercht in trostlosen Häuserschluchten mit düsteren Wohungen.*

Campo Santa Sofia, rechts Strada Nova. Hier sind wir im Quartier **CANNAREGIO** und an einer der lebhaftesten Verkehrsadern der Stadt. Die **STRADA NOVA** wurde erst 1872 freigelegt, man strebte damit einen schnellen und direkten Weg zwischen Bahnhof und Rialto an. Die Straße hatte schon die verschiedensten offiziellen Namen, so viele, daß heute kaum jemand den geltenden kennt. Für die Venezianer ist und bleibt diese Verbindung die Strada Nova. Hierhin geht man zum Flanieren und Einkaufen – Warenhäuser, Lebensmittel-, Haushalt-, Mode- und Schuhgeschäfte sowie kleine Läden mit Kunsthandwerk säumen den Weg, und die Preise sind meist etwas günstiger als im touristisch ausgerichteten Zentrum. *Gleich rechts:* Das chinesische Restaurant „Hongkong", empfehlenswert für exotische kulinarische Eskapaden im sonst so traditionstreuen Venedig.

Campo dei SS. Apostoli, nach Kirche links Campo dietro la Chiesa, rechts Calle del Manganer, Campiello del Cason. Der Bezeichnung „Cason" begegnet man in den meisten Quartieren der Stadt, sie deutet darauf hin, daß hier früher Leichtverbrecher – Diebe, Betrüger und Konkursiten – im Quartiergefängnis (eben im *cason*) schmachteten. Auf diesem kleinen Platz stand im 9. Jh. eine einfache Holzhütte mit einem kleinen Garten, wo Schweine grunzten und Enten schnatterten. Hier soll der 10. Doge von Venedig, *Angelo Partecipazio*, der Sohn eines Fischers, mit Frau und Kindern gehaust haben – womit bewiesen wäre, daß auch der amerikanische Traum in Venedig erfunden wurde...

Calle del Malvasia, Brücke, Campo San Canciano, Campiello Crovato, rechts Campiello Santa Maria Nova, links Calle dei Miracoli, Brücke Ponte dei Miracoli, Campo dei Miracoli. Ein magischer Winkel und die schönste Kirche Venedigs: **SANTA MARIA NOVA** (*dei Miracoli,* siehe Kapitel „Kirchgang obligatorisch"). Sie gleicht einer Schmuckschatulle inmitten einer Bilderbuchumgebung: kein Wunder, daß dies die meistgebuchte Hochzeitskirche Venedigs ist – zumindest die Fotosujets garantieren hier Erfolg, und für den Rest hofft man auf die wundertätige Madonna.

Links Calle Castelli, rechts Fondamenta Sanudo, Brücke, Calle del Cristo, Campo di Santa Marina, rechts Campiello di Santa Marina, links Calle del Dose, gleich rechts Sottoportegho Scaletta, links Corte Specchiera. Etwas versteckt im gedeckten Hof die *Osteria*, wo die Anwohner sich treffen, spritziger Wein, einfache Gerichte und – für müde Stadtwanderer die größte Attraktion – gemütliche Sitzgelegenheiten locken.

Calle Scaletta, Brücke, Corte del Milion. Hier soll sich der vielgerühmte Venedigsohn *Marco Polo* von seinen Orientreisen erholt haben.

Sottoportegho del Milion, Calle del Milion, Calle dell'Ufficio della Seta, rechts Salizzada S. Giovanni Grisostomo, Campo San Giovanni Grisostomo, links Calle della Stua, Corte Remer, Sottoportegho del Remer. Ein kleiner Abstecher an den *Canal Grande*: Vom

Vorhof dieses Palazzos kann man das Gewimmel am Rialtomarkt, die berühmte Brücke und das bunte Treiben auf dem Kanal aus einer bestechend fotogenen Perspektive erleben.

Calle della Stua, rechts Salizzada San Giovanni Grisostomo, Brücke, Salizzada Fontego dei Tedeschi. Da, wo heute die Hauptpost steht, war im 14. Jh. das rege Quartier der deutschen Handelsniederlassung, der *Fondego dei Tedeschi*. Den ausländischen Händlern wurden von der venezianischen Obrigkeit Gebäude zugewiesen, die zugleich als Lagerraum, Warenumschlagplatz und Wohnsitz dienten, und die Ausländer waren gezwungen, in diesen gutkontrollierten Häusern zu logieren und ihre Geschäftsbeziehungen zu pflegen. Zu den Postöffnungszeiten kann das Gebäude problemlos besichtigt werden – es lohnt sich: Mit etwas Phantasie kann man sich lebhaft vorstellen, wie sich im Erdgeschoß Lasttiere zwischen den gestapelten Waren drängten und wie von den Galerien der oberen Stockwerke, wo sich die spartanischen Unterkünfte aneinanderreihten, die Handelsleute das Be- und Ausladen der Barken am Canal Grande beaufsichtigten.

Rechts Campo San Bartolomeo. Ein beliebter Treffpunkt der Venezianer (siehe Kapitel „Treffpunkte"). Hier steht auch *Venedigs beliebtestes Denkmal*: Liebenswürdig-spöttisch blickt der Dichter *Carlo Goldoni* auf seine Landsleute, deren Charakter er treffend und bissig in so mancher Komödie verewigt hat. Und lauscht man bei Feierabend dem Klatsch und Tratsch, der in den fröhlich zusammenstehenden Gruppen zum besten gegeben wird, so scheint sein belustigter Statuenblick passend wie je; seit seiner Zeit scheinen sich die Venezianer kaum geändert zu haben. Wir drehen dem gelassenen Komödiendichter den Rücken zu, gehen rechts Richtung Rialtobrücke, zurück zum Ausgangspunkt unseres Streifzuges.

DURCH CANNAREGIO ZUM GHETTO

Ausgangspunkt: Station Cà d'Oro, Vaporetto 1.

Vom Vaporetto aus genießen wir den Blick auf den berühmtesten Palazzo Venedigs, die **CA'D'ORO**. Das schönste Beispiel für die venezianische Blumengotik: Spitzbogen und orientalisch inspirierte Dekorationselemente verleihen dem Gebäude eine verspielte Leichtigkeit. Die einstige Pracht kann man nur erahnen: Im 15. Jh. leuchteten Zinnen und Verzierungen in echtem Gold, und die Fassade war mit roten und blauen Fresken bemalt. In der schön renovierten Cà d'Oro ist heute die *Galleria Giorgio Franchetti* untergebracht (siehe Kapitel „Museen"). Ein Besuch sei hier wärmstens empfohlen, allein schon das Palazzo-Gefühl und der Blick von der Loggia auf den Canal Grande lohnen den Eintritt.

Calle di Cà d'Oro, über Strada Nova, Ramo Cà d'Oro, links Calle del Pistor, rechts Calle Larga Doge Priuli, Calle Racchetta. Wir überqueren die geschäftige Strada Nova und tauchen ein in das Gewirr kleiner Gassen, wo sich in Handwerksbuden und Osterie venezianischer Alltag abspielt. In der

CALLE RACCHETTA gab es schon im 17. Jh. eine Art Federball- oder Tennis-Spielplatz, daher der Name (*racchetta* = Tennisschläger). Hier verlustierten sich vor allem die Mitglieder der *Compagnia della Calza*, ein Club von Edelmännern, mit dem einzigen Ziel, neue Spiel- und Vergnügungsvarianten zu erfinden. Die Compagnia della Calza gibt es heute wieder: Vor ein paar Jahren haben sonst seriöse venezianische Männer jeden Alters bunte Strümpfe aus der Mottenkiste geholt – auffallender Beinschmuck ist das Markenzeichen der Vereinigung – und mischen nun bei der Organisation des Karnevals tüchtig mit.

Links Sottoportegho dei Preti, Brükke, rechts Fondamenta San Felice. Am Ende des malerischen Kanals kann die letzte geländerlose Brücke der Stadt bewundert werden. So sahen ursprünglich alle Brücken Venedigs aus, unfreiwilliges Baden im Kanal zählte damals zu den alltäglichen Gaudis – für diejenigen im Trockenen selbstverständlich.

Links Ramo della Misericordia, Brücke, Campo Misericordia, rechts Fondamenta della Misericordia, Brükke, Campo dell'Abbazia. Für mich einer der magischsten Winkel Venedigs. Die Kirche wurde schon 939 erbaut, und rund um die **ABBAZIA** und seine Patres ranken unzählige Legenden. Von zauberkräftigen Münzen und übersinnlicher Macht der Ordensbrüder ist da die Rede. Nährstoff für die Legenden gab wohl das oft unglückliche Schicksal der Patres: im 14. Jh. wurde die ganze Gemeinschaft innert kürzester Zeit von der Pest hinweggerafft. Und im 17. Jh. sorgte die Vergiftung des angesehenen Abts der Abbazia in Venedig für Aufregung. Der Vorfall inspirierte den venezianischen Science-Fiction-Autor Renato Pestriniero zu einer spannenden Erzählung. Von all den Schauermärchen lassen sich einzig Liebespärchen nicht beeindrucken: Die überdachte *Fondamenta dell'Abbazia* gilt als nächtlicher Schlupfwinkel für jene, die andere Möglichkeiten fürs traute Zusammensein missen.

Links Fondamenta dell'Abbazia, rechts Corte Vecchia, Brücke. Von der Brücke ein schöner Ausblick auf die nördliche Lagune, die *Laguna Morta* und die Friedhofsinsel *San Michele*. Rundherum herrscht tiefe Stille. Vielleicht inspirieren die dunklen Zypressen von San Michele die leichte Melancholie. Vielleicht ist, aufgeklärten Gemütern zum Trotz, doch was dran an all den alten Überlieferungen: *Hier soll der Treffpunkt der Hexen Venedigs gewesen sein.* In einem zauberschnellen Boot – in Venedig gehören sogar die Hexen ins Wasser! – starteten sie zu ausgelassenen Orgien auf verlassenen Laguneninseln. Das sind nicht etwa Ammenmärchen: Detaillierte Berichte übers Kesseltreiben finden sich in Kirchenchroniken. Und auch Geister und Gespenster hatten eine Schwäche für diesen Ort. Im **PALAZZO CONTARINI DEL ZAFFO** aus dem 16. Jh. (gleich vor uns), wo sich Maler und Schriftsteller zu oft ausschweifenden Gelagen trafen, soll unermüdlich ein Gespenst als Störenfried gewirkt haben. Ein eifersüchtiges Gespenst, das nicht mit ansehen mochte, wie der sinnesfreudige *Giorgione* mit seinem Lieblingsmodell poussierte. Seine Erscheinung bewirkte wohl den kalkulierten Schrecken, brachte aber kaum den gewünschten Erfolg: Das Liebespaar flüchtete lediglich an einen ungestörteren Ort.

Fondamenta Gasparo Contarini. Auf der linken Seite der **PALAZZO MASTELLI**, wo ein in Marmor verewigtes Kamel seit Jahrhunderten schwere Lasten schleppt. Hier lebten die levantinischen Händler, denen wir später auf dem *Campo dei Mori* begegnen werden.

Campo Madonna dell'Orto. Ein verträumter, mit Tonziegeln ausgelegter Campo und eine der schönsten Kirchen Venedigs: die **CHIESA DELLA MADONNA DELL'ORTO**. Ihren Namen hat sie von einer wundertätigen Madonnenfigur, die in einem nahegelegenen Garten gefunden wurde. Die Kirche gilt als eines der schönsten Beispiele gotischer Architektur in Venedig. Ihre ziegelrote Fassade, wo in geschützten Nischen die zwölf Apostel über den Kanal blikken, strahlt Wärme aus. Hier spürt man, daß für einmal Frömmigkeit und nicht Prunksucht den Bau des Gotteshauses bestimmten. Im Innern lohnen berühmte Gemälde von *Bellini, van Dyck* und vor allem von *Tintoretto* den Besuch. Dies war die Pfarrkirche von Tintoretto, der ganz in der Nähe wohnte und hier auch begraben liegt. Eindrücklich und beunruhigend sind seine Gemälde an den Seiten des Hochaltars: „Die Anbetung des goldenen Kalbes" und „Das jüngste Gericht". *Ruskin* beschreibt sie als Albtraum, sie erschreckten seine Frau Effi so sehr, daß sie aus der Kirche floh. Am stillen Kanal vor der Kirche schaukeln stets ein paar schwarzpolierte Motorboote, hie und da auch eine reichverzierte Gondel: Die Leichenboote Venedigs. Wenn wir die Fondamenta etwas weiter gehen, erreichen wir das traumhaft ruhige Hotel della Madonna dell'Orto (siehe Kapitel „Unterkunft").

Brücke, Campo dei Mori. Berühmt ist der beschauliche Platz durch die Statuen der *Mori*, die von den Häuserfassaden das Treiben seit Jahrhunderten im Auge behalten. Verewigt wurden hier vier griechische Brüder, Händler aus Morea, daher der Name. Sie brachten es durch geschicktes Handeln mit Stoffen, Gewürzen und anderen Kostbarkeiten aus dem Orient zu Reichtum und Ansehen und legten sich in Venedig den Namen Mastelli zu. Einer von ihnen (derjenige an der Ecke, gleich am Kanal), bei den Einheimischen als *Sior Antonio Rioba* bekannt, wurde gar zu einer Art Kultfigur: Das Berühren seiner abgewetzten Nase soll garantiert Glück bringen! Im unscheinbaren Haus Nummer 3399 am Kanal verbrachte der Maler *Tintoretto* die letzten zwanzig Jahre seines Lebens. Und nach geschichtlichen Exkursen ein ganz und gar gegenwärtiger Tip: Am kleinen Kiosk auf dem Campo sind herrlich erfrischende *granite*, kleingehacktes Eis, in allen Geschmacksvariationen erhältlich.

Rechts Fondamenta della Sensa, links Brücke, Calle del Malvasia, rechts Fondamenta degli Ormesini. Hier wohnten Kaufleute, die sich mit dem Handel der kostbaren, hauchdünnen Stoffe aus der türkischen Stadt Ormez eine goldene Nase verdienten.

Links Brücke, Campo del Gheto Nuovo. Melancholische Stille, ein paar alte Bäume, Katzen und Tauben, kleine Handwerksläden, ein Altersheim, ein Museum, zwischen den hohen, armseligen Häusern die schiefe Kuppel einer Synagoge, an der einen Seite eine mit Stacheldraht bekränzte Mauer mit sieben Relieftafeln zum Gedenken an die jüdischen Opfer des Zweiten Weltkrieges. Wir stehen mitten im Zentrum des einst berühmten venezianischen Ghettos, des ältesten Ghettos der Welt.

Schon seit dem 12. Jh. hatten Juden die Erlaubnis, in Venedig bestimmten Geschäften nachzugehen. Siedeln durften sie in der Stadt jedoch nicht, sie mußten immer wieder zurück aufs Lido, auf die Giudecca oder aufs Festland, nach Mestre (siehe Kapitel „Kurioses rund um Rialto"). Erst 1516 wurde ihnen per Dekret ein befristetes Wohnrecht eingeräumt, und zwar im Gebiet des **GHETO NUOVO** am nördlichen Stadtrand. Ursprünglich waren hier Metallgießereien angesiedelt, *geto* oder *gheto* heißt im venezianischen Dialekt Guß. Darauf ist die Bezeichnung Ghetto zurückzuführen, die später für alle jüdischen Quartiere zum Begriff wurde.

Das Gheto Nuovo ist der älteste Teil des venezianischen Ghettos. Hier lebte die deutsche Judengemeinde. Nur wenige Tätigkeiten waren diesen ersten Juden erlaubt: Sie durften als Lumpenhändler, als niedere Handwerker, zum Beispiel als Färber, ihr Leben fristen und wurden zwangsverpflichtet, Pfandleihhäuser zu unterhalten, die *Banchi di Giro*. Vier Pfandleihhäuser befanden sich unter den Hausdurchgängen am Campo, jedes Leihhaus war nach der Farbe der ausgegebenen Pfandzettel benannt. Die Anschrift des *Banco Rosso* kann man heute noch erkennen (auf der linken Seite, von der Brücke aus gesehen). Nach den deutschen Juden flüchteten levantinische und iberische jüdische Gemeinschaften vor der in ihren ursprünglichen Wohngebieten herrschenden Verfolgung nach Venedig. Ihnen wurde 1541 das Gebiet des **GHETO VECCHIO** als Wohngegend zugeteilt. Die levantinischen und iberischen Juden, darunter viele während der Inquisition zwangsgetaufte Juden, Marranen genannt, die hier ihren Väterglauben wieder offen praktizieren durften, kamen als wohlhabende Händler nach Venedig und durften hier auch weiterhin ihren Geschäften nachgehen, gegen entsprechende Abgaben an die Republik. Aber ob arm oder reich, ob Lumpenhändler oder einflußreicher Geschäftsmann, die Juden mußten in Venedig unter sich bleiben. Wenn sie das Ghetto verließen, mußten sie sich durch gelbe, gut sichtbare Kreise an den Gewändern, später durch gelbe und rote Hüte ausweisen. Juden durften keinen intimen Umgang mit Christen pflegen, nicht mal mit Prostituierten.

Die Mißachtung dieses Gesetzes wurde mit schweren Strafen für Christen und Juden geahndet. Getaufte Juden durften unter Androhung schwerer Strafen keinen Fuß mehr ins Ghetto setzen, mußten jeden Kontakt zu ihrer früheren Gemeinschaft, zu Familie und jüdischen Freunden meiden. Eine Tafel beim Sottoportegho zu den Fondamen-

▶
Im ältesten Ghetto der Welt: Eingepfercht zwischen armseligen Häusern die Schola Canton, eine der schönsten noch erhaltenen Synagogen des Mittelalters.

MINISTERO DEI LAVORI PUBBLICI
MAGISTRATO ALLE ACQUE
LEGGE 29-11-1984 N.798 - NUOVI INTERVENTI
PER LA SALVAGUARDIA DI VENEZIA
LAVORI DI RISANAMENTO STATICO
E CONSERVATIVO DELLA SCUOLA CANTON
2ª FASE - OPERE DI COMPLETAMENTO
IMPRESA: SACAIM s.p.a. - VENEZIA
DD. LL. : NUCLEO OPERATIVO di VENEZIA
ARTE E SCIENZA
ESTATE IN PARCO
siete cresciuti con noi
cresci con noi.
APERTO 86
GALILEO CHINI
TREVENLAT

ta della Pescheria hin erinnert an dieses Gesetz. Bei diesem Sottoportegho kann man auch die Stellen noch sehen, wo die schweren Türen in den Angeln hingen, die das Ghetto hermetisch abriegelten. Juden durften sich nur tagsüber in der Stadt bewegen, nachts mußten sie ins Ghetto zurück. Einzig bei den hochangesehenen jüdischen Ärzten wurden Ausnahmen geduldet.

Das Ghetto wurde bei Dämmerung verschlossen, auf den Kanälen, die das Judenviertel wie eine Insel umspülten, patroullierten die ganze Nacht über Wachboote – Aufpasser, die die „Gefangenen“ aus der eigenen Tasche bezahlen mußten.

Die jüdischen Gemeinden wurden bis aufs Äußerste geschröpft. Sie zahlten astronomische Mieten für lausige Unterkünfte – Boden- und Hausbesitz war Juden untersagt. Das Wohnrecht war alle fünf Jahre zu erneuern, und jede Erneuerung mußte mit happigen Zuschüssen an die venezianische Staatskasse erkauft werden. Wenn die Serenissima Geld für einen neuen Kriegszug oder ein ehrgeiziges Handelsunternehmen benötigte, holte sie sich dieses zuerst einmal bei den Juden, in Form von Sondersteuern. Trotz all dieser Diskriminierungen: Für die damalige Zeit galt der Umgang des venezianischen Staats mit seinen jüdischen Bewohnern als äußerst liberal. Die Juden wurden zwar gnadenlos zur Kasse gebeten, sie genossen aber auch den Schutz der Serenissima. Venedig ließ nie Judenverfolgungen aus Glaubensgründen zu, Hetzpredigten wurden vom Dogen verboten. Die Gemeinden durften innerhalb des Ghettos ihre Religion und ihre Tradition pflegen. Hier wirkten berühmte Rabbiner, die das jüdische Geistesleben ganz Europas maßgebend mitprägten. Hier durften hebräische Bücher gedruckt werden; überhaupt machten sich die Juden um die damals berühmte venezianische Buchdruckkunst verdient. Die pragmatischen Stadtväter räumten den Juden auch immer wieder größere Freiräume ein, immer dann, wenn es Venedig zum Vorteil gereichte. So amtierten Juden mit wichtigen Beziehungen zu ausländischen, vor allem orientalischen Mächtigen als Berater adliger Senatoren. Zu gewissen Zeiten durften jüdische Geschäftsleute gar im begehrten Seehandel mit eigenen Schiffen aktiv werden – sonst ein streng gehütetes Privileg venezianischer Adliger. Venedig saugte seine Juden zwar finanziell aus, war sich aber auch stets bewußt, daß das Funktionieren des mächtigen Stadtstaates wesentlich von der Mitwirkung der jüdischen Bewohner abhing. Und als die jüdischen Gemeinden 1735 die unbarmherzigen Steuern nicht mehr zahlen konnten und den Bankrott erklären mußten, reagierte die realistisch denkende Regierung mit einem Achselzucken – aus den Juden war nichts mehr herauszuholen, also ließ man sie fortan in Ruhe.

Die Glanzzeiten Venedigs waren vorbei, die einst mächtige Republik dämmerte ihrem Ende entgegen. Das venezianische Ghetto blieb jedoch bis 1797 bestehen, als Napoleon die Ghetto-Tore herausriß und verbrannte und den venezianischen Juden die vollen Bürgerrechte zusprach.

Gheto Vecchio, Brücke, Campo delle

Scuole. Bei einem Gang durchs Ghetto fällt eines auf: Die Häuser sind ungewöhnlich hoch, für venezianische Verhältnisse wahre Wolkenkratzer, unterteilt in äußerst niedrige Wohnungsetagen mit kleinen Fenstern. Die Juden waren gezwungen, eng zusammengepfercht in winzigen, zum Teil fensterlosen Wohnungen zu leben, für die fürstliche Zinsen verlangt wurden. Das ihnen zugewiesene Wohngebiet war klar abgegrenzt, die liberale Politik Venedigs ließ jedoch das Ghetto für jüdische Flüchtlinge aus ganz Europa zum Wunschziel werden. 1552 zählte das Ghetto 900 Einwohner, im Jahre 1611 lebten schon 5500 Menschen auf demselben Raum. 1633 wurde den Juden als letzte Konzession das **GHETO NOVISSIMO** als erlaubtes Wohngebiet zugesprochen, wo sich vor allem reiche iberische und levantinische Neuankömmlinge niederließen. Aber auch diese Erweiterung linderte die prekären Platzverhältnisse kaum: Im Ghetto lebten auch wohlhabende Händler oft mit der ganzen Familie in einen einzigen Raum gezwängt, mußten Küche und Aufenthaltsräume mit anderen teilen. Gehen Sie in eines der düsteren Häuser hinein: Die steilen, engen Treppenhäuser, der Blick auf dunkle, handtuchgroße Innenhöfe vermitteln einen nachhaltigen Eindruck der bedrückenden Lebensbedingungen.

Im beschränkten Raum des Ghettos lebten verschiedene ethnische Gruppen zusammen. Die finanziellen Probleme, die ihnen der venezianische Staat aufbürdete, mußten sie zusammen lösen. Ansonsten jedoch pflegte jede Gemeinschaft eigene Traditionen und baute auch eigene Gebetshäuser. Noch fünf der schönsten Synagogen des Mittelalters sind erhalten: Die **SCHOLA GRANDE TEDESCA** und die **SCHOLA CANTON** nach dem aschkenasischen Ritus, die **SCHOLA ITALIANA** nach dem italienischen, die **SCHOLA LEVANTINA** und die **SCHOLA SPAGNOLA** nach dem sefardischen Ritus. Gewisse Synagogen können besichtigt werden, die Führungen werden im **MUSEO EBRAICO** am Campo del Gheto Nuovo organisiert (siehe Kapitel „Museen“).

Sottoportegho del Gheto Vecchio, links Fondamenta Pescaria, Ponte delle Guglie. Die stets bevölkerte Brücke über den Canale di Cannaregio hat ihren Namen von den Obelisken, die ihre Brüstung zieren. Von der Brücke aus führt die **LISTA DI SPAGNA** auf schnellstem Weg zum Bahnhof. Der imposante Palast auf der anderen Brückenseite, gegen den Canal Grande hin, heißt **PALAZZO LABIA**. Heute lassen sich Fernsehjournalisten der RAI von den bemalten Hallen inspirieren. Früher lebte hier ein neureicher venezianischer Prasser. Ihm wird folgende Geschichte zugeschrieben: Nach üppigen Festmahlen, die auf massivgoldenem Geschirr aufgetragen wurden, ließ der Angeber stets die gesamten Gedecke in den Kanal werfen mit den Worten: *„L'abia o non l'abia, Labia sempre resterò“* (ob ich's habe oder nicht habe, stets werde ich ein Labia bleiben). Und die typisch venezianische Moral von der Geschichte: Im Kanal waren Netze gespannt, die kostbaren Geschmeide wurden regelmäßig wieder eingezogen...

Links Rio Terrà San Leonardo, Campiello dell'Anconetta, Calle Anconetta, Rio Terrà della Maddalena, rechts Campo della Maddalena. Ein stiller kleiner Campo, der alles zu bieten hat, was man vom Bilderbuch-Venedig erwartet: Kirche und Brunnenrondell, Tauben und Katzen und unzählige Kamine, die mühelos über den Wald von Fernsehantennen triumphieren.

Rechts Brücke, Via Vittorio Emmanuele, Strada Nova, Brücke, Campo San Felice. Wir sind zurück auf der belebten Strada Nova, ein paar Schritte und wir erreichen die Vaporetto-Station an der Cà d'Oro.

DAS UNGESCHMINKTE VENEDIG

Ausgangspunkt: Station Zattere, Vaporetto 5 und 8.

Ein Spaziergang hinter die märchenhafte Theaterkulisse der Stadt, durch das Venedig der „kleinen Leute", hinein in eine andere, meist totgeschwiegene venezianische Wirklichkeit, wo weder malerische Winkel noch geschichtliche Anekdoten die aktuelle Trostlosigkeit verharmlosen. Ausgangspunkt sind die **ZATTERE**, die heitere Sonnenpromenade Venedigs, wo Touristen und Einheimische in fröhlicher Eintracht an der Sonne sitzen, den herrlichen Ausblick auf die gegenüberliegende Insel Giudecca genießen und schon zum Frühstück Eis schlecken (Nico soll das beste haben! Siehe Kapitel „Gelaterie"). Mit oder ohne Eis – dies ist der schönste Platz der Stadt, um bei Kaffee, ausgedehnter Zeitungslektüre und zufälligen Sozialstudien einen venezianischen Tag zu beginnen. Wir schlendern über die Brücke, über den **PONTE LUNGO**, die Zattere entlang weiter, Richtung Hafen. Auch hier, abseits der lebhaften Restaurants, spielen sich jahrein, jahraus heitere Szenen aus dem venezianischen Alltag ab: Pensionäre treffen sich zum täglichen Stelldichein, da und dort döst ein Clochard auf einer Uferbank, junge Mütter versuchen ihre ausgelassenen Sprößlinge im Zaum zu halten, und erregte Damen sorgen sich ums Wohl ihrer herausgeputzten Schoßhündchen. Als Kulisse im Hintergrund, etwas irreal anmutend, ein schnittiges Traumschiff: Hier liegen die Kreuzfahrtenschiffe vor Anker.

Rechts Calle Trevisan, Brücke, Fondamenta Ognissanti, Brücke. Wir verlassen die heitere Weite der Zattere, bummeln weiter durch idyllische Brücken- und Kanalszenerien. Gleich vor uns eine Gondelwerft, ein *squero*. Hier, im *Cantiere Tramontin*, werden laut Ansicht der Gondolieri die schönsten, elegantesten Gondeln nach allen traditionellen Regeln der Kunst hergestellt.

Calle Chiesa, rechts Fondamenta San Basilio, links Brücke, rechts Fondamenta Convento, Campo San Sebastiano. Sollte die Kirche mal ausnahmsweise offen sein, unbedingt hineinschauen: Sie wurde ausschließlich vom Maler *Veronese* gestaltet – ein lebensfrohes Gotteshaus in luftigen blauweißen Tönen.

Campazzo San Sebastiano, Campo Angelo Raffaele. Ein stiller, sonnendurchfluteter Platz, wie vergessen am

Rande der Stadt. Einzig die *Trattoria all'Angelo Raffaele* (siehe Kapitel „Essen und Trinken“) bringt etwas Leben in diesen Winkel.

Rechts Calle della Chiesa, Brücke, links Fondamenta Barbarigo, Fondamenta Riello, Fondamenta Lizza Fusina. Je weiter der Weg führt, desto mehr fällt die Idylle in sich zusammen – hier sind wir schon mitten im Arme-Leute-Quartier rund um **SANTA MARTA**. Die abblätternden Fassaden und verbarrikadierten Fenster, die düsteren Eingänge und die wenigen armseligen Geschäfte und Kneipen haben nichts Malerisches mehr an sich. Auf der anderen Seite des Kanals bieten Hafengebäude und schon einige Autos ein häßliches Bild. Hier beginnt die Kehrseite der venezianischen Wirklichkeit. Traurigkeit und Verwahrlosung prägen das Bild. Zahlreiche Häuser stehen zum Verkauf, zum Teil zu Spottpreisen, aber niemand will sie: In diesem Winkel der Stadt fehlt das Theatralische, die marode Inszenierung von heiler Welt, auf der die weltweit grassierende Venedigsehnsucht gründet.

Campiello Oratorio. Auf diesem kleinen Hof hinter der Kirche eine der venezianischen Skurrilitäten: In einem verwilderten Garten kreischen und turnen Affen und Vögel um die Wette. Die Venezianer nennen es das „Affenhaus“ – in einem halbzerfallenen, verlassenen Haus hat sich ein alter, einsamer und von der Menschheit enttäuschter Mann sein persönliches Paradies eingerichtet. Hier lebt er mit unzähligen Affen, Katzen und Vögeln und arbeitet nur noch, um seine Tiere ernähren zu können.

Campo San Nicolò. Die alte, stimmungsvolle Kirche **SAN NICOLO' DEI MENDICOLI** steht meistens offen: In diesem vergessenen Winkel der Stadt bringt das Gebet noch Trost. „Und nützt's nichts, so ist das immer noch besser, als die Stadtverwaltung um Unterstützung zu bitten“, sagte mir eine alte Frau mit klugen Augen voll bitterer Ironie. „Beim Beten kann ich immerhin noch hoffen, und ein göttliches Wunder ist weit wahrscheinlicher als weltliche Hilfe.“ Und wie um ihre Aussage zu bestätigen, zeigte sie auf die andere Seite des Kanals. Da bietet eine Industrieruine ein trostloses Bild: das *Cotonifico Veneziano*. Die Textilfabrik war um die Jahrhundertwende einer der wichtigsten Arbeitgeber der Stadt, 1890 arbeiteten hier an die tausend Leute. In den sechziger Jahren wurde die Produktion eingestellt, die Arbeitslosigkeit im Quartier verschärft.

Links Brücke, rechts Fondamenta delle Terese, links Calle del Cristo, links Rio Terrà dei Secchi, Fondamenta Santa Marta. Eine, man möchte sagen, gespenstige Atmosphäre umgibt uns hier, mitten im Quartier Santa Marta. Die Arbeiter-Wohnsiedlung, eingepfercht zwischen *Statione Marittima, Cotonificio Veneziano* und Gleisanlagen, wurde in den dreißiger Jahren gebaut und damals stolz Quartiere Benito Mussolini getauft. Heute sind alle, die es sich irgendwie leisten konnten, ausgezogen. Geblieben sind die Ärmsten, jene, die durch alle Maschen des sozialen Netzes gefallen sind: Arbeitslose und Alte, Drogenabhängige und Alkoholiker. Sie haben sich in abbruchreifen Häusern und verwaisten Ladengeschäften eingenistet, selbst der alte Schlachthof wurde in eine „Wohnung“ umfunktioniert. Die Venezianer nennen diese Ecke der Stadt „Piccolo Bronx“. Ein Vergleich, der nur zum Teil stimmt: In Santa Marta herrschen Armut, Verwahrlosung, Verzweiflung, Resignation, jedoch kaum Aggressivität.

Fondamenta Santa Marta, Rio Terrà dei Secchi, Brücke, links Fondamenta dell'Arzere, rechts Calle della Madonna, Brücke, links Fondamenta della Madonna, rechts Fondamenta delle Procuratie. Auf der linken Seite die hohen, stacheldrahtbewehrten Mauern der *Prigioni*, des Gefängnisses von Venedig. Von den Türmen blicken bewaffnete Wächter in die Wohnungen eines neurenovierten, ziemlich luxuriös ausgebauten Gebäudekomplexes. Hier wird Venedig wieder salonfähig, die vielgepriesene Idylle hat uns wieder.

Rechts Fondamenta San Marco, rechts Fondamenta dei Cereri, links Brücke, Fondamenta Rossa, links Fondamenta Foscarin, Brücke, Campo dei Carmini. Kirche und Bruderschaftshaus des Karmeliterordens – ziemlich düster und geheimnisvoll die Stimmung, aber für Kunstfreunde sehenswerte Gemälde, vor allem von *Gianbattista Tiepolo.*

Calle della Scuola, links Campo Santa Margherita. Nun sind wir zurück im heitersten venezianischen Alltag: Auf dem langgezogenen **CAMPO SANTA MARGHERITA** herrscht immer reger Betrieb – bunte Geschäfte, am Morgen ein kleiner Gemüse- und Fischmarkt, vielbesuchte Kneipen, Straßencafés und Restaurants, in der Mitte ein Pavillon mit Kinderkarussells und Flipperkästen – Attraktionen für Groß und Klein, für Anwohner und Touristen machen diesen Platz zu einem beliebten Treffpunkt in der Stadt. Wer noch wanderfreudig ist, kann von hier aus gleich unseren nächsten Streifzug „Von Campo zu Campo“ (siehe folgendes Kapitel) einbauen und dann vom Campo San Barnaba aus an die Zattere zurückflanieren.

Rechts Rio Terrà Canal, Ponte dei Pugni. Die Brücke verdankt ihren Namen den heftigen Faustkämpfen (*pugno* = Faust), die hier während Jahrhunderten ausgefochten wurden. Auf beiden Seiten der Brücke sind noch Fußabdrücke sichtbar, die Ausgangsstellung für den Kampfbeginn. Bei den häufigen Faustkämpfen standen *Castellani*, Bewohner des östlichen Zipfels der Stadt rund ums Quartier Castello, und *Nicolotti*“ – sie hatten ihren Namen von der Kirche San Nicolò dei Mendicoli – einander gegenüber. Die Kämpfe waren nicht etwa spielerischer Natur, sondern blutiger Ernst: Wer von der damals noch geländerlosen Brücke in den Kanal stürzte, konnte von Glück reden – meist wurden nach einem Zusammenstoß Verletzte und auch Tote beklagt. Der eh schon tiefsitzende Haß der beiden Stadtfraktionen aufeinander wurde von der venezianischen Obrigkeit noch geschürt – sie sah darin ein gutes Mittel, möglichen Rebellionen vorzubeugen: Sollte der eine Stadtteil den Aufstand planen, war der andere sofort bereit, der Regierung mit voller Kraft zu Hilfe zu eilen.

▶
Auf Dorsoduro liegen Tradition und Moderne einzig ein paar Schritte entfernt: Die Anlegestelle der Kreuzfahrtenschiffe (o) und die älteste Gondelwerft, der Squero di San Trovaso (u).

77

Links Campo San Barnaba, Durchgang, Calle del Casin, Brücke, Calle della Toletta, Ponte delle Meravegie, rechts Fondamenta Priuli, Fondamenta delle Meravegie, Fondamenta Nani. Von dort, wo unweigerlich ein Amateurfotograf mit Stativ, Teleobjektiv oder surrender Videokamera postiert ist, genießt man wohl den schönsten Blick auf die älteste Gondelwerft der Stadt – den *Squero di San Trovaso*. Das Haus im Chaletstil ist nicht etwa ein neumodischer Gag, sondern wurde vor ein paar hundert Jahren von Einwanderern aus Treviso gebaut. Aus der Gegend von Treviso kommt das gute Holz für die Gondeln, und von daher stammten ursprünglich auch die besten Gondelbauer. Heute wird der Squero von einer Gondolieri-Kooperative betrieben, hier werden die Gondeln instand gehalten, überholt und von den gefräßigen Algen, die sich am Boden festsetzen, befreit. Neue Gondeln laufen kaum mehr vom Stapel, es finden sich keine Jungen mehr, die das aufwendige Handwerk lernen mögen. Aber das sind Details, die Politiker und Touristen wenig kümmern – Hauptsache, die malerische Ansicht bleibt erhalten. Schließlich ist die Werft zu einem der meistgeknipsten Sujets der Stadt avanciert und prangt in jedem Werbeprospekt. Und solange die Fassade stimmt, kann die venezianische Show auch weitergehen. Die Plastikgondel ist erfunden. Disneyland rückt näher. Solche und ähnliche Gedanken verfolgen oder verscheuchen wir, am besten in der noch einigermaßen „echten" Umgebung an den Zattere.

VON CAMPO ZU CAMPO

Ausgangspunkt: Station Cà Rezzonico, Vaporetto 1.

Wer mag, beginnt den Streifzug mit einem Museumsbesuch: Das Vaporetto legt direkt an der imposanten **CA' REZZONICO** an. Hier läßt sich im **MUSEO DEL SETTECENTO VENEZIANO** (siehe Kapitel „Museen") so richtig schön in Palazzogefühlen schwelgen: zwischen Stilmöbeln und berühmten Fresken schlendern, durch den traumhaften Ballsaal tänzeln oder einfach die Sicht auf den Canal Grande genießen. Gleich bei der Anlegestelle liegt ein sehenswertes Geschäft: Hier werden gediegene Antiquitäten und vor allem wunderschöne schillernd-fließende *Fortuny-Stoffe* feilgeboten.

Calle del Traghetto, Campo San Barnaba. Der erste *Campo* am Weg – klein, idyllisch: Kirche, Kneipen, ein Kiosk und am Kanalufer zwei stets von Hausfrauen belagerte Marktschiffe mit verlockenden Früchten und Gemüsen. *Und ein Tip für Frühaufsteher:* In der gutbesuchten Bar gleich links am Platz kriegt man schon morgens um fünf den ersten Kaffee.

Links Fondamenta Gerardi, rechts Ponte dei Pugni, Rio Terrà Canal. Nach dem geschichtsträchtigen *Ponte dei Pugni*, der Faustbrücke (siehe vorheriges Kapitel), lohnt der Maskenladen zur linken einen Blick: bei *Mondo Novo* werden die schönsten und witzigsten Carnevalsmasken der Stadt hergestellt – wahre Kunstwerke nach traditioneller Manier (siehe Kapitel „Karneval hinter den Masken"). **CAMPO SANTA MARGHERITA**: einer der Bilderbuch-

Plätze Venedigs, wo Sitzen und Schauen nie langweilig werden. Auf dem Campo, beim kleinen Fischmarkt, fällt ein isoliert stehendes Gebäude auf. In diesem Haus, wo heute die *Democrazia Cristiana* ihren Parteisitz hat, sollen früher die Henker der Republik gewohnt haben – eine Geschichte, die die Venezianer mit unverhohlener Freude immer wieder den Touristen aufzubinden versuchen. *Se non è vera, è ben trovata,* kann man dazu nur sagen. Und tatsächlich ist die Mär gut erfunden: In Wahrheit traf sich in diesem Haus die Zunft der Ledergerber.

Rechts Calle della Chiesa, Brücke, rechts Campo San Pantalon. Auf der einen Seite die düster wirkende Fassade der Kirche **SAN PANTALON** und als Kontrast dazu rechts am Wasser ein zierlicher gotischer Palazzo – so möchte man in Venedig wohnen!

Calle San Pantalon, rechts Crosera, links Calle Scaleter, Brücke, Campiello San Rocco, Sottoportegho di San Rocco, links Campo San Rocco. Hier zieht der berühmte Gemäldezyklus von *Jacopo Tintoretto* in der *Scuola di San Rocco* Besuchermassen an: ein überwältigender, fast erschlagender Anblick feuriger Farben und frommer Figuren. Dazu eine Geschichte zum Beweis, wie in Venedig auch begnadete Künstler gute Verkäufer sein konnten: Für die Ausschmückung der Scuola wurden alle Künstler der Stadt zu einem Wettbewerb geladen. Tintoretto stand am Anfang seiner Laufbahn, er wußte, daß Anfänger im erfolgsgläubigen Venedig wenig Chancen hatten. So versuchte er mit einem Trick, sein Werk ins beste Licht zu rücken: Er schlich sich am entscheidenden Tag in die Scuola, wo er eine Leinwand mit seinem Entwurf gleich an der Decke befestigte. Die Überraschung gelang, die Juroren waren von den glühenden Farben und Figuren Tintorettos und als echte Venezianer auch von seiner Schlitzohrigkeit beeindruckt. Der noch junge Tintoretto sicherte sich so einen rund 38 Jahre dauernden Auftrag und die lebenslange Mißgunst seiner übertölpelten Künstlerkollegen. Hinter der Scuola an einem stillen Kanal eine andere, kleine Sehenswürdigkeit: die **CASA DELLE GIRANDOLE**, das Windrädchenhaus. Hier drehen sich unzählige, liebevoll gebastelte, bunt bemalte Figuren im Wind und sorgen für Farbe und Fröhlichkeit zwischen den abblätternden Mauern.

Rechts Salizzada San Rocco, links Campo dei Frari. Wuchtig, düster, fast bedrohlich wächst die **FRARI-KIRCHE** (siehe „Kirchen") in die Höhe und stellt alle umliegenden Gebäude und Plätze in den Schatten. In keiner anderen Kirche Venedigs ist das Machtstreben der Orden so spürbar und unverblümt wie hier.

Brücke, links Fondamenta dei Frari, Brücke, Calle della Chiesa, Campo San Stin. Wieder abseits der Touristenwege ein ruhiger Campo mit Palazzi, sonnigen *Altane*, Dachterrassen und dem unfehlbaren Brunnen in der Mitte, wo sich der etwas verschlafen wirkende venezianische Alltag abspielt.

Links Calle Tabacco, rechts Calle dell'Olio. Zur linken der Eingang zur **SCUOLA SAN GIOVANNI EVANGELISTA**, wo oft interessante Ausstellungen und Konzerte stattfinden. Etwas weiter auf der rechten Seite ein skurriler kleiner Laden: „Mobili riciclati“ wirbt ein Schild im Schaufenster. Der Möbelrestaurateur hier hat sich auf das Basteln witziger Figuren aus alten Möbelteilen spezialisiert. Lustig das Klaviermännchen! Und am Ende der Straße, direkt am Kanal, das sympathische Restaurant *Cafè Orientale* mit romantischen Tischchen im Freien, direkt am Wasser (siehe Kapitel „Essen und Trinken“).

Links Fondamenta Late, Brücke. Etwas weiter die Fondamenta entlang die *Osteria ai Postali* – herrlich für eine Pause bei guter Musik in lockerer Atmosphäre.

Rechts Brücke, Campiello del Cristo, links Calle del Cristo, links Campiello delle Strope, Campo dei Tedeschi, Campo Nazzaro Sauro, rechts Ruga Bella, Brücke, Campo San Giacomo dell'Orio. Mein Lieblings-Campo. Zugegeben, in Venedig sind alle, oder die allermeisten Campi wunderschön, auf allen lädt weitgehend unverfälschte venezianische Stimmung zum Verweilen ein – aber der **CAMPO SAN GIACOMO DELL'ORIO** hat von alledem ein bißchen mehr, in meinen Augen wenigstens. Zwischen alten, hohen Bäumen und verwitterten Bänken tummeln sich lärmende Kinderbanden, üben sich Jugendliche im ersten Flirt, diskutieren und tratschen die Älteren, Kanarienvögel zwitschern vor den Fenstern, Katzen räkeln sich in der Sonne und lassen sich von den umhertollenden Hunden nicht stören. Die stimmungsvolle Kirche, bescheidene Palazzi und Wohnhäuser und kleine Restaurants, wo man hervorragende venezianische Spezialitäten schmaust, bilden die Kulisse. Venedig im Postkartenformat – auch dies stimmt, aber hier ist die Idylle mehr als bloßer Schein, an diesem Campo und in den umliegenden Gassen prägen die VenezianerInnen den Alltag.

Rechts Calle del Tintor, links Fondamenta Parucchetta, Brücke, Campo San Boldo. Ein weiterer stiller Winkel für Romantiker: eine Komposition mit schiefer Brücke, am Kanal vertäuten bunten Booten, Palazzo und Brunnenrondell – bei Mondschein der garantiert schönste Platz der Stadt für Liebeserklärungen.

Rechts Calle San Boldo, rechts Calle del Calice, links Ramo Rio Terrà Secondo, Calle del Scaleter, Brücke, Calle Bernardo, Rio Terrà San Antonio, Campo San Polo. Durch enge Gassen, wo Läden, Handwerksbuden und freundliche Beizen für Leben sorgen, erreichen wir den bekannten und beliebten **CAMPO SAN POLO**, auf den alle bisher gesungenen Elogien auf die venezianischen Campi ebenfalls zutreffen. Vor dieser Kulisse spielt sich jeden Sommer ein Open-Air-Kinospektakel ab, ein Erlebnis, das man sich nicht entgehen lassen sollte.

Salizzada San Polo, Calle Saoneri, links Rio Terrà dei Nomboli. Am Ende der Gasse, im gotischen Palast gleich vor der Brücke wurde der venezianische Komödiendichter *Carlo Goldoni* geboren. Das Haus steht heute als Museum offen (siehe „Museen“).

Brücke, rechts Fondamenta San Tomà, links Campiello San Tomà, rechts Campo San Tomà, rechts Ramo

Mandoler. Mandoler, das heißt soviel wie Mandelverkäufer. Wir treffen in der Stadt öfters auf diese Bezeichnung. Mandeln spielten auf der venezianischen Speisekarte eine wichtige Rolle – für zuckertriefendes Mandelgebäck nach türkischem Vorbild hatten (und haben zum Teil heute noch) die Venezianer eine Schwäche.

Links Calle del Cristo, rechts Fondamenta Donna Onesta, links Brücke, Calle Donna Onesta. Hier soll im sonst so leichtlebigen Venedig eine besonders ehrbare Frau gelebt und allen Versuchungen getrotzt haben. Eine andere Legende erzählt, daß hier zwei Männer entlangspazierten und sich über die zweifelhafte Ehre der lebenslustigen venezianischen Frauen beklagten. „Die einzige wirklich anständige Frau in dieser Stadt ist jene dort“, einigten sie sich und meinten damit den in Stein gehauenen Frauenkopf am Palazzo bei der Brücke. Jedenfalls: Die *Trattoria alla Donna Onesta* ist eine (lukullische) Sünde wert (siehe Kapitel „Essen und Trinken“).

Calle Larga Foscari, Brücke, Calle Foscari, Campiello Squellini, Calle Cappeller, Calle del Malvasia, links Calle Botteghe, Brücke, Campo San Barnaba. Und damit wären wir zurück am Ausgangspunkt unseres Spazierganges von Campo zu Campo. Wer mag, schlendert weiter zu den sonnigen Zattere, folgt dem Streifzug durch das „ungeschminkte“ Venedig (siehe vorheriges Kapitel). Die anderen biegen links in die Calle del Traghetto ein und genießen die Bootsfahrt auf dem Canal Grande.

Essen und Trinken

Für die Venezianer beginnt der Tag mit einem Kaffee oder Cappuccino. (Wer sich nicht gleich als Tourist entlarven möchte, merke sich: Die Italiener trinken den schaumigen Cappuccino nur am Morgen!) Frühstück ist in Venedig, wie in ganz Italien, ein Fremdwort, da liegt höchstens eine frische *brioche*, eine süße Semmel, drin. Dafür trifft man sich gegen 11 Uhr in der Bar oder Osteria um die Ecke zu einem Aperitif und beruhigt den knurrenden Magen mit ein paar appetitlichen Häppchen, *cicheti* genannt (siehe auch Kapitel „Treffpunkte“). Diese Gaumenkitzler oder die sich auf jeder Bartheke türmenden *tramezzini*, Weißbrot-Sandwiches mit phantasievollen Füllungen, können durchaus ein Mittagessen ersetzen – *eine preisgünstige und zugleich leckere Variante!*

Venezianer setzen sich frühestens um ein Uhr an den Mittagstisch, gemütlich und genüßlich. Bis drei oder vier Uhr ist in der Stadt eh nichts los: Siesta-Time. Die Geschäfte sind geschlossen, Kirchen und Galerien ebenfalls, einzig einige Museen erbarmen sich der ziellos umherirrenden Touristen.

Am Abend ißt man in Venedig – entgegen mediterranen Gepflogenheiten – recht früh, um 8 oder 8.30 Uhr. Gegen 10 Uhr leeren sich die Restaurants, die Küchen schließen, in der Stadt wird's gespenstisch still, vor allem im Winter.

VenezianerInnen bestellen ihren Tisch immer vor, auch in den kleinen, einfachen Restaurants. Das hat seinen

Kilo
4000
EXTRA
Kilo
3000

guten Grund: So wird gleichzeitig geprüft, ob das Lokal auch offen ist. Die Wirtesonntage liegen nämlich ganz im persönlichen Ermessen der Wirte und wechseln demnach ständig. Meist wird der Feiertag handschriftlich auf einer Tafel an der Eingangstür hingekritzelt. Und auch bei jenen, die ihren Wirtesonntag sauber gedruckt auf Werbebotschaften und Visitenkarten publizieren, ist Vorsicht geboten. Fehler sind an der Tagesordnung: Ein Neudruck käme zu teuer, Italiener und Italienkundige wissen ja sowieso, wieviel das gedruckte Wort gilt... Deshalb: *Telefonieren oder vorher vorbeigehen lohnt sich.* Wer Sprachschwierigkeiten am Telefon scheut: An der Reception im Hotel hilft man gerne weiter.

Besonders in der Nebensaison und im Winter ist ein Kontrollanruf unerläßlich. Sehr oft steht man sonst vor verschlossener Tür und dem Schild „Wegen Renovation geschlossen“. Eine elegante Ausrede: Renoviert wird nämlich in den wenigsten Fällen etwas, aber die Wirtsleute ziehen es vor, ihre Freizeit zu genießen, statt für spärliche Gäste in der Küche zu hantieren.

Bei kleineren Restaurants und Osterien deutet oft lediglich ein Brauerei- oder Telefonschild darauf hin, daß es sich um ein öffentliches Lokal handelt. Der Name ist von außen nirgends zu erkennen. *Grund:* Eines der vielen, in den letzten Jahren erlassenen Gesetze normiert die Anschriften für jedes öffentliche Lokal. Und für das Recht, per Schild auf das Lokal aufmerksam zu machen, müssen Steuern bezahlt werden. Viele Geschäftsinhaber lösten das Problem auf die kostengünstigste Art: Sie entfernten die schönen alten Schilder, ohne sie zu ersetzen. Venezianer wissen ohnehin, wie welches Lokal heißt. Und den Fremden will man den Weg, scheint's, nicht allzu leicht machen.

Eine generelle Regel, die besonders in kleinen Restaurants gilt: *Das Beste ist nicht auf der Speisekarte zu finden.* Da läßt man sich von der Auslage, meist in der Nähe des Eingangs, inspirieren, wo eine Auswahl an verschiedenen *antipasti*, sprich Vorspeisen, und das Angebot an täglich frischen Produkten locken. Noch besser: Man fragt die Bedienung oder den Wirt nach der Spezialität des Tages. In Venedig ist die *cuisine du marché* keine Neuentdeckung, sondern alltägliche Tradition. Das Angebot beim Fischhändler am Rialtomarkt bestimmt den Menüplan.

Fremdländische Küche sucht man in Venedig vergebens. Als Exote behauptet sich ein sympathisches chinesisches Restaurant an der Strada Nuova im Quartier Cannaregio. Ansonsten werben eine ganze Anzahl Touristentreffpunkte mit „internationaler Küche“, was – von wenigen Ausnahmen abgesehen – soviel bedeutet wie langweiliges bis schlechtes Essen zu erstklassigen Preisen.

Sehr viele Restaurants – auch kleine mit unverfälschter Küche – versuchen mit einem preiswerten *menu turistico* die Gunst der Touristen zu gewinnen. Für rund 7000–25 000 Lit., je nach Lage und Stil des Lokals, werden dabei ein erster Gang, meist Reis oder Teigwaren, ein Hauptgang mit Fisch oder Fleisch und Beilagen sowie eine Süßspei-

◀ *Lebensnerv Rialto–Markt: Hierher werden alle Frischprodukte zur Versorgung Venedigs geschifft. Besonders beliebt in der venezianischen Küche sind die knackigen Gemüse von den Lagunen–Inseln.*

se geboten. Eine durchaus attraktive Variante, wenn man sparen will oder muß: Die Produkte sind frisch, die Portionen kleiner und eher auf mitteleuropäischen Appetit zugeschnitten. Nur: Dabei verpaßt man meist die wirklichen Spezialitäten – ein Jammer!

SPEZIALITÄTEN

Hier in Stichworten einige typisch venezianische Gerichte, die auf den Speisekarten der Restaurants der Stadt immer wieder auftauchen.

■ **BACALA':** Stockfisch hat in der venezianischen Küche Tradition. Er wird gebraten, gekocht oder in einem Ragout zubereitet serviert. Ausgesprochene Spezialität der Stadt ist *bacalà mantecato*: ein schmackhaft zubereitetes Stockfisch-Püree.

■ **BAICOLI:** Eine Art süßer, hauchdünner Zwieback, der mit Vorliebe zu Weißwein gereicht wird.

■ **BIGOLI:** Eine Spaghettivariante aus dunklem Mehl. Am traditionellsten sind *bigoli in salsa*, mit einer würzigen Sardellen-Sauce zubereitet.

■ **BISATO:** So wird der Aal, italienisch *anguilla*, im venezianischen Dialekt genannt. Die venezianische Küche kennt unzählige Zubereitungsarten für diesen Fisch, der traditionsgemäß an der *Vigilia di Natale*, am 24. Dezember, besonders gewürdigt wird: Da kommt in den venezianischen Familien ein mehrgängiges Menü – vom Antipasto über den Risotto bis zu verschiedenen Hauptgerichten ausschließlich Aal – auf den Tisch.

■ **FRITOLE:** Ausgebackene goldgelbe Krapfen in verschiedensten Variationen, mal gefüllt, mal mit, mal ohne Hefe, aber immer herrlich frisch und knusprig.

■ **GRANCEOLA:** Meerspinne wird in Venedig meist gekocht, einzig mit Pfeffer, Öl und Zitrone gewürzt und in der eigenen Schale dekorativ serviert.

■ **LUGANEGHE:** Kleine, salamiähnliche, würzige Würste, die gebraten, gekocht oder in einer Sauce gegart zu *polenta* gereicht werden.

■ **MINESTRA SBIRAGLIA:** Manchmal auch als *brodo alla sbira* auf der Speisekarte, eine schmackhafte Suppe aus kleingehackter Geflügelleber und -innereien.

■ **PASTA E FASOI:** Eine Kalorienbombe aus dicken Bohnen und Nudeln, mit Gemüsen, Speckschwarte und mit Olivenöl gewürzt.

■ **POLENTA:** Die Zubereitung des goldgelben, feinen Maisbreis wird in Venedig – und im ganzen Veneto – als wahre Wissenschaft gepflegt. *Polenta* als Beilage (zum Beispiel zum berühmten *fegato alla veneziana*, Kalbsleber mit Zwiebeln, ein absolutes Muß) fehlt auf keiner venezianischen Speisekarte. Kein Wunder, werden die Venezianer in der italienischen Umgangssprache mit dem Spitznamen *polentoi* gehänselt.

■ **RADICCHIO TREVIGIANO:** Ein rotblättriger, leicht bitterer Salat, der – wie es der Name besagt – aus der Gegend von Treviso stammt. Er wird einzig mit Olivenöl, Salz und Pfeffer gewürzt und auf dem Grill oder in der Pfanne geröstet. Schmeckt himmlisch!

■ **RISI E BISI:** Das wohl berühmteste

venezianische Reisgericht mit knackig-frischen Erbsen; ein Risotto, der schon dem Dogen alljährlich am Markustag aufgetragen wurde.

■ **RISOTTO NERO:** Die Färbung verdankt dieser ebenso typische wie originelle Risotto den Tintenfischen, die samt ihrer Tinte zu seiner Zubereitung verwendet werden. Ein Versuch lohnt sich!

■ **SEPPIE AL NERO:** Zarte Tintenfischchen, in der eigenen Tinte schmackhaft gegart. Das Gericht schmeckt so herrlich, wie es scheußlich aussieht. Und dazu darf selbstverständlich *polenta* nicht fehlen.

TYPISCH UND PREISWERT

In dieser Rubrik sind jene Adressen zusammengefaßt, wo man in ungezwungener Atmosphäre typisch venezianisch und relativ preisgünstig ißt.

Ein Essen – Vorspeise, Hauptspeise, Hauswein, Dessert und Kaffee inbegriffen – kostet zwischen 15 000 und 40 000 Lit.

Essen muß in Venedig – entgegen allen Hiobsbotschaften – nicht teuer sein. Sicher, die meisten der „In-Restaurants“ warten mit astronomischen Preisen auf. Es ist jedoch ohne weiteres möglich, zu erstaunlich günstigen Preisen in gemütlicher Atmosphäre gut bis hervorragend zu speisen.

Auch hier ist die beste Gewähr für die Qualität eines Lokals: *Wo die Einheimischen schmausen, da laß dich ruhig nieder!*

Die folgenden Restaurant-Anschriften sind nach Quartieren gegliedert, in der Reihenfolge: Castello, San Marco, Dorsoduro, San Polo, Santa Croce, Cannaregio und Giudecca.

Castello:

■ **AL MASCARON,** Castello 5225, Calle Longa S. Maria Formosa. Tel. 25 995. Vaporetto 1, 2, 4, 5 und 8, Station S. Zaccaria.

Eine Osteria wie aus dem Bilderbuch. An den einfachen Holztischen lassen es sich Arbeiter, Künstler, Intellektuelle, junge und alte Quartierbewohner wohl sein. *Cicheti à discrétion* – Fleischbällchen, Sardinen, Sardellen, kleine Zwiebeln, grillierte Gemüse, alles phantasievoll kombiniert –, herrlich frische Fischküche und rund 29 typische Weine der Gegend zur Auswahl. Günstig!

■ **ALLA NUOVA SPERANZA,** Castello 145, Campo Ruga. Tel. 52 89 524. Vaporetto 1, Station Giardini.

Am äußersten Zipfel des Quartiers Castello, fast beim Campo S. Pietro. Aber der Weg lohnt sich: Im unscheinbaren Lokal wird familiäre Küche zu günstigen Preisen gepflegt. Unvergeßlich: Mammas WILDSPEZIALITÄTEN!

■ **AL MARCA',** Castello 1252/A, Via Garibaldi. Tel. 52 31 179. Vaporetto 1, Station Giardinetti oder Arsenale, Vaporetto 5, Station Arsenale.

Eines meiner Lieblingslokale: Gleich beim kleinen Fischmarkt, dort, wo das Quartier Castello noch lebt. Ein paar Tische im Freien und vor allem eine wirklich herrliche Küche und sympathische Bedienung. Lassen Sie sich beraten, dann kriegen Sie das Beste auf den Tisch!

San Marco:

■ **LA RIVETTA,** S. Marco 4625, Ponte S. Provolo. Tel. 87 302. Vaporetto 1, 2, 4, 5 und 8, Station S. Zaccaria.

Am Eingang locken Appetithäppchen in allen Variationen. Hier darf man sich – obwohl mitten im Touristentrubel – ruhig verführen lassen: Küche und Preise sind reell, so echt wie die Gondolieri am Nebentisch.

Ein Tip: Unbedingt *seppioline in umido* (kleine Tintenfische) mit Polenta kosten.

■ **AL BACARETO,** S. Marco 3447, Calle delle Botteghe, S. Samuele. Tel. 52 89 336. Vaporetto 1, Station S. Angelo.

Ein paar Schritte von *Palazzo Grassi* entfernt, einfach und äußerst gemütlich. Am besten, man läßt sich von *Meme*, dem Inhaber, beraten.

■ **ALLA BOTTE,** S. Marco, Calle de la Bissa, beim Campo S. Bartolomeo. Vaporetto 1, 2 und 4, Station Rialto.

In der gutbesuchten Osteria geht's immer recht laut zu und her. Häppchen und mittags einige warme Gerichte. Den Tisch im Hinterzimmer decken die Gäste eigenhändig.

■ **ROSTICCERIA S. BARTOLOMEO,** S. Marco 5424/A, Sottoportegho della Bissa, beim Campo S. Bartolomeo. Tel. 23 569. Vaporetto 1, 2 und 4, Station Rialto.

Unten gibt's Warmes und Kaltes direkt an der Theke; oben einige Tische. Hier lassen sich herausgeputzte venezianische *Signore* fortgeschrittenen Alters, Arbeiter und Geschäftsleute den Fischrisotto schmecken. *Ideal für Milieubetrachtungen.*

Dorsoduro:

■ **AI CUGNAI,** Dorsoduro 857, Piscina del Forner. Tel. 89 238. Vaporetto 1, 2 und 4, Station Accademia.

Ein Familienbetrieb: gemütlich und unkompliziert. *Spezialitäten:* einfache Fischgerichte nach traditionellen Rezepten.

■ **CANTINONE STORICO,** Dorsoduro 661, Fondamenta Bragadin, beim Campo S. Vio. Tel. 70 75 28. Vaporetto 1, 2 und 4, Station Accademia.

Familiäre Atmosphäre, einfache, typische Küche und sehr oft von venezianischen Stammgästen ausgebucht.

■ **ANTICA LOCANDA MONTIN,** Dorsoduro 1147, Fondamenta di Borgo, Rio delle Eremite. Tel. 27 151. Vaporetto 1, 2 und 4, Station Accademia oder Vaporetto 5 und 8, Station Zattere.

Berühmt, aber noch immer erschwinglich. Hier spielt die Restaurantszene in Viscontis Film „Tod in Venedig"; die Schauspielerin *Eleonora Duse* und der Dichter *Gabriele D'Annunzio* erlebten in dieser Umgebung eine leidenschaftliche Liebesaffäre, und seit Jahrzehnten ist die Locanda beliebter Treffpunkt von Malern und Künstlern. Herrlich romantisch läßt's sich im GARTEN speisen.

■ **ANSOLO RAFFAEL,** Dorsoduro 1722, Campo S. Angelo Raffaele. Tel. 52 37 456. Vaporetto 5 und 8, Station S. Basilio.

In einer unbekannten Ecke Venedigs, an einem stillen, malerischen Campo. Einfache Küche zu günstigen Preisen.

■ **DONA ONESTA,** Dorsoduro 3922, Calle Donna Onesta. Tel. 29 586. Va-

▶
Kneipen mit unverfälschter Küche und Stimmung:
Osteria "Al Mascaron" (o), Bar "Alla Rivetta" (u).

Bar alla Rivetta
643

poretto 1 und 4, Station S. Tomà.
Der Name des Lokals – „zur anständigen Frau" – spielt auf die zweifelhafte Vergangenheit der Stadt an. Heute sind vor allem die Preise für die traditionellen Köstlichkeiten mehr als anständig. *Eines der sympathischsten Lokale Venedigs.*

San Polo:

■ **AI TOSI,** S. Polo 1586, beim Ponte ae do Spade. Tel. 25 980. Vaporetto 1, 2 und 4, Station Rialto.
Die *Mamma* steht in der Küche, Vater und Sohn kümmern sich um die Gäste, und der Großvater unterhält die Stammgäste an der Bar. *Besonders zu empfehlen: tagliolini* mit Meeresfrüchten und *Fisch-Lasagne*.

■ **ALLE ANTICHE CARAMPANE,** S. Polo 1911, Rio Terrà Carampane, beim Ponte delle Tette, Campiello Albrizzi. Tel. 52 40 165. Vaporetto 1, Station S. Silvestro.
Eine Osteria mit Tradition, der die Venezianer heute noch die Treue halten und wo der Wirt sich alle Mühe gibt, die typische Stimmung im winzigen Lokal vor dem alles gleich machenden Touristeneinfluß zu retten. Einen Tisch kriegt deshalb nur, wer etwas Italienisch spricht und glaubwürdig ein wenig VENEZIANITA' demonstriert. Unbedingt probieren: *spaghetti alla cassiopippa*, die nach einem alten Fischerrezept zubereitet werden.

Santa Croce:

■ **FRITOLIN,** S. Croce 2262, Calle della Regina. Tel. 52 37 748. Vaporetto 1, Station S. Stae.
Früher wurde hier fritierter Fisch über die Gasse verkauft. Heute ist's eine lustige Trattoria. Frisch fritierte Fischhäppchen gibt's immer noch!

■ **ANTICO GIARDINETTO,** S. Croce 2253, Calle dei Morti, beim Campo S. Cassiano. Tel. 72 13 01. Vaporetto 1, Station S. Stae.
Ein Familienbetrieb, stimmungsvoll, unkompliziert und sympathisch, mit Küche nach Hausmacherart, wo man noch zu günstigen Preisen herrlichen Fisch serviert erhält.

■ **LA ZUCCA,** S. Croce 1762, Ponte del Megio, beim Campo S. Giacomo dell'Orio. Tel. 70 04 62. Vaporetto 1, Station S. Stae.
Ein winziges Lokal in einer magischen Ecke der Stadt, das fast ausschließlich von VenezianerInnen besucht wird.

■ **CAPITAN UNCINO,** S. Croce 1501, Campo S. Giacomo dell'Orio. Tel. 72 19 01. Vaporetto 1, Station S. Stae.
Mein Lieblingslokal: Traditionelle Küche, mit viel Phantasie zubereitet. *Traumhaft: tagliolini al gambaro* (feine Nudeln mit Crevetten) und *risotto ai frutti di mare* (Meeresfrüchte-Risotto). Hier darf man sich auch ruhig vom *piatto del giorno* (Tagesspezialität) überraschen lassen. Herzliches, lockeres Ambiente. Allerdings nichts für Leute auf dem Schlankheitstrip!

■ **POVOLEDO, EX ROMA,** S. Croce 122, Lista di Spagna. Tel. 70 60 38. Vaporetto 1, 2, 4 und 5, Station Ferrovia.
Gleich beim Bahnhof und zu mäßigen Preisen. Kleine Häppchen in der Bar gleich beim Eingang, Service im dahin-

terliegenden Restaurantsaal.

■ **AL GAFFARO,** S. Croce 164, beim Piazzale Roma. Tel. 86 264. Vaporetto 1, 2, 4 und 5, Station Piazzale Roma.
Klein, sauber und sympathisch. Einfache, schmackhafte Küche, die von den Produkten der Saison bestimmt wird.

Cannaregio:

■ **AL MILION,** Cannaregio 5841, Corte 1. al Milion. Tel. 29 302. Vaporetto 1, 2 und 4, Station Rialto.
Eine geschichtsträchtige Osteria (Marco Polo läßt grüßen), die ihre Originalität bewahrt hat: Selbstbedienung an der Theke, ein leckeres Buffet, eine riesige Weinauswahl und Kontaktmöglichkeiten mit Venezianern und Touristen.

■ **FIASCHETTERIA TOSCANA,** Cannaregio 5719, S. Giovanni Gristostomo. Tel. 85 281. Vaporetto 1, 2 und 4, Station Rialto.
Eine *Tavola calda* (Stehbar) und ein recht gepflegter Speisesaal gleich nebeneinander. Reiche Auswahl an Fisch- und Fleischgerichten. Gemüse und Kräuter spielen ebenfalls eine Hauptrolle.

■ **ENOTECA BOLDRIN,** Cannaregio 5550, Salizzada S. Canciano. Tel. 37 859. Vaporetto 1, 2 und 4, Station Rialto oder Vaporetto 1, Station Cà d'Oro.
In dieser Weinhandlung wird im Stehen und meist im Gedränge gegessen. Und der gebotenen Kleinigkeiten – mittags auch einige warme Gerichte – sind so viele, daß die Wahl zur Qual wird.

■ **HOSTERIA CA'D'ORO „DALLA VEDOVA",** Cannaregio 3921, Calle del Pistor. Tel. 85 324. Vaporetto 1, Station Cà d'Oro.
Hier soll es die besten POLPETTE, Hackfleischplätzchen, der Stadt geben, nebst einer breiten Auswahl an feinen und preisgünstigen Gerichten.

■ **ALL'ANTICA ADELAIDE,** Cannaregio 3728, Calle della Racchetta. Tel. 70 34 51. Vaporetto 1, Station Cà d'Oro.
Hier kann man sich schnell und günstig an den leckeren *cicheti* gütlich tun.

■ **ALLA PALAZZINA,** Cannaregio 1509, Ponte delle Guglie. Tel. 71 77 25. Vaporetto 5, Station Ponte delle Guglie, oder Vaporetto 1, Station San Marcuola.
Eine gelungen renovierte Osteria mit viel Charme und phantasievollen Gerichten. Hier verbringen mit Vorliebe Fernsehjournalisten (RAI liegt jenseits der Brücke) und venezianische Kulturschaffende gemütliche Stunden beim Schlemmen und Plaudern, je nach Wetter im schönen Garten oder auf bequemen Plüschbänken.

■ **DA BACCO,** Cannaregio 3454, Fondamenta degli Ormesini. Tel. 71 74 93. Vaporetto 1, Station Cà d'Oro, oder Vaporetto 5, Station Madonna dell'Orto.
Die *günstigsten und wohl auch schmackhaftesten Meeresfrüchte* der ganzen Stadt werden hier serviert. Nicht nur nach traditionell venezianischen, sondern auch nach südländischen Rezepten zubereitet. Einfache, aber stilvolle Atmosphäre, die vor allem viele junge Einheimische anzieht.

■ **CANNOTTIERI,** Cannaregio 690, Fondamenta S. Giobbe, nach dem Ponte dei tre Archi. Tel. 71 54 08. Va-

poretto 5, Station Ponte tre Archi.
Ein ursprüngliches altes Lokal mit währschafter Küche. Spezialität: PFERDEFLEISCH. Am Samstagabend finden auf der kleinen Bühne Theater- oder Musikdarbietungen statt. Einheimische Weinfreunde und niederländische Gays sorgen für eine seltsam spannende Stimmung.

Giudecca:

■ **L'ALTANELLA,** Giudecca 268, Calle delle Erbe. Tel. 27 780. Vaporetto 5, Station S. Eufemia.
Hervorragende Küche, familiäre Atmosphäre und ein schöner Garten direkt über dem Kanal machen den Reiz dieser kleinen Trattoria auf der Giudecca aus (siehe „Fisch gibt den Ton an“).

■ **AL CICHETO VENEXIAN,** Giudecca, Zitelle. Tel. 52 35 268. Vaporetto 5, Station Zitelle.
Laut einem Freund lohnt allein schon der FISCHRISOTTO die Fahrt über den Giudecca-Kanal. Er sei der beste, den man weit und breit zu kosten kriege.

GEPFLEGT, GEMÜTLICH

In den folgenden Restaurants ist die Atmosphäre etwas gepflegter – weiße Tischtücher, Stoffservietten und Ober mit Fliege passen durchaus ins Bild. Oder aber die Lokale sind in den letzten Jahren so „in“ geworden, daß die rege Nachfrage sich auf den Preis niedergeschlagen hat. In dieser „Kategorie“ muß man für ein vollständiges Mahl inkl. Hauswein und Kaffee mit 40 000 bis 70 000 Lit. pro Person rechnen.

Castello:

■ **ARCIMBOLDO,** Castello 3219, Calle dei Furlani. Tel. 86 569. Vaporetto 1, 2, 4, 5 und 8. Station S. Zaccaria.
Ein junges Lokal mit wenig Tischen und guter Stimmung. *Nur am Abend offen,* dafür gibt's *bis spät warme Küche.*

■ **ALLA CORTE SCONTA,** Castello 3886, Calle del Pestrin. Tel. 27 024. Vaporetto 1, 2, 4, 5 und 8, Station S. Zaccaria.
Intellektuelle und Künstler haben dieses alte Wirtshaus zu einem IN-LOKAL werden lassen. Der ehemalige italienische Staatspräsident *Sandro Pertini* und der venezianische Komponist *Luigi Nono* zählen zu den Gästen. Quartierbewohner feiern hier Hochzeit oder Geburtstag. Die Küche glänzt mit Leckerbissen aus Meeresfrüchten und Fischen aus der Lagune. So lecker das Angebot, so gesalzen die Preise! Als Nachspeise unbedingt die *nach altjüdischer Tradition gebackenen Süßigkeiten* versuchen. Am besten schmecken sie mit spritzigem *Prosecco* oder lieblichem *Vin Santo*. Hübscher Garten.

San Marco:

■ **ALL'ANGELO,** S. Marco 403, Calle Larga S. Marco. Tel. 52 22 000. Vaporetto 1, 2 und 4, Station S. Marco oder S. Zaccaria.
Ein riesiges Lokal mit unzähligen ineinanderverschachtelten Sälen, Bildern an den Wänden und emsiger Betriebsamkeit. Auf der Speisekarte ist von internationalen und italienischen Spezialitäten bis zu typisch venezianischen Gerichten alles zu finden. Holzofenpizza

für den kleinen Hunger und das kleine Portemonnaie. Bei Touristen und Einheimischen gleichermaßen beliebt.

■ **AL CONTE PESCAOR,** S. Marco 544, Piscina San Zulian. Tel. 21 483. Vaporetto 1, 2 und 4, Station S. Marco oder S. Zaccaria.

Rustikal und gemütlich. Hier gibt's garantiert frischen Fisch. Herrlich: *datteri di mare* (dattelförmige Muscheln) sowie FISCHSUPPEN.

■ **AL CAMPIELLO,** S. Marco 4346/A, Calle dei Fuseri. Tel. 52 06 396. Vaporetto 1, 2 und 4, Station S. Marco oder Rialto.

Ein Tip für NACHTVÖGEL: Das Lokal hat bis nach Mitternacht offen! Herzhafte Küche, immer auf die Saison abgestimmt.

■ **GRASPO DE UA,** S. Marco 5093, beim Campo S. Bartolomeo. Tel. 52 23 647. Vaporetto 1, 2 und 4, Station Rialto.

Gleich bei der Rialtobrücke, ein traditionelles, auch von Venezianern gutbesuchtes Restaurant. Preisgünstig das Tagesmenü. Einen Versuch wert: *pappardelle all'aragosta* (Teigwaren mit Languste) und *risotto di scampi*.

San Polo:

■ **POSTE VECIE,** S. Polo 1608, Campo della Pescaria. Tel. 72 18 22. Vaporetto 1, 2 und 4, Station Rialto.

Gleich beim Fischmarkt. Von außen sieht's kitschig aus und läßt an Abriß denken. *Der Schein trügt:* Die Küche ist ursprünglich (selbstverständlich Fisch in allen Variationen und als Überraschung butterzarte *fegato alla veneziana*), die Stimmung angenehm (viele Einheimische), das Intérieur gediegen-rustikal (Cheminée und Fresken an den Wänden), und die Preise sind eher an der oberen Grenze.

■ **DA FIORE,** S. Polo 2202, Calle del Scaleter. Tel. 72 13 08. Vaporetto 1, Station S. Stae.

Eine Osteria, die sich zum Restaurant mit elegantem Touch durchgemausert hat. Gediegen und gemütlich, was den venezianischen Stammgästen zu gefallen scheint. Auch hier: Fisch dominiert die Speisekarte.

■ **ALLA MADONNA,** S. Polo 594, Calle della Madonna. Tel. 52 23 824. Vaporetto 1, 2 und 4, Station Rialto.

Noch vor drei Jahren war's ein Insidertip, wo man preisgünstig herrlich speisen konnte. Die Qualität ist unverändert geblieben, aber die Preise sind geklettert. Und entsprechend hat das Publikum gewechselt: Statt Arbeiter und Handwerker bestaunen nun Geschäftsinhaber und Advokaten die Bilder an den Wänden. (Siehe Kapitel: „Fisch gibt den Ton an".)

■ **AL GOBBO DI RIALTO,** S. Polo 649, Ruga Rialto. Tel. 70 46 03. Vaporetto 1, 2 und 4, Station Rialto.

Ein ruhiges, angenehmes Lokal, das oft von venezianischen Geschäftsleuten besucht wird. Mittlere Preise und ein vielseitiges Buffet mit *antipasti* (Vorspeisen) auf Fisch- und Gemüsebasis.

■ **IL CAFFE' ORIENTALE,** S. Polo 2426, Calle dell'Olio, bei Fondamenta Late. Tel. 71 98 04. Vaporetto 1, Station S. Tomà oder San Biasio.

Früher ein Treffpunkt der Gondolieri. Heute gehört es nur noch zum malerischen Ambiente, den vorbeigleitenden

Gondelruderern ein Glas Wein zu offerieren. Im geschmackvoll renovierten Lokal sind auch venezianische SCHIKKIMICKIS und Möchtegern-VIPs anzutreffen. Feine traditionelle Gerichte, auf die leichte, neue Art zubereitet, und auch phantasievolle Menü-Kreationen für Überraschungsfreudige.

Santa Croce:

■ **ANTICA BESSETA,** S. Croce 1395, Corte Cazza. Tel. 72 16 87. Vaporetto 1, Station Riva di Biasio.
Sympathisch und familiär die Stimmung. Köstlich die einfachen, typischen Gerichte. Probieren: *pasta e fasoi* (Teigwaren und Bohnen), *risi e bisi* (Reis mit Erbsen) und *bisato* (Süßwasseraal).

Giudecca:

■ **HARRY'S DOLCI,** Giudecca 773, Fondamenta S. Biagio. Tel. 52 24 844. Vaporetto 5 und 8. Station S. Eufemia.
Der letzte Feinschmeckertempel des *Arrigo Cipriani* (Harry's Bar), von seiner Frau geführt. Mehr einfache traditionelle Gerichte als im weltberühmten Mutterhaus und erstaunlicherweise durchaus annehmbare Preise. Wie schon der Name suggeriert: NASCHKATZEN mit einer Schwäche für Süßes kommen hier auf ihre Rechnung.

DIE NOBLEN

Castello:

■ **DO LEONI,** Castello 4171, Riva degli Schiavoni. Tel. 25 032. Vaporetto 1, 2, 4, 5 und 8, Station S. Zaccaria.
Wie im Speisesaal eines Patrizierpalastes, mit Blick auf die Lagune und die Insel San Giorgio: *nouvelle cuisine* mit venezianischem Einschlag und hervorragender Service.

■ **DANIELI TERRACE,** Castello 4196, Riva degli Schiavoni. Tel. 26 480. Vaporetto 1, 2, 4, 5 und 8, Station S. Zaccaria.
So unvergleichlich die Aussicht, so himmelstrebend die Preise in diesem Prestigerestaurant der Stadt.

San Marco:

■ **HARRY'S BAR,** S. Marco 1323, Calle Vallaresso. Tel. 85 331 und 85 777. Vaporetto 1, 2 und 4. Station S. Marco.
Die neben S. Marco berühmteste Ecke der Stadt (Hemingway hat sich als PR-Agent bewährt!), wo sich Prominenz und Parvenüs Stelldichein geben.
Hier ißt man auf jeden Fall kostspielig, aber unfehlbar mit Stil. *Im Vertrauen:* Es ist die Sünde wert!

■ **GRAND CANAL,** S. Marco 1325, Calle Vallaresso. Tel. 70 02 11. Vaporetto 1, 2 und 4, Station S. Marco.
Eines der raffiniertesten Restaurants Venedigs.
Hier kann man sich wie in einem ADELSPALAST fühlen, mit obligatem Blick auf den Canal Grande. *Ein Tip für Geburtstagskinder:* Sie werden mit Torte und Champagner auf Kosten des Hauses gefeiert.

■ **ANTICO MARTINI,** S. Marco 2010, Campo S. Fantin. Tel. 52 24 121. Vaporetto 1, 2 und 4, Station S. Marco.
Während der Belle époque dinierten hier die reichen Besucher der luxuriösen Freudenhäuser in der nahen Calle de la Mandola. Heute muß man sich mit Tafelfreuden begnügen. Feinschmecker mit gefüllter Brieftasche fühlen sich hier rundum wohl.

■ **LA CARAVELLA,** S. Marco 2399, Via XXII Marzo. Tel. 70 89 01. Vaporetto 1, 2 und 4, Station S. Marco, oder Vaporetto 1, Station S. Maria del Giglio.
Gepflegte Küche bis in die frühen Morgenstunden; ideal für ein spätes CANDELLIGHT DINNER, bei dem Kosten keine Rolle spielen. Venezianer trifft man in diesem Lokal nur wenige, aus einem kuriosen Grund: Das Restaurant galt früher als Treffpunkt der internationalen Homoszene. Und da Venedig ein Dorf ist...

■ **ALLA COLOMBA,** S. Marco 1665, Piscina di Frezzeria. Tel. 52 21 175. Vaporetto 1, 2 und 4, Station S. Marco.
Ein berühmter Tempel der venezianischen Gastronomie. An den Wänden Gemälde bekannter Meister wie Picasso, Chagall oder Hundertwasser. Zu den Stammgästen zählen quotierte Künstler, Sammler, Kunsthändler und auch Touristen.

■ **ALL'ANTICO PIGNOLO,** S. Marco 451, Calle Specchieri. Tel. 28 123 und 70 90 07. Vaporetto 1, 2 und 4, Station S. Marco.
Ein schönes Intérieur, gepflegter Service und raffinierte Küche nach venezianischer Tradition.

Giudecca:

■ **HOTEL CIPRIANI,** Giudecca 10, Tel. 70 77 44 und 52 85 068. Vaporetto 5 und 8, Station Zitelle.
Hier ist alles exklusiv: Einrichtung, Service, Aussicht, Küche und Preise. Von San Marco aus spezieller Taxi-Service. *Nicht vergessen:* Noblesse oblige – für Herren sind Jacke und KRAWATTE obligatorisch!

SCHNELLIMBISS

Es gibt sie inzwischen auch in Venedig, die Fastfood-Lokale mit Hamburger-, Pappbecher- und Softeis-Standard, vor allem bei der Rialto-Brücke, wo sich die Touristen drängen, und am Campo S. Stefano, wo sich vornehmlich venezianische Schüler den Magen verderben. Aber der Großteil auch der jungen Venezianer bringt der neuen Eß(un)kultur nur wenig Sympathie entgegen. Die Stadt bietet zu viele Alternativen, sich auf magen- und portemonnaiefreundlichere Art schnell und unkompliziert zu verpflegen. Da sind zum einen die Sandwich-Türme und Häppchen-Platten, die in jeder Bar und Osteria zum Zugreifen einladen. Die eindeutigste Antwort auf amerikanische Junkfood-Sitten lautet jedoch in Venedig – wie in ganz Italien: *Pizza*. Eine knusprige Pizza, ein knackiger Salat und ein Glas Wein, das ist die bei weitem attraktivste Möglichkeit für ein gutes und billiges Essen. Eine Möglichkeit, der Venezianer und Touristen in immer größerem

Maße zusprechen. Was in Venedig zu einem wahren Pizzeria-Boom geführt hat: An jeder Ecke entstehen neue Pizzalokale. Und leider sind nicht alle gut: Viele servieren vor allem ahnungslosen Touristen gummige Fladen von undefinierbarem Geschmack. Hier deshalb einige Tips, wo für 10 000 bis 15 000 Lit. ein herzhafter Pizzaschmaus garantiert ist.

■ **PIZZERIA '84,** Castello 1907, Calle delle Gatte. Tel. 70 41 98. Vaporetto 1, Station Arsenale.
Gute Pizze und viele Venezianer.

■ **AL VECIO CANTON,** Castello 4738, Ruga Giuffa. Tel. 52 81 76. Vaporetto 1, 2, 4, 5 und 8, Station S. Zaccaria.
Sehr gut: die Gemüsepizza.

■ **ALL'ANTICA SACRESTIA,** Castello, Campo SS. Filippo e Giacomo. Tel. 52 30 749. Vaporetto 1, 2, 4, 5 und 8, Station S. Zaccaria.
Mitten im Zentrum, gleich hinter dem „Danieli", mit Holzofen und holzverkleidetem Intérieur.

■ **ALLA CONCA D'ORO,** Castello, Campo SS. Filippo e Giacomo. Tel. 29 223. Vaporetto 1, 2, 4, 5 und 8, Station S. Zaccaria.
Phantasievolle Pizzavariationen, lecker die Pizzas mit dunklem Teig.

■ **AL PROFETA,** Dorsoduro 2671, Calle lunga S. Barnaba. Tel. 37 466. Vaporetto 1, Station Cà Rezzonico.
Herzliche, ungezwungene Atmosphäre, viele junge Stammgäste; schmackhafte Riesenpizze und Teigwarengerichte zu günstigen Preisen.

■ **ALLE OCHE,** S. Croce 1550, Calle del Tintor, nahe Campo S. Giacomo dell'Orio. Tel. 27 559. Vaporetto 1, Station S. Stae.
Ob mit Auberginen oder Gorgonzola oder die klassische Margherita, es schmeckt immer, und die Stimmung ist einladend.

■ **AI TRE SPIEDI,** Cannaregio 5906, Calle S. Canciano. Tel. 70 80 35. Vaporetto 1, 2 und 4, Station Rialto.
Knusprige Pizze und hausgemachte Teigwaren, einfach und herzhaft.

■ **AL FARO,** Cannaregio 1181, beim Ghetto. Tel. 71 68 71. Vaporetto 1, Station S. Marcuola, oder Vaporetto 5, Ponte delle Guglie.
Verlockende Pizze zu niedrigen Preisen.

FISCH GIBT DEN TON AN

Von Alice Vollenweider

Weil Venedig eine Stadt für Fußgänger ist, gibt es hier vermutlich auch so viele Lokale, wo man sich ausruhen und stärken kann. Wer sich im Labyrinth der Gassen verirrt hat oder einfach müde ist vom Gehen in der frischen Salzluft, muß nicht lange suchen, bis er eine kleine Bar oder einen Weinausschank findet, wo der *Tocai di Lison*, der leichte harmonische Weißwein Venetiens, in großen Korbflaschen hinter der Theke auf die Kunden wartet. Auch die *Soppressa*, eine zarte, aromatische Salami, steht meist auf einem Brett bereit. Man kann sich mit Wein und Wurst an einen großen Holztisch setzen und wird für den Imbiß höchstens vier Schweizer Franken bezahlen, weniger als für einen gebratenen Servelat, den man den

Schweizer Touristen an den Wurstständen in der Nähe des Markusplatzes zusammen mit einem Rosmarinzweiglein verkauft.

Was echt venezianische Küche bedeutet, begreift man allerdings erst nach und nach: Man muß sich als Binnenländer nämlich bewußt machen, daß es in einer Stadt, die auf Tausenden von Pfählen im Meer erbaut ist, nur eine Hauptnahrung gibt: Fische und Meeresfrüchte. Fische und Meeresfrüchte sind seit 1500 Jahren die Nahrungsgrundlage der Venezianer, und noch heute ist Venedig die italienische Stadt mit dem größten Fischkonsum. Wer nach Venedig reist, muß Braten und Schnitzel, Koteletts und Filets, Rind, Schwein und Schaf vergessen und sich ganz auf gesunden und superfrischen Meerfisch einstellen. Nur wer sich auf die Monotonie einer totalen Fischküche gefaßt macht, wird den fabelhaften Reichtum dieser Küche entdecken, die ganz auf der Qualität des frischen Naturproduktes beruht.

Wie groß die Auswahl an Fischen, Mollusken und Schalentieren in der Adria ist, kann man jeden Morgen auf dem Fischmarkt an der Rialtobrücke bewundern. Da liegen blauschwarze schnittige Seelachse neben Kisten von silberglänzenden Sardinen und Sardellen; die schimmernden Goldbrassen (*orata, daurade)* erkennt man an der langen kräftigen Rückenflosse; zu Bergen getürmt sind runde, ovale, herzförmige, glatte und stachelige Muscheln, und einen faszinierenden Anblick bieten die langarmigen weißen Polypen, die bizarren Meerspinnen und die mannigfaltigen zierlichen Krebse.

Nicht weit von der Rialtobrücke befindet sich übrigens eines der besten Fischrestaurants Venedigs: die **TRATTORIA ALLA MADONNA**. Es ist ein großes, helles Lokal mit flinken, freundlichen Kellnern, die unentschlossene Gäste mit Witz und Kompetenz zu beraten wissen. Hier wird man ohne Umschweife ins Wesen der italienischen Fischküche eingeführt. Als Vorspeise ist ein *antipasto di mare* sozusagen obligatorisch: ein köstliches Vielerlei von Schalentieren und Muscheln, das nur von Zitronenvierteln und einer Pfeffermühle mit weißem Pfeffer begleitet wird. Wer darauf keine Lust hat, kann auf einen *risotto di pesce* ausweichen, einen Risotto also, der mit delikaten Fischhäppchen vermischt ist. Selbstverständlich besteht auch der Hauptgang aus Fisch, aus feinstem, frischestem Fisch, der mit Olivenöl bepinselt und auf dem Holzkohlenherd gegrillt wird. Es wäre ganz sinnlos, nach einer anderen Zubereitungsart zu fragen. In der venezianischen Küche sind Fischsaucen so unbekannt wie gekochte Fische. Ein guter Fisch wird grilliert und damit basta. Kleinere billigere Fische wie Sardinen oder Sardellen kann man dagegen braten oder mit Wein und Kräutern im Ofen schmoren.

Das berühmteste venezianische Sardinenrezept ist dasjenige der *sarde in saor*; das sind Sardinen, die zusammen mit sehr viel geschnittenen Zwiebeln mariniert und als kalte Vorspeise oder Zwischenverpflegung gegessen werden. Die für uns eher befremdliche Kombination von Fisch und Zwiebel ist in der volkstümlichen Küche Venedigs sehr verbreitet. Das hängt wahrscheinlich mit der infektionshemmenden Heilkraft der Zwiebel zusammen, die in einer Hafenstadt besonders geschätzt wurde, weil man Krankheiten und Seuchen mehr ausgesetzt war als anderswo. So bedeutet dann „alla veneziana" einfach „mit Zwiebeln gekocht". Das gilt auch für den berühmten *fegato alla veneziana*, die Kalbsleber nach venezianischer Art. Venezianisch ist an ihr nur die Zwiebel; die Kalbsleber dagegen ist im fischreichen Venedig ein Import, der in keiner schlichten Kneipe auf der Speisekarte figuriert. Darüber machen sich die Amerikaner keine Gedanken, die in **HARRY'S BAR** butterweiche Leber nach Venezianer Art degustieren, zu der die Zwiebeln in halb Öl, halb Butter gedünstet werden. Die halten es mit der internationalen Tradition dieser Stadt, die – wie *Marco Polo* sagte – bereit war, von Griechen, Sarazenen und Chinesen alles zu prüfen und das Beste zu bewahren.

Die günstige und gute einheimische Küche findet man am ehesten in den Arbeiter- und Fischerlokalitäten der Giudecca-Insel. Ein tadelloser kleiner Familienbetrieb ist zum Beispiel die **TRATTORIA L'ALTANELLA** in der Nähe der Haltestelle Sant'Eufemia. Sie liegt an einem Gäßchen, das so schmal ist, daß man mit ausgestreckten Armen auf beiden Seiten die Hausmauern berührt. Das *fritto misto* der Signora Carla ist unübertrefflich. Ihr Geheimnis: Sie verzichtet darauf, die kleinen Fische, Scampi und Tintenfischringlein im Mehl zu wenden, weil sie überzeugt ist, die knusprige Kruste, die sich aus Fisch und Öl bildet, werde durch das Mehl beeinträchtigt. Eine andere Spezialität des Hauses sind die *spaghetti alle acciughe*, die an einer kräftigen Sauce aus eingesalzenen Sardellen und viel Zwiebeln aufgetragen werden.

Zum Schluß sei noch auf den *risotto* hingewiesen, der auf keiner venezianischen Speisekarte fehlt. Die Vorliebe für Reis hat seine Wurzeln in der Geschichte der Seerepublik Venedig, die durch ihren Handel mit dem Orient den Reis von den Arabern schon im Hochmittelalter übernommen hatte, lange bevor er durch die Spanier im 16. Jh. in der Lombardei eingeführt wurde. Die Vielfalt der italienischen Reisgerichte ist in Venedig entwickelt worden, wo es von den Crevetten über die Scampis bis zu den Erbsen und Artischocken kaum eine Delikatesse gibt, die nicht zu einem Risotto verarbeitet wird.

(Alice Vollenweider, Literaturkritikerin und Gastrosophin, Spezialistin für italienische Literatur, lebt und arbeitet in Zürich und Roveredo.)

Treffpunkte

Der klassische Rendezvous-Platz der VenezianerInnen ist die **PIAZZA SAN MARCO**. Ganz gleich, ob es sich um ein romantisches Stelldichein oder um eine geschäftliche Verabredung handelt, in Venedig trifft man sich *in piazza*. Und zwar nicht etwa in einem der einladenden Kaffeehäuser unter den Bögen, sondern im Freien.

Traditioneller Treffpunkt ist die **TORRE DELL'OROLOGIO**. Hier, wo die mächtigen Mohren seit Jahrhunderten die Stunden schlagen, kann man denn auch tagtäglich nervöse Verliebte, gediegene Geschäftsleute oder elegante Damen beobachten, die sich in geduldigem Warten üben. Weder die lauten Touristenmassen im Sommer, noch die feuchte Kälte oder die *acqua alta*, die Überschwemmungen, im Winter vermögen an dieser Gewohnheit zu rütteln. Wohl ein Überbleibsel aus den guten alten Glanzzeiten der *Serenissima*, als es Brauch war, auf der Piazza auf und ab zu spazieren, um einzig dem Vergnügen des Sehens und Gesehenwerdens zu frönen.

Openair-Stelldicheins scheinen ganz allgemein eine venezianische Spezialität zu sein. Am Abend auf dem Heimweg trifft man sich auf einem der *campi* zu einem kurzen Schwatz. Beliebteste Orte für diese Art Feierabendvergnügen sind der **CAMPO SAN LUCA** und der **CAMPO SAN BARTOLOMEO** nahe der Rialtobrücke. Der Campo San Luca gilt als der Lieblingstreff der venezianischen *jeunesse dorée*, auf dem Campo San Bartolomeo ist das ebenfalls junge Publikum gemischter. Zwischen sieben und acht Uhr abends wimmelt es auf diesen Plätzen – auch an eisigen Wintertagen – von laut schwatzenden, gestikulierenden Menschen. Die neuesten Erlebnisse werden ausgetauscht, Gerüchte in die Welt gesetzt – *Klatsch zählt in Venedig zur Tradition*. Der weiche Singsang des venezianischen Dialekts hallt durch die umliegenden Gassen. Hier trifft man Freunde, wartet auf die letzten Mitglieder der *combricola*, der Bande, um in einer der umliegenden Osterie oder Bars das Gespräch fortzusetzen.

Osterie und Bars zählen in Venedig zu den traditionellen Treffpunkten schlechthin. In diesen kleinen, oft unscheinbaren Kneipen verkehrt ein sehr gemischtes Publikum. Junge und Alte, Arbeiter, Angestellte und Akademiker genießen an der Theke ihr Glas Wein, rufen sich Späße zu, ereifern sich über die aktuellen Sportereignisse oder kommentieren hitzig und meist auch ironisch die neuesten politischen Skandale. Einzig der Quartiercharakter prägt hier und dort die Besucherstruktur eines Lokals. So sind im Quartier San Polo, wo sich die Universität befindet, vermehrt Studenten anzutreffen, in Dorsoduro Künstler und Schriftsteller, die hier ihre Ateliers haben, in Castello, einem traditionellen Arbeiterquartier, vornehmlich Arbeiter und Handwerker.

Die meisten waschechten Venezianer, zumindest jene männlichen Geschlechts, haben ihre Lieblingsbar oder

-osteria, wo sie sich mittags oder aber auf jeden Fall abends auf dem Heimweg von der Arbeit kurz zu einem Aperitif und einer *ciacola*, einem Schwatz, einfinden. Eine Tradition, die einem Ritual gleichkommt. In Venedig weiß man ganz einfach, wer wann in welchem Lokal anzutreffen ist. Und diese Kenntnis ist fast wichtiger als das Wissen um Heimadresse und Telefonnummer. Das merken auch Fremde, die für eine Weile in Venedig wohnen, bald. Will man nämlich von einem Venezianer eine Dienst- oder Hilfeleistung, so lauert man ihm am besten in der Osteria nach Feierabend auf. Hier ist er entspannt, offen und es durchaus gewohnt, in dieser etwas lauten Atmosphäre auch seriöse geschäftliche Abmachungen zu tätigen. Hauptsache, er wird für eine Besprechung nicht aus seinem heißgeliebten Alltagstrott gerissen.

Eine weitere, bei den Venezianern äußerst beliebte Gewohnheit ist das Flanieren an den **ZATTERE**. Die lange, von der *Punta della Salute* bis zum Hafen reichende Promenade dem *Canale della Giudecca* entlang ist das „Sonnendeck" Venedigs. Hier setzt man sich am besten in eines der Straßencafés am Kai, genießt nebst Eis oder heißer Schokolade, je nach Jahreszeit, die Sonnenstrahlen, die Aussicht auf die gegenüberliegende Insel Giudecca und beobachtet das Treiben rundherum (am emsigsten geht's an einem Sonntagmorgen zu und her): Junge Liebespaare und zitterige Pensionäre, italienische Familien wie aus dem Bilderbuch mit besorgten Mammas und lustig-lärmenden Kindern, herausgeputzte venezianische Damen, sorgsam, aber etwas zu knallig geschminkt wie für eine Theateraufführung, begleitet von verwöhnten kleinen Hunden, da und dort ein angetrunkener Clochard – das ganze Panoptikum der venezianischen Gesellschaft zieht in voller Farbenpracht vorüber.

Am schönsten ist's hier an einem sonnigen Februartag: Während in den engen und dunklen Gassen der Stadt noch alle Zeichen auf Winter stehen, fühlt man hier an der wärmenden Sonne schon deutlich den Frühling nahen. *Ideal für ein gemütliches Frühstück!*

Die Bars und Cafés an den Zattere verbuchen *ein weiteres Plus:* Sie bieten alle eine ansehnliche Zahl *Sitzgelegenheiten*. In Venedig eine Seltenheit. Die meisten Osterie und Bars verfügen nämlich nur über zwei, drei Alibitischchen, die eh ständig besetzt sind. Sitzen scheint in den öffentlichen Lokalen Venedigs ein Fremdwort zu sein: Die Einheimischen trinken und diskutieren im Stehen, oft stundenlang. Ein Brauch, der für die von Fußmärschen geplagten Touristen einer Unsitte gleichkommt. Gerade in dieser Stadt, in der sogar eingefleischte sportliche Verweigerer gezwungenermaßen zu Langstreckenläufern werden, sehnt man sich geradezu nach einer geruhsamen Sitzpause. Und wenn man es dann endlich mit etwas Glück geschafft hat, erleichtert an einem Tischchen sitzt und die müden Füße von sich streckt, folgt schon die nächste Überraschung: Konsumationen am Tisch kosten in der Regel rund das Doppelte wie an der Theke. Man merke sich deshalb: *Wer in Venedig sparen will, braucht Stehvermögen!*

▶
Beliebteste Stelldichein – Orte der VenezianerInnen: Piazza San Marco und das Caffè Florian (o) sowie nach Feierabend der Campo San Bartolomeo (u).

FARMACIA MORELLI

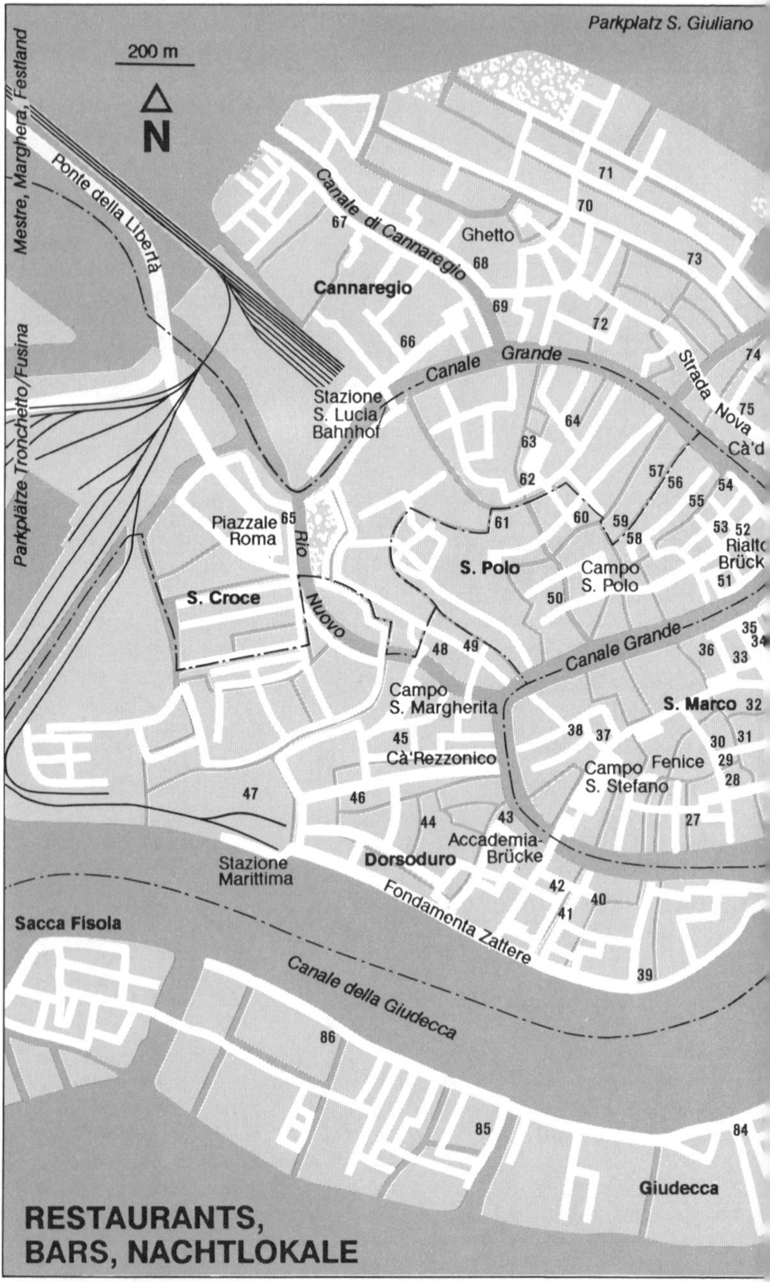

RESTAURANTS, BARS, NACHTLOKALE

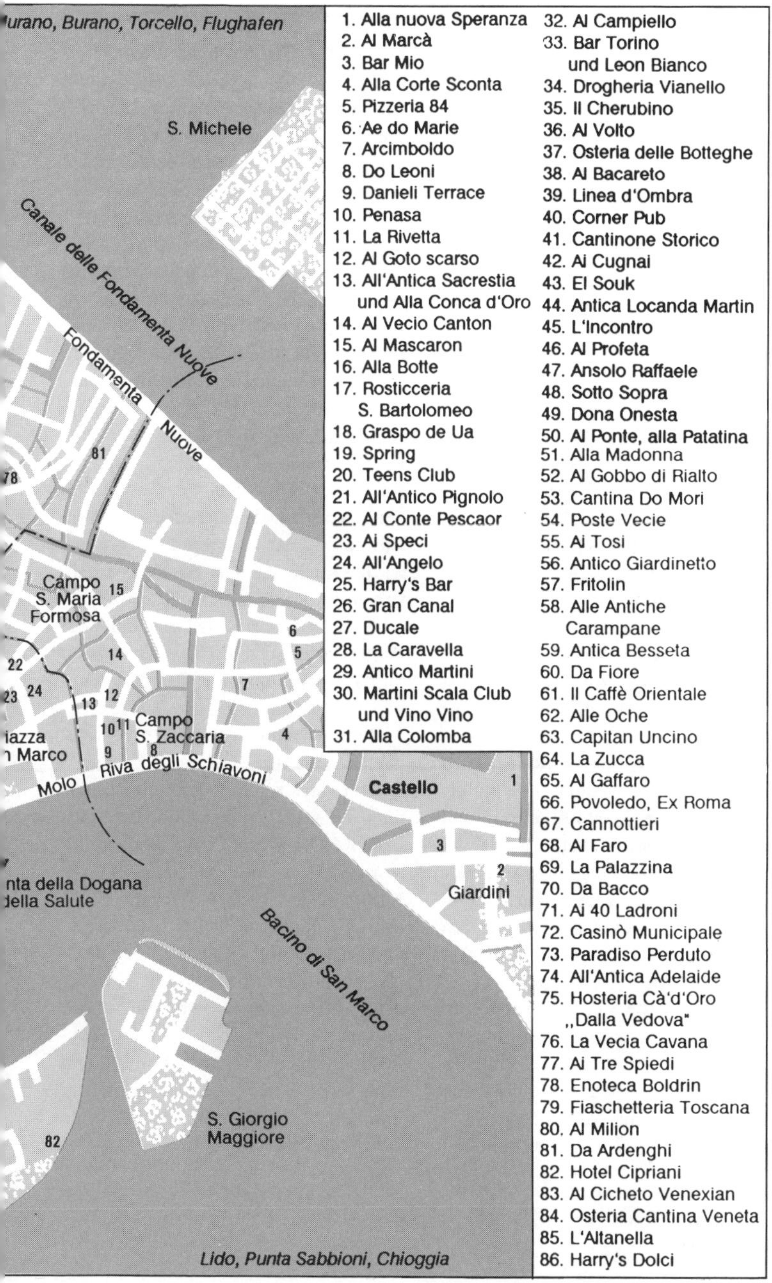

1. Alla nuova Speranza
2. Al Marcà
3. Bar Mio
4. Alla Corte Sconta
5. Pizzeria 84
6. Ae do Marie
7. Arcimboldo
8. Do Leoni
9. Danieli Terrace
10. Penasa
11. La Rivetta
12. Al Goto scarso
13. All'Antica Sacrestia und Alla Conca d'Oro
14. Al Vecio Canton
15. Al Mascaron
16. Alla Botte
17. Rosticceria S. Bartolomeo
18. Graspo de Ua
19. Spring
20. Teens Club
21. All'Antico Pignolo
22. Al Conte Pescaor
23. Ai Speci
24. All'Angelo
25. Harry's Bar
26. Gran Canal
27. Ducale
28. La Caravella
29. Antico Martini
30. Martini Scala Club und Vino Vino
31. Alla Colomba
32. Al Campiello
33. Bar Torino und Leon Bianco
34. Drogheria Vianello
35. Il Cherubino
36. Al Volto
37. Osteria delle Botteghe
38. Al Bacareto
39. Linea d'Ombra
40. Corner Pub
41. Cantinone Storico
42. Ai Cugnai
43. El Souk
44. Antica Locanda Martin
45. L'Incontro
46. Al Profeta
47. Ansolo Raffaele
48. Sotto Sopra
49. Dona Onesta
50. Al Ponte, alla Patatina
51. Alla Madonna
52. Al Gobbo di Rialto
53. Cantina Do Mori
54. Poste Vecie
55. Ai Tosi
56. Antico Giardinetto
57. Fritolin
58. Alle Antiche Carampane
59. Antica Besseta
60. Da Fiore
61. Il Caffè Orientale
62. Alle Oche
63. Capitan Uncino
64. La Zucca
65. Al Gaffaro
66. Povoledo, Ex Roma
67. Cannottieri
68. Al Faro
69. La Palazzina
70. Da Bacco
71. Ai 40 Ladroni
72. Casinò Municipale
73. Paradiso Perduto
74. All'Antica Adelaide
75. Hosteria Cà'd'Oro „Dalla Vedova"
76. La Vecia Cavana
77. Ai Tre Spiedi
78. Enoteca Boldrin
79. Fiaschetteria Toscana
80. Al Milion
81. Da Ardenghi
82. Hotel Cipriani
83. Al Cicheto Venexian
84. Osteria Cantina Veneta
85. L'Altanella
86. Harry's Dolci

OSTERIE UND BARS

Eine Osteria ist eine typische Weinkneipe, wo alle guten Tropfen der Region kredenzt werden. Der Wirt hinter der Theke sorgt für gute Stimmung, hält das Gespräch in Gang und nimmt auch die Funktion als Nachrichtenbörse ein. An den einfachen Holztheken, den schlichten Tischen werden alle sozialen Unterschiede verwischt, der Advokat unterhält sich lebhaft mit dem Arbeiter des Quartiers, das Du ist selbstverständlich, die Atmosphäre herzlich, wenn auch manchmal etwas ruppig. Man lädt sich gegenseitig zu einer *ombra*, einem Gläschen Wein ein, jede Runde wird von einem anderen beglichen, so daß auch jeder einzelne der zufällig zusammengewürfelten Gesellschaft für einen kurzen Moment die stolze Hauptrolle spielen kann.

Ombra bedeutet wörtlich übersetzt soviel wie Schatten. Der Name wurzelt in einer Usanz aus früheren Zeiten. Da war es Brauch, auf jedem Kirchhof offenen Wein zu verkaufen. Um die Temperatur des Weines möglichst niedrig zu halten, stellten die Händler ihre Stände im Schatten des Kirchturmes auf und wanderten, dem Schatten folgend, rund um den Kirchturm herum. Heute ist eine *ombra* in Venedig und im ganzen Veneto ein Standardmaß für den Weinausschank und entspricht der genauen Hälfte eines Viertelliters.

Zur *ombra* werden *cicheti* gereicht, kleine Appetithäppchen: sauer eingelegte Sardinen, scharfe Sardellen, Tintenfische, Crevettenbrötchen, Fisch- oder Fleischbällchen auf verschiedene Weisen zubereitet, *polenta* (Maisbrei) mit Käse oder Wurstwaren belegt, verschiedene Salami, die der Wirt direkt von den Bauern im Hinterland bezieht, Spanferkelscheiben, gebackene Auberginen oder Zucchetti, eingelegte Paprika, Pilze und kleine Zwiebeln usw. – der Phantasie sind kaum Grenzen gesetzt.

Andar par ombre, was „Pintenkehr" heißt, entspricht einer hochgehaltenen venezianischen Tradition; viele benennen es gar als stadttypische Philosophie, die es zu pflegen gilt. Bunte, feuchtfröhliche Gesellschaften wechseln von einer Osteria zur nächsten. Noch vor rund zehn Jahren gab es Gassen, wo eine Kneipe neben der anderen stand, so zum Beispiel im Quartier Castello an der Salizzada de le Gate oder an der Via Garibaldi. Hier konnten die *avventori*, wie die Kneipengänger genannt werden, von einem Lokal ins andere schwanken, ohne sich der eventuellen Unbill des Wetters auszusetzen: Die Lokale waren durch Innentüren miteinander verbunden.

Heute verschwinden immer mehr der alten, typischen Osterie. Die einen mausern sich zu chromglänzenden Bars oder schicken Trattorie, andere mußten gesichtslosen Pizzerien weichen, vor allem im touristischen Stadtzentrum. Einzig in den noch weitgehend unberührten Randquartieren Cannaregio und Castello sind die gemütlichen Kneipen noch in stattlicher Anzahl zu finden. Hier begegnet man auch noch wahren venezianischen Charakterköpfen, die sich bei Kartenspiel, *cicheti* und zahlreichen *ombre* die Zeit vertreiben. *Erstaunlich ist:* Betrunkene trifft man in Venedig selten.

In Italien versteht man unter Bar etwas anderes als bei uns. Hier ist eine Bar eine Mischung zwischen Kneipe und Kaffeehaus. In der Bar wird zum Frühstück ein eiliger Espresso oder Cappuccino getrunken, vielleicht eine *brioche* dazu geknabbert; hier trifft man sich zu jeder Tageszeit zu einer kurzen Pause, vor dem Mittag- oder Abendessen zu einem Aperitif. In der Bar gibt's zudem meist ein Telefon, in gewissen auch Briefmarken, Zigaretten und Salz zu kaufen. Und in Venedig bieten die Bars eine weitere Spezialität: Auf der Theke sind oft ganze Berge *tramezzini* aufgeschichtet, das sind kleine, dreieckige Weißbrotsandwiches mit abwechslungsreichem Inhalt: Pilz- oder Gemüsefüllung, Crevetten-, Hummer-, Fisch-, Geflügel- und Bratenfüllungen locken. Durchaus eine Möglichkeit für eine schnelle und trotzdem gute Mittagsverpflegung.

Castello:

■ **BAR MIO,** Castello 1820, Via Garibaldi, nahe Giardini. Tel. 71 13 61. Vaporetto 1, Station Giardini.
Stets frische, schmackhafte TRAMEZZINI. So kühl und spritzig die ausgeschenkten Weißweine sind, so warm und einladend präsentiert sich die Atmosphäre im kleinen Lokal.

■ **AE DO MARIE,** Castello 3129, Calle dell'Olio. Vaporetto 5, Station Celestia.
Meine Lieblings-Osteria. In diesem einfachen Lokal erlebt man das volkstümliche Venedig hautnah und unverfälscht: Hausfrauen auf dem Heimweg vom täglichen Einkauf, Arbeiter von der nahen Werft, Handwerker aus den *botteghe* (Werkstätten) des Quartiers und manchmal auch die Totengräber aus der nahegelegenen Kirche S. Francesco della Vigna laden sich hier gegenseitig zu einer *ombra* ein, naschen von den leckeren *cicheti* (hier liegen sie nicht einladend auf, hier muß man danach fragen!) und lassen sich auf hitzige bis deftige, aber immer humorvolle Wortgefechte ein. Im hinteren Raum sitzen meist ein paar Rentner rauchend und gestikulierend beim Kartenspiel und sorgen dafür, daß der Lärmpegel konstant bleibt.

■ **AL GOTO SCARSO,** Castello 4509, Campo SS. Filippo e Giacomo. Vaporetto 1, 2, 4, 5 und 8, Station S. Zaccaria. So geizig, wie der Name – zum halbvollen Glas – suggeriert, ist der Wirt gar nicht, das beweist auch der stets rege Publikumsstrom im Lokal.

■ **PENASA,** Castello 4587, Calle delle Rasse. Tel. 37 202. Vaporetto 1, 2, 4, 5 und 8, Station S. Zaccaria.
Eine noch typische, von Einheimischen besuchte Bar, die goldene Ausnahme inmitten von Abrißlokalen in dieser von Touristen überfluteten Gasse.

San Marco:

■ **AI SPECI,** S. Marco 656, Calle delli Specchieri. Tel. 70 90 88. Vaporetto 1, 2 und 4, Station S. Marco oder S. Zaccaria.
Eine richtige Bar, auch nach deutscher Vorstellung, ruhig, gediegen, gemütlich mit so viel Spiegeln an den Wänden, daß man sich bald selbst als die/der Schönste im ganzen Land fühlt.

■ **SPRING,** S. Marco 5017, Mercerie del Capitello, nahe Kirche S. Salvador.

Tel. 52 36 890. Vaporetto 1, 2 und 4, Station Rialto.
Vornehmlich junge Leute nippen hier die bunten Milchgetränke und Säfte, die phantasievoll aus heimischen und exotischen Früchten gezaubert werden. Ein Tip für VITAMINFREAKS.

■ **DROGHERIA VIANELLO,** S. Marco 4665/C, Ecke Calle S. Luca/Calle dei Fabbri. Tel. 52 24 055. Vaporetto 1, 2 und 4, Station Rialto.
Ein kleines Geschäft, in dem vor allem Tee und Kaffee verkauft wird. Hier soll es den BESTEN CAPPUCCINO *von ganz Venedig* geben, das versichert zumindest der berühmte Fotograf *Fulvio Roiter*. Ein Versuch kann empfohlen werden, man versteht die Kunst des Schaumschlagens wirklich!

■ **BAR TORINO,** S. Marco 4591, Campo S. Luca. Tel. 52 39 914. Vaporetto 1, 2 und 4, Station Rialto.
Berühmt für seine tramezzini. Gegen den späten Nachmittag wird das Lokal von Schülern und Lehrlingen in Beschlag genommen.

■ **LEON BIANCO,** S. Marco 4153, Salizzada S. Luca, Campo S. Luca. Tel. 52 21 180. Vaporetto 1, 2 und 4, Station Rialto.
In der dunkel getäferten Bar ist den ganzen Tag über reger Betrieb. Gute Weine, einige Schnellgerichte und buntgemischtes Publikum.

■ **AL VOLTO,** S. Marco 4081, Calle Cavalli. Tel. 28 945. Vaporetto 1, 2 und 4, Station Rialto.
Eine eigentliche *Enothek*, sprich Weinhandlung, in der eine reiche Auswahl Weine aus der ganzen Welt sowie appetitliche Häppchen jeden in Versuchung führen. Das Lokal ist bei den Venezianern so beliebt, daß es oft eine Kunst ist, sich einen Stehplatz zu ergattern!

■ **OSTERIA ALLE BOTTEGHE,** S. Marco 3454, Calle delle Botteghe, nahe Campo S. Stefano. Tel. 28 181. Vaporetto 1, Station S. Samuele.
Die leckersten CICHETI der ganzen Stadt! Bei den phantasievollen Kreationen aus Fisch, Meeresfrüchten, Wurstwaren, Wild, Geflügel und, und, und... läuft einem zu egal welcher Tageszeit das Wasser im Mund zusammen. Und die gebotenen Weinspezialitäten stehen den Häppchen in nichts nach.

■ **DUCALE,** S. Marco 2354, Calle delle Ostreghe, nahe der Kirche S. Maria del Giglio. Tel. 71 00 02. Vaporetto 1, Station S. Maria del Giglio.
Ein kleines, freundliches Lokal direkt an einer Touristenader. Das Richtige für eine Zwischenverpflegung samt Drink oder Kaffee.

■ **HARRY'S BAR,** S. Marco 1323, Calle Vallaresso. Tel. 52 85 331. Vaporetto 1, 2 und 4, Station S. Marco.
Die zweifellos BERÜHMTESTE BAR der Stadt. Nur, der frühere Lack ist etwas angekratzt. Heute pilgern, zum Leidwesen des Inhabers *Arrigo Cipriani*, immer mehr neugierige Touristen ohne Rang und Namen an diesen Wallfahrtsort der europäischen und amerikanischen Noblesse. Trotzdem: Die vielbesungenen Drinks, ob Bellini oder Tiziano, schmecken herrlich erfrischend, und mit etwas Glück kann man zwischen dem plebejischen Touristenvolk auch heute noch eine aufgedonnerte *Contessa* mit ihrem *Gigolo* an der Theke turteln sehen.

Dorsoduro:

■ **CORNER PUB,** Dorsoduro 684, Calle della Chiesa. Tel. 52 31 606. Vaporetto 1, 2 und 4, Station Accademia.

Wer's zur Abwechslung englisch mag, ist hier richtig beraten, sei's für den Morgenkaffee, den Nachmittagstee oder das Feierabendbier. Dazu werden Sandwiches und andere kleine Zwischenverpflegungen gereicht. Der EINZIGE PUB Venedigs ist beliebter Treffpunkt für Studenten und in der Stadt wohnhafte Ausländer.

■ **L'INCONTRO,** Dorsoduro 3062, Rio Terà dei Pugni. Tel. 22 404. Vaporetto 1, Station Cà Rezzonico.

Zwischen Campo Santa Margherita und Ponte dei Pugni, ein modernisiertes Lokal mit freundlicher Atmosphäre, wo sich Kunsthandwerker und Quartierbewohner zu einem Drink und einem Brötchen zwischendurch treffen.

■ **SOTTO SOPRA,** Dorsoduro 3740, Calle S. Pantalon. Tel. 52 85 320. Vaporetto 1, Station S. Tomà.

Neue, cool gestylte Kaffee-Bar: Weiße Wände, schwarze Möbel, Terrazzo-Boden und die Bedienung in Pink. Moderne KUNST-AUSSTELLUNGEN und die neuesten Charts als Background-Musik. Etwas möchtegernschräg, aber trotzdem recht gemütlich. Einladend: die vielen Sitzgelegenheiten auf zwei Stockwerken!

San Polo:

■ **AL PONTE, ALLA PATATINA,** S. Polo 2742, Calle dei Saonieri, gleich beim Ponte S. Polo. Tel. 52 37 238. Vaporetto 1, Station S. Tomà.

Der Eingang ist so unscheinbar, daß ihn Fremde kaum beachten. Eine noch durch und durch traditionelle Osteria: eine Holztheke zwischen zwei imposanten Säulen, drei Tische und ein paar Basthocker, Häppchen – gebackene Gemüse, Hackfleischbällchen und, daher der Name, stets Pommes frites nach Venezianerart – sowie all die typischen Weine.

Im Herbst unbedingt den *torbolino* probieren – ein junger, noch leicht trüber Weißwein.

■ **CANTINA DO MORI,** S. Polo 450, Calle dei due Mori, Nähe Rialto-Markt. Vaporetto 1, 2 und 4, Station Rialto.

In einer dunklen Seitengasse der vielbegangenen Ruga Vecchia San Giovanni, gleich hinter dem Rialtomarkt. Eine WEINSCHENKE wie anno dazumal, mit Kupferkesseln, Korbflaschen und allerlei Weinzubehör ausgestattet. Hier kommen, vor allem zur Feierabendstunde, Quartierbewohner, Geschäftsleute, Junge und Alte zu einer *ombretta* und phonstarken Gesprächsrunden zusammen. *Eine Spezialität: francobolli*, kulinarische Köstlichkeiten in Briefmarkengröße.

Cannaregio:

■ **ALLA MIMOSA,** Cannaregio, Campiello Selvatico, Nähe Salizzada S. Canciano. Vaporetto 1, Station Cà d'Oro oder Vaporetto 1, 2 und 4, Station Rialto.

Liegt etwas versteckt in einem kleinen Hof. Aber das Suchen lohnt sich, die Stimmung ist gut und die *tramezzini* schmecken köstlich.

■ **DA ARDENGHI,** Cannaregio, Cal-

le della Testa. Vaporetto 1, 2 und 4, Station Rialto.
Eine weitere Osteria mit typischem Lokalkolorit und ausgeprägtem Quartiercharakter. Über der Theke hängen verlockend Salami, Schinken und Rauchkäse, die auf Wunsch der Kunden gleich frisch geschnitten und aufgetischt werden.

■ **AI 40 LADRONI,** Cannaregio 3253, Fondamenta della Sensa. Vaporetto 5, Station Madonna del'Orto.
Die 40 Räuber hätten sich hier bestimmt wohl gefühlt, mit oder ohne Aladin. Ein ursprünglicher Quartiertreffpunkt, wo es sich die Leute an der Theke oder an den Tischen beim Kartenspiel launig-laut wohlsein lassen. Im Sommer organisiert der Wirt gar den Verkauf des HAUSEIGENEN WEINES vor der Tür.

KAFFEEHÄUSER

Die meisten, auf jeden Fall die schönsten und berühmtesten Kaffeehäuser Venedigs sind rund um die Piazza San Marco zu finden. Vor rund dreihundert Jahren öffneten hier unter den Arkaden der Prokuratien die ersten *botteghe da caffè* (Kaffeegeschäfte) ihre Türen. Es waren zu diesen Zeiten noch kleine, dunkle Schenken; aber der Verkauf der kostbaren, aus dem Orient importierten *negra bevanda*, des schwarzen Getränks, wie der Kaffee damals genannt wurde, liess ihre Besitzer goldene Nasen verdienen.

Ihre Blütezeit erlebten die Kaffeehäuser nach dem Einmarsch der Franzosen und dem Fall der venezianischen Republik (1797) Anfang des 19. Jh. Die venezianischen Adligen wurden von einem Tag auf den anderen ihrer politischen Ämter enthoben und machten es sich zur Gewohnheit, ihre nun schier unbegrenzte Freizeit im Kaffeehaus zu verbringen. Zu ihnen gesellten sich bürgerliche Kaufleute und Handwerker, die so ihr neuerworbenes Selbstbewußtsein zur Schau trugen.

Die Kaffeehäuser um die Piazza San Marco galten als *die* Treffpunkte der Stadt und erstrahlten in prunkvollem Glanz. In ihren mit rotem Plüsch, verspielten Malereien und glitzernden Spiegeln dekorierten Intérieurs gaben sich Notable und Grande Dames, Verschwörer und Spione, Künstler und neugierige Venedigbesucher Stelldichein.

Hier wurden gesellschaftliche Rangordnungen beschlossen, politische Intrigen geschmiedet und ganze Nächte dem Glücksspiel gewidmet. Billard, Dame, Domino und verschiedene Kartenspiele zählten zu den damaligen Attraktionen im Kaffeehaus.

Die berühmtesten Lokale am Platz waren und sind heute noch das „Quadri“ und das „Florian“. Beide Kaffeehäuser stehen einander in Sachen Ausstattung, Service und Angebot in nichts nach. Tatsache bleibt jedoch, daß die Venezianer das „Florian“ zu ihrem *caffè* gemacht haben und das „Quadri“ eher meiden. Der Grund ist in der Geschichte zu suchen: Während der österreichischen Besatzungszeit war das „Florian“ die Hochburg der Patrioten und Revolutionäre um *Daniele Manin*, während das „Quadri“ von den Österreichern zum Stammlokal erkoren wurde

– ein „Verrat", den die stolzen und freiheitsliebenden Stadtbewohner bis zum heutigen Tage nicht verziehen haben.

Heute erinnern in den altehrwürdigen Etablissements einzig die herrlich kitschigen, unveränderten Intérieurs an den Glanz vergangener Zeiten. Die Spieltische sind verschwunden, den Platz der oft zwielichtigen Gestalten nehmen heute, vor allem im Sommer, laute Touristenmassen ein, die bereit sind, für das bißchen Nostalgie und die ewiggleichen, von den hauseigenen Orchestern auf der Piazza gefiedelten Melodien astronomische Summen zu zahlen. *Und trotzdem:* Mag die gebotene Musik noch so falsch klingen, irgendwie rührend ist sie allemal, und ihr Fehlen käme einem kaum vorstellbaren Verlust an Atmosphäre gleich. Und es gibt nun mal nichts Schöneres, als an einem lauen Sommerabend auf der Piazza an einem der wackeligen Tische zu sitzen, einen Apéro zu schlürfen und die großartige, lebendige Harmonie ringsherum wirken zu lassen. Ein Erlebnis, das weder brummige Ober noch gesalzene Rechnungen zu trüben vermögen!

■ **FLORIAN,** S. Marco 56/59, Piazza S. Marco. Tel. 52 85 338. Vaporetto 1, 2 und 4, Station S. Marco oder S. Zaccaria.

Für mich ein Stück venezianische Heimat, vor allem im Winter, wenn auf dem verlassenen Markusplatz die Fensterfronten des „Florian" durch den feinen Nebelschleier schimmern und wärmende, ruhige Gemütlichkeit versprechen. Ich fühle mich erst richtig in Venedig, wenn ich an der kleinen Bar sitze und von Barmann *Roberto* mit Kaffee und Neuigkeiten herzlich begrüßt werde. Das „Florian" gilt heute noch als einer der echten Treffpunkte für Einheimische und Besucher. Hier gönnt sich der Chef der *carabinieri* eine kurze Pause, Geschäftsleute, Frauen auf dem Heimweg vom täglichen Einkauf genehmigen sich einen eiligen Kaffee an der Bar, in den stimmungsvollen Sälen nippen gepflegte Damen der besseren Gesellschaft an ihrem Tee, diskutieren Künstler und Kulturschaffende aktuelle Trends und genießen gewöhnliche und illustre Venedigtouristen die unvergleichliche Stimmung.

■ **QUADRI,** S. Marco 120, Piazza S. Marco. Tel. 52 22 105. Vaporetto 1, 2 und 4, Station S. Marco oder S. Zaccaria.

Ebenso hübsch, verspielt und verspiegelt wie das Florian, nur daß hier etwas die *venezianità* fehlt. Dafür kann man bei Walzerklängen mit der Morgensonne flirten, besonders schön an einem klaren Frühjahrsmorgen!

■ **LAVENA,** S. Marco 133/134, Piazza S. Marco. Tel. 52 24 070. Vaporetto 1, 2 und 4. Station S. Marco oder S. Zaccaria.

Das Lieblingslokal *Richard Wagners*, der die romantische Stimmung zwischen den glänzenden Messingsäulen geschätzt haben soll. Dem Kaffeehaus sind ein Restaurant und eine Piano-Bar angegliedert.

■ **CHIOGGIA,** S. Marco 11, Piazzetta S. Marco. Tel. 52 85 011. Vaporetto 1, 2 und 4, Station S. Marco oder S. Zaccaria.

Hier spielt der hübscheste, BLAUÄUGIGSTE STEHGEIGER der Piazza.

■ **TODARO,** S. Marco 3, Piazzetta S. Marco. Vaporetto 1, 2 und 4, Station S. Marco oder S. Zaccaria.

An der Ecke zwischen Piazzetta und Molo, direkt beim Gondelanlegeplatz. Schöne Aussicht auf das *Bacino di San Marco* und die Insel *San Giorgio* und ideale Beobachtungsstation für das emsige Treiben rundherum: Touristengruppen und ihre unermüdlichen Ciceroni, Gondolieri, Taubenfutter- und Souvenirverkäufer, Hobbymaler und Fotografen sorgen für Abwechslung.

■ **DO LEONI,** Castello 4171, Riva degli Schiavoni, im Hotel Londra. Tel. 25 032. Vaporetto 1, 2, 4, 5 und 8, Station S. Zaccaria.

Besonders im Winter sind das Café und die Piano-Bar im Hotel Londra Palace als gemütlicher Nachmittags- und Abendtreffpunkt beliebt.

■ **ZORZI,** S. Marco 4357, Calle dei Fuseri, beim Campo S. Luca. Tel. 25 350. Vaporetto 1, 2 und 4, Station Rialto.

In den intimen Sälen treffen sich junge venezianische Liebespaare. *Herrlich: cioccolata alla panna*, heiße Schokolade mit Sahne. *Mittags gibt's kleine vegetarische Gerichte.*

■ **INGUANOTTO,** S. Marco 4819, Ponte del Lovo, nahe Teatro Goldoni. Tel. 70 84 39. Vaporetto 1, 2 und 4, Station Rialto.

Das Rendezvous nach fünf Uhr bei Tee und Kuchen.

GELATERIE/PASTICCERIE

Für Süßes scheint man in dieser Stadt eine wahre Schwäche zu hegen. In den Kaffeehäusern und *pasticcerie* (Konditoreien) läßt eine riesige Auswahl an zuckrigen Herrlichkeiten einem das Wasser im Mund zusammenlaufen. Wenn es um Süßes geht, nehmen es die Venezianer nicht mal mit dem sonst eifersüchtig gepflegten Patriotismus genau: In der venezianischen Zuckerbäkkerkunst sind orientalische und auch österreichische Einflüsse unverkennbar. Zu den Spezialitäten zählen Mandelgebäck, Rosinenkränze, Strudel und die Crèmeschnitten, die in anderen italienischen Ortschaften den Namen *sfoglia veneziana* tragen.

Traditionellstes venezianisches Gebäck sind die *baicoli*, eine Art süße, dünne Zwiebackscheibchen, die sowohl zu Wein als auch zu Tee und Kaffee gereicht werden. Ebenfalls jahrhundertealter Tradition erfreuen sich die *fritole*, in Öl fritierte Hefeklößchen mit Rosinen, die vor allem während des Karnevals überall verkauft werden.

■ **PASTICCERIA S. MARIA FORMOSA,** Castello 5235, Campo S. Maria Formosa. Tel. 52 38 958. Vaporetto 1, 2, 4, 5 und 8, Station S. Zaccaria.

An einem der noch ganz typischen venezianischen *campi*. Die richtige Adresse für eine Verschnaufpause bei Kaffee, Tee und süßen VERSUCHUNGEN in allen Variationen.

■ **ROSA SALVA,** S. Marco 4589, Campo S. Luca. Tel. 25 385. Vaporetto 1, 2 und 4, Station Rialto.

Hier wird im Stehen und meist auch im dichten Gedränge geschlemmt, was

◄ *Berühmte Bars und "Barkeeper": Arrigo Cipriani, Inhaber der "besten Bar der Welt", der Harry's Bar (o) und Barman Roberto im venezianischsten Winkel des Caffè Florian (u).*

Naschkatzen beim Anblick der verlokkenden *paste* und *pasticcini* jedoch kaum stören wird.

■ **GELATERIA PAOLIN,** S. Marco 2962, Campo S. Stefano. Tel. 25 576. Vaporetto 1, 2 und 4, Station Accademia.

Hier treffen sich vor allem auch Junge und Intellektuelle zu einem Eis. Im Sommer kann man genüßlich an der Sonne sitzen.

■ **GELATERIA NICO,** Dorsoduro 922, Zattere ai Gesuati. Tel. 25 293. Vaporetto 5 und 8, Station Zattere oder Vaporetto 1, 2 und 4, Station Accademia.

Auf Nicos Eis-Herrlichkeiten mögen die VenezianerInnen nicht mal im kältesten Winter verzichten. Das Lokal ist meist gedrängt voll, und es kann versichert werden: Diese Eisspezialitäten sind mehr als eine SÜNDE wert. *Riesige Portionen!*

■ **CAUSIN,** Dorsoduro, Campo S. Margherita. Vaporetto 1, Station Cà Rezzonico.

Ein einfaches, urgemütliches Lokal mit einigen Tischen. Quartierbewohner, Auswärtige und am Sonntag ganze Familien lassen sich hier von den hausgemachten Eisspezialitäten verführen.

■ **BAR S. ERASMO,** Cannaregio 5546, S. Canciano. Tel. 37 656. Vaporetto 1, 2 und 4, Station Rialto oder Vaporetto 1, Station Cà d'Oro.

Ein neues Lokal, wo man an kleinen Tischen Kaffee trinken, Süßes naschen und selbstverständlich auch hausgemachtes Eis schlecken kann.

■ **HARRY'S DOLCI,** Giudecca 773, Fondamenta S. Biagio. Tel. 52 24 844. Vaporetto 5, Station S. Eufemia.

Was der Name verspricht, Süßes nämlich, wird in diesem Restaurant auf der Insel Giudecca (siehe Kapitel „Essen und Trinken") auch gehalten: traditionelles venezianisches GEBÄCK (auch zum Mitnehmen!), Kuchen und Törtchen schmecken wunderbar. *Ein Tip für einen ausgedehnten Nachmittagstee oder -kaffee.*

Venezianische Nächte

Die schönste Art, Venedig by night zu erleben? Machen Sie es wie *Simone de Beauvoir* und *Jean Paul Sartre*, lassen Sie sich von einer ausgedehnten Mondscheinwanderung durch die stillen Gassen verzaubern! Ein wirklich einzigartiges Erlebnis, das keine andere Stadt der Welt zu bieten hat. Spätestens um Mitternacht liegt Venedig in gespenstische Stille gehüllt, die eigenen Schritte hallen übers Pflaster, einzig ein paar Katzen streunen durch die Gassen. Laternen zeichnen faszinierende Muster in den *sottoporteghi*, den schmalen Unterführungen, und werfen zittrige Schimmer ins Dunkel der Kanäle. Da und dort schaukeln ein paar einsame Gondeln. Man glaubt zu hören, wie die leichten Wellen an den Fundamenten nagen. Die Stadt zeigt ihr verborgenes Gesicht: Prunk und Pracht von Palazzi und Kirchen verlieren sich in geheimnisvollen Schatten. Sehenswürdigkeiten und Schaufensterauslagen hat die Dunkelheit verschluckt. Eine geradezu magische Stimmung liegt über der ganzen Stadt: Legenden von Wundern, Hexen und Zauberei scheinen plötzlich glaubhaft. Es ist, als wäre unmerklich die Zeit um ein paar Jahrhunderte zurückgedreht worden: Im nächtlichen Venedig gelingt es auch ohne Zeitmaschine, allein mit etwas Phantasie, in die Vergangenheit einzutauchen. Zugegeben, ein wenig unheimlich ist so eine Nachtwanderung durch Venedig schon, aber auch unheimlich spannend. Und meiner Erfahrung nach auch nicht weiter gefährlich. Wohl ist es besser, sich nicht in die ganz abgelegenen Gegenden in Castello, Cannaregio und rund ums Quartier Santa Marta zu verirren, allein das Zentrum bietet in den stillen Nachtstunden abenteuerlichen Zauber im Überfluß. Und nach Schauer und Magie findet man spätestens im Morgengrauen mitten im bodenständigen Treiben am Rialtomarkt in die Wirklichkeit zurück.

Zwei prosaische Details gilt es zu organisieren, soll das romantische Abenteuer gelingen: Packen Sie ein Picknick ein (von offenen Lokalen können Sie nachts in Venedig nur träumen), und erkundigen Sie sich in Ihrem Hotel, ob und wie Sie mitten in der Nacht oder frühmorgens hineinkommen. Vor allem in kleineren, günstigeren Pensionen gibt es keinen Nachtportier, da spart die Vorankündigung einer späten Heimkehr (mit spät ist jede Zeit nach Mitternacht gemeint...) auf jeden Fall Ärger. Es gibt nichts Grantigeres als aus dem Schlaf gerissene venezianische Pensionsväter oder -mütter, sie schaffen es, die schönste Hochstimmung innert Sekunden auf den Nullpunkt zu bringen, und impfen derart gekonnt Schuldgefühle ein, daß man sich danach wie eingeschüchterte InternatsschülerInnen verpflichtet fühlt, „rechtzeitig" vor zwölf nach Hause zu pilgern.

Viel verpaßt man dabei eh nicht. Denn abgesehen von einsamen nächtlichen Streifzügen hat Venedig in Sachen Nachtleben etwa soviel zu bieten wie ein verschlafenes Provinznest. Die Lokale, die bis zwei Uhr früh offen haben, kann man an einer Hand abzählen, und die drei Discos in der Stadt dürfen schlicht als langweilig abgetan werden. Nach zehn Uhr abends rattern in Restaurants und Bars die Rolläden runter, und spätestens um zwölf verwandelt sich Venedig in eine menschenleere Geisterstadt. Nichts erinnert mehr daran, daß Venedig noch bis vor rund hundert Jahren für seine nächtlichen Ausschweifungen berühmt war. Die heutigen Bewohner sind ausgesprochene Stubenhocker: Am Abend sitzt man zu Hause, vielleicht mit Freunden in fröhlicher Runde, meist jedoch vor der Fernsehkiste. Und die Touristen sollen gefälligst das gleiche tun. Schließlich ist Venedig ja die Stadt der Verliebten, der Inbegriff für Honeymoon. Und Paare in den Flitterwochen wissen die traute (und teure) Intimität des Hotelzimmers wohl zu schätzen... Für die anderen bleibt das Fernsehprogramm (die meisten Unterkünfte haben heute TV), wo man bis in die frühen Morgenstunden zwischen Sex-Shows, Action-Thriller oder irrwitzigen Werbesendungen nur zu wählen braucht.

Wem das nicht genügt: Ein paar wenige Möglichkeiten gibt's, wo man sich mit etwas Glück zumindest ein paar Nachtstunden um die Ohren schlagen kann. Frustrierten Nachtvögeln bieten oft die Bars in den großen Hotels Trost. Oft, aber nicht immer: Wenn keine oder zuwenig Gäste sich um den melancholischen Barpianisten scharen, wird das Lokal ganz einfach dichtgemacht. Eine ungeschriebene Regel, die auch für alle anderen offiziell bis zwei Uhr früh geöffneten Kneipen gilt. Und gleich eine weitere Warnung: In den Herbst- und Wintermonaten sind die venezianischen Nächte noch stiller als im Sommer, dann schließen auch viele der im folgenden aufgeführten Lokale schon um Mitternacht.

■ Einen speziellen Trick wendet die **HARRY'S BAR** rund ums Jahr an: In der „berühmtesten Bar der Welt" muß man sich schon vor 11 Uhr abends einen Platz erobern, dann kann hier gefeiert werden bis zwei Uhr früh, je nach Gästen auch länger. Wer später kommt, steht unweigerlich vor verriegelten Türen.

■ Garantierte Öffnungszeiten bietet das **CASINO' MUNICIPALE**: 15–3 Uhr das ganze Jahr über. Das Kasino Venedigs hat zwei Sitze: Im Sommer kann man sich auf dem *Lido* bei Spiel und Glückjagd verlustieren. Von Oktober bis März wird in den eleganten Saalfluchten des *Palazzo Vendramin Calergi* Roulette, Blackjack, Trente-et -quarante usw. gespielt und im angeschlossenen **NIGHTCLUB CASANOVA** getanzt oder ganz einfach edel rumgehängt.

■ **CASINO' DEL LIDO,** Lungomare Guglielmo Marconi 4. Tel. 76 70 54. Vaporetto 1, 2, 6 und 14, Station S.M. Elisabetta.

■ **PALAZZO VENDRAMIN CALERGI,** Cannaregio, Calle Larga Vendramin. Tel. 72 00 44. Vaporetto 1, Station San Marcuola.

■ **MARTINI SCALA-CLUB,** San Marco 1980, Campo San Fantin (beim Theater Fenice). Tel. 52 24 21. Vaporetto 1 und 2, Station San Marco, oder Vaporetto 1, Station Santa Maria del Giglio. Geöffnet 22–3.30 Uhr (im Winter ab 20.30 Uhr), Di geschlossen.
Früher hieß das Lokal, das zum Nobelrestaurant „Antico Martini" gehört, schlicht „Martini" und war ein teurer Night-Club mit eher langweiligen Shows. Nun wurde es in eine gediegene Piano-Bar umgestaltet, wo man sich zum Plaudern bei einem Drink oder auch für ein MITTERNÄCHTLICHES DINNER treffen kann. Im Sommer wird auch im romantischen Garten im Hof serviert.

■ **VINO VINO,** San Marco 2007/A, Calle del Cafetier (beim Theater Fenice). Tel. 52 24 21. Vaporetto 1 und 2, Station San Marco, oder Vaporetto 1, Station Santa Maria del Giglio. Geöffnet 10–1 Uhr, Di geschlossen.
Die erste „Wine Bar" Italiens – ein neues sympathisches und günstiges Lokal, das ebenfalls zum „Antico Martini" gehört. Hier werden jedoch junge, UNKOMPLIZIERTE STIMMUNG und traditionelle Küche, viele kleine Häppchen, bis nach Mitternacht geboten.

■ **AL CAMPIELLO,** San Marco 4346/A, Calle dei Fuseri. Tel.

52 06 396. Vaporetto 1 und 2, Station San Marco oder ialto. Geöffnet 9–2 Uhr, Mo geschlossen.
Die richtige Adresse für ein herzhaftes Mahl nach Mitternacht!

■ **TEEN'S CLUB,** San Marco 4890, Fondamenta Morosini della Regina (bei den Mercerie). Tel. 52 04 932. Vaporetto 1 und 2, Station Rialto. Geöffnet 20–4 Uhr.
Eine Discothek in einem alten Palazzo. Die Öffnungszeiten sind mit Vorsicht zu genießen: Wenn das Publikum fehlt, wird früher dichtgemacht. Zurzeit wird diskutiert, ob die Disco ganz geschlossen werden soll – vielen Venezianern ist das laute Lokal mitten im Zentrum ein Dorn im Auge.

■ **IL CHERUBINO,** San Marco 4118, Calle San Antonio (beim Campo San Luca). Tel. 52 00 852. Vaporetto 1 und 2, Station Rialto. Geöffnet 16–1 Uhr.
Eines der jugendlichen IN-LOKALE der Stadt, wo friedliche oder erhitzte Gespräche in barocker Kulisse, unter den spöttischen Blicken neckischer Putenengel (ital. *cherubini*), für Stimmung sorgen. Herrliche Drinks, aber saftige Preise!

■ **CORNER PUB,** Dorsoduro 684, Calle della Chiesa. Tel. 52 31 606. Vaporetto 1 und 2, Station Accademia. Geöffnet 8–1 Uhr, Di geschlossen.
Bierselige Stimmung im englischen Stil und meist in anglophiler Runde. Hier treffen sich vor allem Studenten und in Venedig wohnhafte Ausländer.

■ **LINEA D'OMBRA,** Dorsoduro 19, Fondamenta Zattere. Tel. 52 85 259. Vaporetto 1, Station Salute. Geöffnet bis 2 Uhr, Mi geschlossen.
Eine sympathisch gestylte *Piano-Bar* mit guter Musik. Viele bunte Drinks und eine recht große Auswahl an Bier- und Weinsorten. *Das Schönste:* ein paar Tische im Freien mit Blick auf den Giudecca-Kanal – ideal für romantische Sommernächte!

■ **EL SOUK,** Dorsoduro 1056/A, Calle Contarini Corfù. Tel. 52 00 371. Vaporetto 1 und 2, Station Accademia. Geöffnet 19–3 Uhr, So geschlossen.
Nach Feierabend ein Pub, zu vorgerückter Stunde eine Disco – klein, eng, schummerig und seltsam gestylt: Paßt genau zu den etwas reichlich blasierten Vögeln, die hier die Stammkundschaft bilden.

■ **PARADISO PERDUTO,** Cannaregio 6015, Fondamenta della Misericordia. Tel. 72 05 81. Vaporetto 1, Station San Marcuola oder Cà d'Oro. Geöffnet 11–24.30/ Uhr, Mi geschlossen.
Verraucht, gemütlich, meist dicht besetzt mit jungen Leuten, die hier einfache Gerichte genießen, den spritzigen Weinen zusprechen und Musik hören. Oft gibt's im „verlorenen Paradies" LIFE-MUSIK, meist guten Jazz!

■ **OSTERIA CANTINA VENETA,** Giudecca 93, Fondamenta della Croce. Tel. 52 22 195. Vaporetto 5 und 8, Station Zitelle. Geöffnet 8–2 Uhr, Di geschlossen.
Eine normale venezianische Osteria: Hier finden Nachtvögel, die wegen ihrer Unterkunft auf die verschlafene Giudecca-Insel verbannt sind, etwas Trost.

Mein Tip:
An jene, denen die Suche nach nächtli-

chem Vergnügen im verschlafenen Venedig zu mühsam ist und die schicksalsergeben ihre venezianischen Nächte nach einheimischer Manier verbringen: Ich trinke meinen Night Cup am liebsten im **FLORIAN**, das garantiert bis Mitternacht offen hat. Im Sommer besonders schön, an einem einsamen Tischchen auf dem verwaisten, verträumten, seinen ganzen Zauber entfaltenden Markusplatz die Stille zu genießen.

Kunst, Kultur, Spektakel

Nostalgisches Disneyland in der Lagune – dies prophezeien zynische Realisten als die Zukunft Venedigs. Eine Perspektive, die die Stadtmächtigen entschieden von sich weisen und mit allen Mitteln zu widerlegen suchen. Sie wollen Venedig als lebendige, attraktive Stadt verkaufen.

Damit nicht genug: Venedig muß an der Spitze stehen, tonangebend sein, das ist man schon der stolzen Tradition schuldig. Und da in wirtschaftlichen und politischen Bereichen der Anschluß längst verpaßt ist, konzentrieren sich alle Anstrengungen auf eine Trendsetter-Position im aktuellen Kulturbetrieb. Während Jahrzehnten kam dabei der **BIENNALE** (siehe nächstes Kapitel) eine führende Rolle zu. Ob moderne Kunst, Film, Theater, Musik oder Architektur, die Veranstaltungen der Biennale setzten weltweit Akzente. Diese Zeiten sind vorbei, die Institution Biennale hat beträchtlich an Prestige verloren, einzig die **BIENNALE DEL CINEMA**, das Filmfestival, ist ein, wenn auch umstrittenes Ereignis geblieben. So werden krampfhaft neue Möglichkeiten gesucht, Venedig als Kulturmetropole ins Rampenlicht zu rücken.

Ein Resultat dieser schier verzweifelten Bemühungen ist die Wiederbelegung des Karnevals. Ein höchst fragwürdiges Resultat: Der **CARNEVALE** (siehe Kapitel „Karneval hinter den Masken“) ist zu einem Massenspektakel geworden, das die Stadt heute schon in ein Disneyland verwandelt und die Visionen auch zynischer Pessimisten bestätigt.

Besorgte Fach- und Einwohnerkreise warnen seit Jahren vor solchen Großveranstaltungen, die der Stadt weit mehr Schaden zufügen, als sie Einnahmen oder Prestige bringen. Die Kulturförderer von Amtes wegen stellten sich bisher solchen Argumenten gegenüber taub und frönten munter weiter ihrer Schwäche für medienwirksame Monsteranlässe. Bis ihnen ihr Hang zum Größenwahn zum Verhängnis wurde: Das Pink-Floyd-Konzert im Juli 1989 wurde zum weltweit angeprangerten Skandal.

Venedig, das sich durch die rigorosen Maßnahmen gegen Rucksacktouristen bei den Jugendlichen viele Sympathien verspielt hatte, inszenierte Jugendkultur im großen Stil. Aber wie! 200 000 Rockfans überfluteten die Stadt, drängten in einem unglaublichen Chaos zum Markusplatz vor. Die wenigsten konnten sich einen Platz mit Sicht auf

▶
Alltägliche Strassenszenen:
Venedig wirkt seit jeher fördernd auf Liebes– wie auf bildende Künste.

EXPO
NEZIA
Palazzo Grassi V zia 30.IV→5.XI.1989 Ore 10–19

die Musiker ergattern, die auf einem Floß in der Lagune, gleich vor dem Markusplatz spielten. Alle anderen blieben in den umliegenden Gassen stecken, wütend und frustriert, und viele machten ihren Gefühlen durch Vandalenakte Luft.

Und das war nur der Anfang: Die venezianischen Organisatoren hatten wohl dafür gesorgt, daß das publikumswirksame Ereignis über 23 Fernsehstationen weltweit verbreitet wurde. Die elementarsten Vorkehrungen, die für jeden Veranstalter eines Provinz-Openairs selbstverständlich sind, wurden unterlassen. Weder Toiletten noch Sanitätsstationen, weder Abfallcontainer noch Verpflegungsstände wurden aufgestellt. Restaurants und Bars waren geschlossen. An billige Übernachtungsmöglichkeiten hatte niemand gedacht. Es gab keine speziellen Wegweiser, geschweige denn Ordnungshüter, die in der labyrinthähnlichen Stadt hätten weiterhelfen können. Die Katastrophe war vorprogrammiert: Die halbe Stadt und vor allem der Markusplatz glich nach dem Megakonzert einem Schlachtfeld, war in eine stinkende Müllhalde verwandelt. Die Lautstärke hatte zudem den Marmor an mehreren Gebäuden zum Bröckeln gebracht. Auch diese Bilder der Verwüstung gingen um die Welt. Da fehlten den Verantwortlichen für einmal beschönigende Argumente, die Schäden waren zu offensichtlich. Die Regierung mußte die Konsequenzen ziehen und zurücktreten. Der Skandal war perfekt.

Ob dieser Vorfall in der Kulturpolitik Venedigs ein Umdenken bewirkt, wird die Zukunft weisen, scheint aber zumindest fraglich. Das nächste Mega-Ereignis steht schon zur Debatte: die **EXPO 2000**. Die Lagunenstadt plant, sich für die Weltausstellung im Jahr 2000 zu bewerben. Das gigantische Projekt sieht unter anderem den Bau von Tunnels und Brücken zwischen den Laguneninseln vor. Solche Bauvorhaben und der programmierte Massenandrang von Besuchern haben schon eine heftige Opposition aus den Reihen der Umweltschützer, der Grünen, der Radikalen und Kommunisten auf den Plan gerufen, die zu Recht vor katastrophalen Folgen für das ohnehin gefährdete, heikle ökologische Gleichgewicht in der Lagune warnen. Venedig, betonen Urbanistiker und Umweltschützer, kann höchstens 25 000 Touristen pro Tag verkraften. Während der Weltausstellung müßte man jedoch mit mindestens 100 000 Besuchern täglich rechnen, was einem verheerenden modernen „Hunnensturm“ gleichkomme. Die Befürworter der Expo, die sich vor allem aus Christdemokraten, Sozialisten und Wirtschaftskreisen rekrutieren, denken jedoch unbeirrt weiter zum Wohle der Stadt: Die Ausstellung, argumentieren sie, zementiere das Image eines „modernen Venedigs“, und das bedeute Business und Zukunftsperspektiven...

Qualität statt Quantität – mit dieser Devise, der einzigen den Bedingungen Venedigs angemessenen, tun sich die Kulturverantwortlichen schwer. Obwohl es in der Stadt ein glänzendes Beispiel gibt, das genau auf diese Weise in der Kunst- und Kulturszene international gültige Maßstäbe setzt: **PALAZZO**

GRASSI.

Das Kulturzentrum am Canal Grande wurde vor drei Jahren eröffnet. Interessanter Hintergrund: Palazzo Grassi gehört der Fiat und wird durch eine vom Automobilkonzern kontrollierte Stiftung geführt – streng nach Managerprinzipien, wie die Verantwortlichen betonen. Hohe Qualität hat dabei Priorität. Für das Zentrum wurden die besten Fachleute berufen. Die berühmte Architektin *Gae Aulenti* hat den Um- und Innenausbau des alten Palazzo bis ins kleinste Detail mit äußerster Sorgfalt und, man darf ruhig sagen, virtuosem Können an die Hand genommen. Für die künstlerische Leitung zeichnet kein geringerer als *Pontus Hulton* verantwortlich, der kreative Schwede, der schon das Centre Pompidou in Paris in Schwung brachte und der in Fachkreisen als der „Visionär der Moderne" gefeiert wird.

Palazzo Grassi vermittelt die Atmosphäre eines großen New Yorker Museums, harmonisch integriert ins Ambiente des venezianischen *Settecento*: die Öffnungszeiten sind durchgehend, neun Stunden täglich. Die Infrastruktur (Bar, Cafeteria und genügend Ruhebänke) und die Sicherheitseinrichtungen gelten als vorbildlich. Das Kulturzentrum arbeitet nach klarem Konzept: zwei Ausstellungen pro Jahr, die stets ein paar Monate dauern und aufs sorgfältigste, zum Teil in mehrjähriger Arbeit vorbereitet werden. Die Mühe lohnt: Jede bisherige Ausstellung, von den Futuristen über Tinguely, Arcinboldo, die Phönizier bis zur modernen italienischen Malerei, fand international große Beachtung, polierte den Ruf Venedigs als Kunstmetropole beachtlich auf. Alle Veranstaltungen brachten zudem riesigen Publikumserfolg. Zu Tausenden pilgerten Kunstfreaks aus aller Welt nur wegen der einen oder anderen Ausstellung nach Venedig, jedoch nicht in verheerenden Horden, sondern sinnvoll verteilt übers ganze Jahr.

Ganz allgemein: Venedig hat für Kunst- und Kulturinteressierte das ganze Jahr über einiges zu bieten – hochkarätige Ausstellungen, Konzerte, Theater. *Das einzige Problem:* herauszufinden, was wann wo geboten wird. In den Lokalzeitungen und Broschüren „Un ospite di Venezia – a Guest in Venice" und „Venezia Programmi" sind ein Großteil der Veranstaltungen aufgeführt. Diese Broschüren sind bei den EPT-Informationsbüros oder beim Assessorato al Turismo (siehe Kapitel „Informationen") erhältlich. Diese Stellen sollten auch über alle aktuellen Ereignisse informieren können. – Sollten, denn oft sind sie dazu nicht in der Lage, ganz einfach weil ihnen die nötigen Daten nicht zugespielt wurden. Deshalb: Wer sich in Venedig für kulturelle Anlässe interessiert, muß sich – genau wie es die Einheimischen machen – an die überall an den Hauswänden klebenden Plakate halten. Sie bieten die wohl aktuellste und genaueste Informationsquelle.

DIE BIENNALE

Die erste Kunstbiennale Venedigs wurde 1895 eingeweiht, mit Pomp und Gloria im Beisein des italienischen Königs

CINEMA

Umberto und der Königin Margherita. 12 Länder beteiligten sich an dieser ersten Ausstellung, die in einem einzigen Pavillon in den *Giardini* im Stadtteil Castello Platz fand. Der Erfolg war riesig, in den kommenden Jahren bewarben sich immer mehr Länder um eine Teilnahme. Die Idee der nationalen Pavillons wurde geboren, und heute ist die Grünfläche der *Giardini* von mehr oder weniger originellen Länderpavillons durchsetzt.

Der bahnbrechende Erfolg der Kunstbiennale animierte andere Kulturbereiche zur Nachahmung: 1930 wurde, immer unter dem inzwischen zum Markenzeichen gewordenen Begriff „Biennale", das *Festival di Musica Contemporanea* ins Leben gerufen, 1932 flimmerte die erste *Mostra Internazionale d 'Arte Cinematografica* auf dem Lido über die Leinwände, und 1934 konnte zum erstenmal das *Festival del Teatro* durchgeführt werden. Mit Ausnahme der Kunstbiennale gingen all diese Veranstaltungen, dem Namen zum Trotz, schon bald zu einem jährlichen Rhythmus über.

Die Anlässe im Rahmen der Biennale begründeten während Jahrzehnten den Ruf Venedigs als wegweisender Metropole in Sachen modernes Kunst- und Kulturschaffen. Nach 1968 jedoch geriet vor allem die Kunstbiennale ins Kreuzfeuer der Kritik: Den einen war sie zu progressiv, den anderen zu einseitig. Und im Laufe der Jahre wurde der Vorwurf der Vetternwirtschaft immer lauter: Die Biennale biete keinen Spiegel des aktuellen Kunstschaffens mehr, lediglich Künstler mit ganz bestimmten Beziehungen seien zugelassen, wurde kritisiert. Die angeheizten Polemiken zeigten bald Folgen: Häufige Leitungs- und Konzeptwechsel führten zu einem traurigen Profilverlust. Eine Situation, die bis heute andauert.

Zwar bemühten sich die Verantwortlichen in den letzten Jahren, die Biennale wieder vermehrt ins kulturelle Leben der Stadt einzubinden, sie auch für die Einheimischen durch Zusatzveranstaltungen attraktiv zu gestalten. Eine begrüßenswerte Initiative, die jedoch nur mäßigen Erfolg brachte.

Die Debakel rund um die Biennale nehmen in Venedig kein Ende: Finanzmisere, Unterschlagung, überrissene Spesenrechnungen führten zum letzten Biennale-Skandal. Machtkämpfe auf dem politischen Parkett und Diskussionen ums Köpferollen beherrschen die Auseinandersetzung. Künstlerische Qualität und inhaltliche Konzepte stehen dabei eindeutig im Hintergrund. Insofern spiegelt die Biennale deutlich die aktuelle Situation der Kulturpolitik Venedigs wider. Bevor da neue Weichen gestellt werden, ist wohl kaum mit einer Wiederbelebung der einstigen Biennale-Erfolge zu rechnen.

KINO

Die aktuellen Kinoprogramme sowie Öffnungszeiten werden in Lokalblättern publiziert oder können über Telefonnummer 198 abgerufen werden. Eines sei jedoch betont: Trotz weltweitem Ruf der Filmbiennale – ein Filmbesuch in Venedig kann höchstens Liebhabern alter Streifen empfohlen

◀ *Kulturmetropole Venedig: Pontus Hulton (o. im Gespräch mit der Autorin) beweist mit Ausstellungen im Palazzo Grassi publikumswirksame Kreativität. Beim Filmfestival locken Stars Medienleute und Fans aufs Lido.*

werden.

■ **ACCADEMIA,** Dorsoduro 1019, Calle Corfù. Tel. 52 87 706. Vaporetto 1, 2 und 4, Station Accademia.

■ **CENTRALE,** S. Marco 1659, Frezzeria. Tel. 52 28 201. Vaporetto 1, 2 und 4, Station S. Marco.

Hier wird täglich zu jeder vollen Stunde die Geschichte Venedigs in einer attraktiven Multivisions-Show mit Simultanübersetzung gefeiert. Öffnungszeiten für diesen durchaus empfehlenswerten Exkurs in die Vergangenheit: 1. Okt.–30. Nov. 9–15 Uhr; 1.–31. Dez. 9–12 Uhr; 1.–18. Feb. 9–13 Uhr; 1. März –30. Sept. 9–17 Uhr; im Januar geschlossen.

■ **OLIMPIA,** S. Marco 1094, Campo San Gallo. Tel. 52 05 439. Vaporetto 1, 2 und 4, Station S. Marco.

■ **ROSSINI,** S. Marco 4000, Ponte del Teatro, Calle delle Muneghe. Tel. 52 30 322. Vaporetto 1, Station S. Maria del Giglio.

■ **RITZ,** S. Marco 617, Piscina S. Zulian. Tel. 52 04 429. Vaporetto 1, 2 und 4, Station S. Marco.

FILMFESTIVAL

Von Martin Schaub

Seit 1932 findet jeden Spätsommer auf dem Lido, rund um das orientalisch anmutende Nobelhotel Excelsior, ein Filmfestival statt: die älteste, ehrwürdigste Veranstaltung dieser Art; die einzige, die der ursprünglichen Zweckbestimmung jährlich neu treu zu bleiben versucht – trotz der immer unverschämteren Kommerzialisierung des Mediums. „Prima esposizione internazionale d'arte cinematografica" nannte sich das erste Festival im Park des Hotels. Und das Wort „arte" – Kunst also – hat sich im Namen der Veranstaltung bis in die siebziger Jahre gehalten, als das – immer wieder faschistisch genannte – Statut aus dem Jahre 1936 revidiert wurde.

Mögen alle anderen Filmfestivals zu gigantischen Mustermessen werden, zu Schlachtfeldern der Medienmogulen mit ihrem in die Tausende gehenden Fußvolk, mögen sie sich um die letzten Produkte einer längst von Marktstrategien bestimmten Industrie reißen – die *Mostra Internazionale del Cinema* bleibt eine noble, staatlich hochsubventionierte Angelegenheit der Eingeweihten, das Mekka der letzten Cineasten sozusagen. Noch immer sind da beispielsweise die ausgehängten Plakate in der Mehrzahl offizielle, und die von den Veranstaltern herausgegebenen, von reputierten Grafikern gestalteten Kataloge übertreffen an Gewicht und an Kompetenz das Informationsmaterial, das die Produzenten – in vergleichsweise kleinen Quantitäten – heranschaffen.

Wenn sich nicht gerade König *Fellini* mit einer ansehnlichen und in strahlendes Weiß gekleideten Polizeieskorte durch die Kanäle und das Hafenbecken der Insel nähert (ein Umzug, der dann *in extenso* für das interne TV-Netz der *Mostra* aufgezeichnet wird), bleiben die Filmliebhaber unter sich: Regisseure, Schauspieler, Filmtechniker, Journalisten aller Medien. Erstaunlich, wie breit und intensiv die italienischen Medien über ein Ereignis berichten und argumentieren, das – abgesehen von ein paar Projektoren in Venedig „drinnen" und in Mestre – außerhalb des Quadratkilometers zwischen dem *Grand Hotel des Bains* und dem *Grand Hotel Excelsior* kaum auffällt.

Ein exklusiver Anlaß für Kultursnobs? Ja und nein. Nur noch in Locarno ist es für den „gewöhnlich Sterblichen" leichter, dabei oder gar mitten drin zu sein. Abends um neun Uhr läuft in der *Openair-Arena* (oft in italienischen Synchronfassungen) das Wettbewerbs-Doppelprogramm. Und das sind die lebendigsten Filmvorführungen, die man weit und breit erleben kann – mit viel Gemurmel, ausgiebigen Lachern, Zwischenrufen, Gelati und Getränken. Die Mitternachtsvorstellungen im *Palazzo del Cinema* (Chic der dreißiger Jahre! Kostenfrei auch für durchschnittlich Raffinierte) sind in den letzten Jahren zu regelrechten Volksbelustigungen geworden. Die „offiziellen" Wettbewerbsvorstellungen am späten Nachmittag und am Abend dagegen sind nicht billig, da bleibt die „Crème" – mit Freikarten versteht sich! – unter sich.

Das „Festivalgefühl" allerdings stellt sich für den Zaungast am stärksten in der Halle und auf den Terrassen des *Excelsior* ein: Dutzende von Radio- und Fernsehequipen belauern und belauschen die Stars, und der zufällige Gast setzt sich einfach zufällig in den nächsten Fauteuil. Hier kann er auch, Überwindung der Schüchternheit vorausgesetzt, *Bernardo Bertolucci* oder *Theo Angelopoulos*, die *Brüder Taviani* oder *Milos Forman* direkt ansprechen, ohne daß diese nach einem Presseausweis oder dergleichen fragen, ohne daß sich ein Gorilla dazwischenschiebt. Unmöglich in Cannes, Berlin oder Moskau, wo bald jeder zweite Festivalbesucher ein Polizist ist. Auf der Terrasse des Excelsior posiert *Catherine Deneuve* selbst für Hans Müller aus Worpswede, wenn er nur fragt. Und wenn er charmant – oder rührend hilflos – mit einer der hübschen jungen Frauen des Pressezentrums im ersten Stock umzugehen weiß, bekommt er auch eine Karte für eine Abendvorstellung, für einen Leckerbissen der Retrospektive oder gar die Einladung zu einem Empfang im Park des *Grand Hotel des Bains*, im *Quattro Fontane* oder *en ville*. Für Empfänge in Venedig gibt es einen einzigen Tip: Pünktlichkeit! Denn nirgends in der westlichen Hemisphäre sind kalte Büffets schneller weggegessen als in Venedig. Fast ebenso an- und aufregend wie der *rush* zu den Tischen und den weißeleganten Kellnern ist die Beobachtung der italienischen supereleganten *alta moda* – Heuschreckenschwärme, aus kleiner Distanz, mit einem Glas weißem *Soave* oder einem besonders bunten Drink in der Hand.

In den letzten Jahren hat die „Mostra" an Bedeutung verloren, wie der Film überhaupt in Italien. Die schönsten „Filme" sieht man oft beim Drum und Dran und nicht mehr in den dunklen Sälen.

(Martin Schaub ist Filmjournalist und Redaktor beim „MAGAZIN" des Zürcher „Tages-Anzeigers". Er ist 1937 in Zürich geboren, lebt da und kennt die „Weite Film" vom Kino und anderen Reisen.)

THEATER

ALL'AVOGARIA, Dorsoduro, Calle d'Avogaria. Tel. 52 06 130. Vaporetto 5 und 8, Station S. Basilio, oder Vaporetto 1, Station Cà Rezzonico.

Eine eigene Truppe, die sich vor allem dem traditionellen Theater im venezianischen Dialekt widmet. *Oft werden hier interessante Theater-Studienwochen durchgeführt.*

GOLDONI, S. Marco, Calle del Teatro. Tel. 52 05 422. Vaporetto 1, 2 und 4, Station Rialto. Vorverkauf 10–13 und 17–20 Uhr.

Ein traditionsreiches Haus: Typische venezianische Komödien und interessante Gastspiele.

LA FENICE, S. Marco, Campo S. Fantin. Tel. 52 03 544 und 52 09 344 (Vorverkauf). Vaporetto 1, 2 und 4, Station S. Marco. Vorverkauf 9.30–12.30 und 16–18 Uhr, 1 Stunde vor Vorstellungsbeginn.

Eines der berühmtesten Opernhäuser der Welt, das heute noch seinem Ruf gerecht wird und auch zeitgenössischer Musik einen Platz einräumt.

Wer einmal im weiß-rot-golden-glitzernden Zuschauerraum zwischen Stukkaturen und Malereien sitzen möchte, tut gut daran, sich rechtzeitig Karten zu besorgen, denn die Venezianer sind selbst treue und stolze Stammkunden der „Fenice“.

MALIBRAN, Cannaregio, Calle del Teatro. Tel. 52 25 339. Vaporetto 1, 2 und 4, Station Rialto.

Heute ein „Ableger“ der Fenice und nur sporadisch geöffnet. Vor allem Tanz- und Ballettaufführungen.

RIDOTTO, S. Marco, Calle Vallaresso. Tel. 52 22 939. Vaporetto 1, 2 und 4, Station S. Marco.

Hier befand sich zu Glanzzeiten der Serenissima eine berühmt-berüchtigte Spiel-Spelunke, in der auch *Casanova* in charmanter Begleitung seine Spielchen trieb. *Heute wechseln darin Kabarett-Vorführungen mit Avantgarde-Darbietungen und Lesungen.*

MUSEEN

MUSEO STORICO NAVALE, Castello, Riva S. Biagio. Vaporetto 1, Station Arsenale. Mo–Fr 9–13 Uhr, Sa 9–12 Uhr, So geschlossen. Eintritt: 500 Lit.

Von der schlichten Gondel bis zum reichverzierten *Bucintoro*, der Prunkbarke des Dogen, alle *Schiffsmodelle*, die je in venezianischen Gewässern schaukelten. Ein *spannender Exkurs* in die Geschichte der Serenissima.

MUSEO DIPINTI SACRI BIZANTINI, Castello, Ponte dei Greci. Vaporetto 1, 2 und 4, Station S. Zaccaria. Mo, Mi–Sa 9–12.30 und 15.30–18 Uhr, So 9–12 Uhr, Di geschlossen. Eintritt: 1500 Lit.

In der Scuola di San Niccolò, Sitz der bedeutenden griechischen Bruderschaft, faszinieren heute an die hundert *byzantinische Ikonen* aus der Zeit vom 14.–18. Jh. Die wohl *wertvollste Sammlung* dieser Art außerhalb der orthodoxen Welt.

SCUOLA SAN GIORGIO DEGLI SCHIAVONI, Castello, Campo Furlani. Vaporetto 1, 2 und 4, Station S. Zaccaria. Di–Sa 10–12.30 und 15.30–18 Uhr, So 10.30–12.30 Uhr,

Mo geschlossen. Eintritt: 1500 Lit.
Phantastische, humorvolle, orientalisch-exotische und doch durch und durch venezianische Bildergeschichten von *Vittore Carpaccio. Empfehlenswert!*

■ **PINACOTECA QUERINI STAMPALIA,** Castello, Campiello Querini Stampalia, beim Campo S. Maria Formosa. Vaporetto 1, 2 und 4, Station S. Zaccaria. Di–So 10–14.45 Uhr, Mo geschlossen. Eintritt: 1000 Lit.
Inspirationen für Phantasiereisen durch das Venedig der Vergangenheit: Die Privatgemächer einer Patrizierfamilie, eine umfangreiche Gemäldesammlung und eine Bibliothek, in der man sich wochenlang verkriechen, in den spannenden Chroniken schmökern, Alltagsleben – Romanzen und Intrigen – vergangener Zeiten auferstehen lassen möchte.

■ **MUSEO ARCHEOLOGICO,** S. Marco, Piazzetta. Vaporetto 1, 2 und 4, Station S. Marco oder S. Zaccaria. Di–Sa 9–14 Uhr, So 9–13 Uhr. Mo geschlossen. Eintritt: 2000 Lit.
Griechische und römische Statuen, Kunstwerke aus ägyptischer, assyrischer und etruskischer Zeit.

■ **MUSEO DIOCESANO DI ARTE SACRA,** Castello, Chiostro di Sant'Apollonia. Vaporetto 1, 2 und 4, Station S. Zaccaria. Mo –Sa 10.30–12.30 Uhr, So geschlossen.
Kirchenkunst – Tabernakel, Altäre, Monstranzen und Manuskripte – im Kreuzgang eines ehemaligen Klosters.

■ **MUSEO CIVICO CORRER,** Piazza S. Marco. Vaporetto 1, 2 und 4, Station S. Marco. Mo, Mi–Sa 10–16 Uhr, So 9–12.30 Uhr, Di geschlossen.
Ein Streifzug durch die Kulturgeschichte Venedigs: Gemälde, Münzen, Waffen, Karten, Dokumente und auch Modisches von anno dazumal – Dogengewänder und die berühmten *zoccoli*, die schrecklich unbequemen Plateauschuhe, in denen die eleganten Damen stolzierten, um möglichst viel fließende Seide zur Schau zu tragen.

■ **MUSEO FORTUNY,** S. Marco, Campo S. Beneto (auch S. Benedetto genannt). Vaporetto 1, Station S. Angelo. Zurzeit wegen Renovation geschlossen.
Mario Fortuny, ein gebürtiger Spanier, zählt zu den schillernden Figuren, die das Venedig der Jahrhundertwende belebten. Seine traumhaften, schmeichelnden *Plisseekleider*, in denen *Sarah Bernhard* und *Isadora Duncan* Aufsehen erregten, und seine schweren, in schillernden Farben gewirkten *Brokatstoffe* sind ein Begriff. Im verwunschen wirkenden Palazzo mit seinen theatralischen Intérieurs atmet noch heute etwas von der skurrilen Phantasie des begabten Wahlvenezianers.

■ **PEGGY GUGGENHEIM COLLECTION,** Dorsoduro, Calle S. Cristoforo. Vaporetto 1, Station Salute. April –Oktober Mo, Mi–So 12–18 Uhr, Di geschlossen. Eintritt: 4000 Lit. Sa 18–21 Uhr, Eintritt frei.
Rund dreißig Jahre hielt die berühmte Kunstmäzenin *Peggy Guggenheim* – in Venedig eine schon fast legendäre Figur – im *Palazzo Venier dei Leoni* Hof. Ihr exzentrischer Lebensstil und ihre zahlreichen, vielbeklatschten Lie-

besaffären trugen der lebensfrohen Amerikanerin die Bewunderung der Venezianer ein, die sie heute noch als die letzte „Grande Dame“ ihrer Stadt verehren. Kein *Gondoliere*, der nicht etwas wehmütig erzählt, wie sich Peggy Guggenheim tagtäglich in der letzten *gondola da casada*, Privatgondel, zur Abendspazierfahrt durch den Canal Grande rudern ließ. Bei ihrem Tod 1979 hinterließ sie der Stadt die *bedeutendste Sammlung moderner Kunst in Italien.* In den lichtdurchfluteten Räumen des Palazzo Werke von Picasso, Léger, Braque, Kandinsky, Klee, Chagall, Tanguy, Magritte, Rothko, von Calder, Pollock und Max Ernst, einem ihrer Ehemänner. Und in einem Winkel des romantischen Gartens *eine Kuriosität*: Ein Grab mit der Inschrift „Here lie my beloved babies“, die letzte Ruhestätte ihrer heißgeliebten 14 Schoßhündchen (siehe Kapitel „Stadtrundfahrten auf Wasserwegen“).

■ **GALLERIA DELL'ACCADEMIA,** Dorsoduro, Campo della Carità. Vaporetto 1, 2 und 4, Station Accademia. Di–Sa 9–14 Uhr, So 9–13 Uhr, Mo geschlossen. Eintritt: 4000 Lit.

Die bedeutendste Gemäldesammlung der Stadt, ein Querschnitt durch das Kunstschaffen zwischen dem 14. und 18. Jh.

■ **MUSEO DELL'SETTECENTO VENEZIANO – CA'REZZONICO,** Dorsoduro, Calle del Traghetto. Vaporetto 1, Station Cà Rezzonico. Mo–Do, Sa 10–16 Uhr, So 9–12.30 Uhr, Fr geschlossen. Eintritt: 1000 Lit.

Etwas verstaubt und marod, aber herrlich die Phantasie anregend dieser Exkurs in den venezianischen Lebensstil des *Settecento*: Nippes und Miniaturen, Saalfluchten, monströse Möbel, abblätternde Tapeten, melancholische Fresken und eine alte Apotheke.

■ **SCUOLA GRANDE DI SAN ROCCO,** S. Polo, Campo S. Rocco. Vaporetto 1, Station S. Tomà. Mo–So 10–13 und 15–18 Uhr. Eintritt: 3500 Lit., Gruppen 2500 Lit.

Ein Must für Tintoretto-Fans. (Siehe Kapitel: „Kirchgang obligatorisch“ und „Von Campo zu Campo“)

■ **CASA GOLDONI,** S. Polo, Calle dei Nomboli. Vaporetto 1, Station S. Tomà. Mo–Sa 8.30–13.30 Uhr, So geschlossen. Eintritt frei.

Ein schmucker gotischer Palazzo, der allein schon den Besuch lohnt: Hier wurde der für seine witzigen Komödien berühmte Volksdichter *Carlo Goldoni* geboren. An sein in der venezianischen Volkskultur verankertes Schaffen erinnern Manuskripte, Erstausgaben seiner Werke sowie eine Theatersammlung.

■ **CA'PESARO,** S. Croce, Fondamenta Pesaro. Vaporetto 1, Station S. Stae. **GALLERIA D'ARTE MODERNA,** Di–Sa 10–16 Uhr, So 9.30–12.30 Uhr, Mo geschlossen. Eintritt: 1000 Lit. **MUSEO ORIENTALE,** Mo–Sa 9–14 Uhr, So 9–13 Uhr. Eintritt: 1000 Lit.

Im *Museum für moderne Kunst* vorwiegend Werke, die bei den venezianischen Kunstbiennalen erstanden wurden: Rodin, Kandinsky, Chagall, Klee, Klimt und italienische Künstler des 19. und 20. Jh. Im 3. Stock das *Museo Orientale*: die größte Sammlung ostasiatischer Kunst und Kultur in Italien ist jedoch so wirr und lieblos ausgestellt, daß ein Besuch nur absoluten Fans empfohlen werden kann.

■ **MUSEO DI STORIA NATURALE,** S. Croce, Fondaco dei Turchi. Vaporetto 1, Station S. Stae. Di–Sa 9–13.30 Uhr, So 9–12 Uhr, Mo geschlossen. Eintritt: 1000 Lit.

Die skurrile Sammlung naturkundlicher Gegenstände dient eigentlich nur als Vorwand: Besuchenswert ist vor allem der *Palazzo aus dem 12./13. Jh.* im venezianisch-byzantinischen Stil, der im 17. Jh. in eines der typischen *fondachi*, Handelsniederlassungen, umgebaut wurde. Hier hausten und handelten bis ins 19. Jh. die türkischen Kaufleute.

■ **GALLERIA GIORGIO FRANCHETTI – CA'D'ORO,** Cannaregio, Calle di Cà d'Oro. Vaporetto 1, Station Cà d'Oro. Di–Sa 9–14 Uhr, So 9–13 Uhr, Mo geschlossen. Eintritt: 2000 Lit.

Größte Attraktion sind hier die Palazzoatmosphäre und der Blick aus den gotischen Fenstern auf den Canal Grande.

■ **MUSEO EBRAICO,** Cannaregio, Campo Gheto Nuovo. Vaporetto 5, Station Ponte delle Guglie oder Vaporetto 1 und 2, Station S. Marcuola. 16. März–15. Nov. Mo–Fr 10–12.30 und 15–17.30 Uhr, So 10–12.30 Uhr. 16. Nov.–15. März Mo–Fr, So 10–12.30 Uhr, Sa und an jüdischen Feiertagen geschlossen. Eintritt: 2000 Lit.

Jüdische Kultgegenstände, wertvolle Textilien und Manuskripte zeugen von der Bedeutung der jüdischen Gemeinschaft in Venedig.

GALERIEN

Abgesehen von der Biennale ist die Kunstszene in Venedig kaum weltbewegend. Ihrem über Jahrhunderte gültigen Ruf als Mekka für Maler und Künstler versucht die Lagunenstadt heute mit durchaus beachtenswerten Ausstellungen – vor allem im Sommer in den etablierten Museen – gerecht zu werden. Das Angebot der zahlreichen, leider oft auf Touristengeschmack eingestellten Galerien darf hingegen eher als „provinziell“ gewertet werden. Wobei auch hier wenige Ausnahmen die Regel bestätigen:

■ **IL CAPRICORNO,** S. Marco 1994, San Fantin. Tel. 52 06 920. Vaporetto 1, 2 und 4, Station S. Marco. Mo–Sa 11–13 und 17–20 Uhr.

Die *Avantgarde-Galerie* am Platz.

■ **EDIZIONI MULTIGRAPHIC,** Dorsoduro 728, S. Vio. Tel. 52 85 159. Vaporetto 1, 2 und 4, Station Accademia. Mo–Fr 8.30–12.30 und 15–19 Uhr, Sa 8.30–12.30 Uhr.

Graphiken im Selbstverlag. Zeitgenössische italienische Künstler, vor allem auch Venezianer wie *Vedova, Santomaso, Pizzinato.*

■ **NAVIGLIO,** S. Marco 1652, Calle di Piscina. Tel. 52 27 634. Vaporetto 1, 2 und 4. Station S. Marco. Mo–Sa 10.30–12.30 und 17–20.30 Uhr.

Eine Zweigstelle des bekannten „Naviglio“ in Mailand. Avantgardekunst.

■ **RAVAGNAN,** S. Marco 50/A, Piazza S. Marco. Tel. 52 03 021. Vaporetto 1, 2 und 4, Station S. Marco oder S. Zaccaria. Mo–Sa 10.30–12.30 und 15.30–19.30 Uhr.

Venezianische Künstler, bestens vertreten der Surrealist *Ludovico de Luigi* mit seinen manierierten, teilweise aber recht witzigen Stadtansichten, die auch schon als Postkarten Absatz finden.

■ **SANTO STEFANO,** S. Marco 2953, Campo Santo Stefano. Tel. 52 34 518. Vaporetto 1, Station S. Maria del Giglio. Mo–Sa 10.30–12.30 und 16.30–19.30 Uhr.
Eine der wichtigsten Galerien der Stadt, moderne, meist italienische Künstler.

Festkalender

Während Jahrhunderten scheute Venedig, was seine Festfreude und die Inszenierung seiner Feste anbelangte, keine Konkurrenz – aus der ganzen damaligen Welt pilgerten sie in die Serenissima, um sich am Prunk ein Beispiel zu nehmen. Feste waren in Venedig rund ums Jahr angesagt – Bälle und Empfänge, Wettkämpfe und kirchlich begründete Danksagungen – und die meisten, will man den alten Chroniken Glauben schenken, wurden mit Glanz und Pomp begangen und meist auch von Skandalen und Ausschweifungen begleitet. Allen voran der *Carnevale*, der hier über sechs Monate lang gefeiert wurde. Für viele Gäste eine höchst willkommene Gelegenheit, aus ihrem sonst puritanischen, sittenstrengen Alltag auszubrechen.

Mit dem Niedergang der Republik aber ging der Festrausch in Venedig zu Ende, Stille kehrte in die Kanäle und Palazzi ein. Nur wenige Feste überlebten und sind noch im Volk verankert. Doch Folklore ist heute gefragt, das haben auch die geschäftstüchtigen Venezianer erkannt. Und so wurde in den letzten Jahren versucht, einige Feste wiederzubeleben und die anderen bekannter zu machen. Ein Beispiel dafür ist der inzwischen wieder weltberühmte *Carnevale*. Nachstehend die heute noch gefeierten venezianischen Feste nach Kalenderablauf.

März:
SU E ZO PER I PONTI: An einem Sonntag im März: Brückauf und -ab durch alle Quartiere der Stadt führt dieser beliebte Volkslauf, bei dem Mitmachen alles, Siegen ausgesprochene Nebensache ist.

April:
FESTA DI SAN MARCO: Der Schutzpatron der Stadt wird am 25. April gefeiert: Zwischen Punta della Dogana und Santa Elena beweisen die Gondolieri in einem Wettkampf San Marco zu Ehren ihr Können, in der Basilika wird der Heilige mit einer feierlichen Prozession um weitere Gunst angefleht. Und da laut Legende San Marco sich auch als Retter in einer komplizierten Liebesgeschichte bewährt haben soll, beschenken die Venezianer – getreu einer uralten Tradition – an diesem Tag ihre Geliebte, Frau oder Freundin mit einer Rosenknospe.

Mai/Juni:
VOGALONGA: Rudersport ist in Ve-

▶
Regata Storica: Beim Touristen– und TV–Spektakel feiert die Folklore Renaissance (o). Im Volksempfinden verankert ist hingegen das stille Fest zu Ehren der Madonna della Salute.

nedig „in“, von Jahr zu Jahr mehr. Das Motorboot hat eindeutig an Prestige verloren. Wer was gelten will, nennt heute ein Ruderboot – selbstverständlich nach bester Handwerkstradition gefertigt – sein eigen. Muskelspiel und Barke werden dann anläßlich unzähliger Regatten in der Lagune vorgeführt. Die wichtigste ist die *Vogalonga*, ein wahrer Volksanlaß, der immer am ersten Sonntag nach Christi Himmelfahrt stattfindet. Ruderboote aller Gattungen liefern sich einen spielerischen Wettkampf von San Marco rund um die Stadt und durch die Laguna bis nach Murano und Burano.

Juli:
FESTA DEL REDENTORE: Ein Fest als Danksagung für das Ende der großen Pest von 1575, das noch tief im Volksempfinden verankert ist und bunt und ausgelassen jedes dritte Wochenende im Juli gefeiert wird, wobei die Nacht weltlichen Freuden, der Tag religiösem Eifer gewidmet ist. Am Samstagabend pilgern die Venezianer im Familien- oder Freundeskreis zum Picknick – gebratene Ente ist die traditionelle Tagesspezialität – zum *Canale della Giudecca*. Hunderte von Booten schaukeln im Wasser. An den Ufern mischen sich die Fetzen verschiedenster Serenaden und Volkskonzerte zu einem fröhlichen Potpourri. Gegen Mitternacht als Höhepunkt ein Feuerwerk. Und weil die Nacht so schön ist, wird sie bis zum Morgengrauen ausgekostet. Dann rudern viele – wie in alten Zeiten Brauch – zum Lido, um dort den Sonnenaufgang über der Lagune zu erleben. *Ein Fest wie aus dem Bilderbuch*: Volkstümlich, kitschig, romantisch und schlicht wunderschön. Der Sonntag wird feierlich-ernst begangen: mit Gebeten und Gesängen in der Redentore-Kirche und mit einer reichen Prozession über die Ponton-Brücke, die zu diesem Anlaß zwischen den Zattere und der Insel Giudecca gelegt wird.

September:
REGATA STORICA: Das pompöseste, farbenprächtigste Fest findet alljährlich am ersten Sonntag im September statt – ein Nostalgie-Trip par excellence, der von Fernsehteams aus aller Welt mitverfolgt und von der RAI, dem italienischen Fernsehen, stets direkt übertragen wird.

Mit der *Regata storica* feiert ganz Venedig seine ruhmreiche Vergangenheit, führt der ganzen Welt den einstigen Reichtum und vor allem die einstige Vormachtstellung vor Augen. Und die VenezianerInnen beweisen in einer seltsamen Mischung aus Stolz und Traurigkeit einmal mehr sich selbst, woran es liegt, daß sie sich als so besondere, mit niemand zu vergleichende Weltenbürger fühlen. Ein prunkvoller Umzug mit farbenfroh geschmückten Gondeln, mit dem nachgebauten *bucintoro* (dem prachtvollen Schiff des Dogen) und mit venezianischen Schönheiten in historischen Kostümen bietet auf dem Canal Grande ein einmaliges Schauspiel. Terrassen, Balkone und Fenster der sonst einsamen Palazzi sind voll mit jubelnden Menschen, am Kanalufer schaukeln Zuschauerboote und -floße im Rhythmus der Begeisterung ihrer Insassen.

Anschließend an den Festumzug liefern sich schnittige Gondeln, gelenkt von stadtbekannten Gondolieri, aber auch von Frauen und Jugendlichen, einen heißumkämpften und fiebernd mitverfolgten Wettkampf. Venedig läßt seine Vergangenheit aufleben, mit Stil und traditionellem Geschäftssinn.

November:
FESTA DELLA MADONNA DELLA SALUTE: Ein stilles, beschauliches Fest schließt den venezianischen Festkalender am 21. November ab. Die gläubigen VenezianerInnen pilgern über die speziell für diesen Anlaß gelegte Pontonbrücke zur Salute-Kirche und gedenken mit dieser Prozession einer weiteren schlimmen Pestepidemie, die, laut Volksglaube, dank der Hilfe der Madonna gestoppt werden konnte. Tausende von Kerzen geben der sonst eher nüchternen Kirche eine mystische, fast surreale Stimmung.
Vor der Kirche sorgen Luftballone für Farbakzente im meist milchigen Nebelwetter, und Groß und Klein stärkt sich mit den traditionellen *fritelle*, einem süßen Hefegebäck.

Karneval hinter den Masken

Zehn Tage vor dem Aschermittwoch beginnt sich das winterliche Venedig langsam aus seiner nebliggrauen Lethargie zu schütteln. Der *Carnevale* ist angesagt. Aus den sonst leer und öd über den Kanälen gähnenden Palazzi erstrahlt Festbeleuchtung, Musikfetzen hallen durch die Nacht. In den Gassen huschen vereinzelt vermummte Gestalten vorbei und verschwinden hinter ein wie durch Zauber sich öffnendes Tor. Als Besucher aber bleibt man ausgeschlossen: Der echte venezianische Karneval findet – wie schon die letzten zweihundert Jahre über – einzig im Kreis der Eingeweihten statt. An mehr oder weniger prunkvollen Maskenbällen wird eifersüchtig auf „Venezianità" geachtet. Und unter sich, geschützt vor neugierigen fremden Blicken, gibt man sich auch heute noch hemmungslos bacchantischen Genüssen hin. Gaumenfreuden, Klatsch und Flirt feuern Urständ – Casanova läßt grüßen.

Mit dem inzwischen weltberühmten öffentlichen venezianischen Carnevale hat dieses intime Maskentreiben kaum etwas gemeinsam. Dieser nimmt am schmutzigen Donnerstag seinen Auftakt und verwandelt die sonst so ruhige Stadt sechs Tage lang in ein Panoptikum vergnügungssüchtiger Narren. Dieser Karneval ist jung, er wurde 1979 von einer unternehmungslustigen Gruppe von Künstlern und Kulturschaffenden ins Leben gerufen. Sie wollten an die alte Tradition anknüpfen und etwas Leben ins traurige Einerlei der winterlichen Stadt bringen. Die Idee fand Anklang, zu Beginn auch – oder vor allem – bei den VenezianernInnen selbst. Die ersten zwei, drei Jahre wurde der Carnevale in der ganzen Stadt, auf Gassen und Campi, mit Begeisterung gefeiert. Ein phantastisches, riesiges Volksfest, das bald auch im Ausland von sich reden machte.

Stadtväter, Verkehrsverein und nicht wenige geschäftstüchtige Venezianer erkannten die Möglichkeiten, die diese Veranstaltung für die touristische Belebung der sonst toten Wintersaison bargen. Es wurden fleißig die Werbetrommeln geschlagen, und der Erfolg war im wahrsten Sinne des Wortes überwältigend. Heute pilgern jährlich Hunderttausende aus aller Herren Länder zum Narrentreiben nach Venedig. Die Tüllprinzessinnen und Harlekins, die Pestdoktoren und Nobeldamen sprechen französisch, deutsch, englisch oder italienisch mit Mailänderakzent. Nur den weichen Singsang des venezianischen Dialekts hört man kaum in der buntgewandeten Menge, die sich durch die Gassen schubst und drängt und sich über die Campi ergießt.

Jene Venezianer, die es sich leisten können, flüchten während dieser Tage in die Bergkurorte. Und die Daheimgebliebenen verlassen ihre Wohnungen einzig für die nötigen Besorgungen und am Abend, um eine der hochstehenden kulturellen Veranstaltungen zu besuchen, die während des Karnevals geboten werden und für die sie eines der begehrten Eintrittsbillette ergattern konnten. In diesem Punkt wenigstens haben sie gegenüber den ungeliebten Touristen einen Vorsprung.

Daß den Venediggästen in diesen Tagen eine wahre Welle des Widerstandes seitens der Einheimischen entgegenschlägt, in dieser Stadt, in der Tourismus zum Alltag gehört, hat seine guten Gründe. Venedig wird während des Karnevals lahmgelegt. Die Vaporetti sind hoffnungslos überfüllt, feuchtfröhliche Maskierte verstopfen alle Hauptgassen und machen ein normales Gehen unmöglich. Schon der tägliche Einkauf wird für die VenezianerInnen zu einem Spießrutenlaufen. Bis in die äußersten Quartiergäßchen verirren sich aufgedrehte Narren auf der Suche nach besonders attraktiven Fotosujets. Zu keiner anderen Zeit wird die Lagunenstadt so ausschließlich als Kulisse wahrgenommen und mißbraucht wie in diesen Tagen. Die Einwohner reagieren beleidigt, distanzieren sich.

„Der Karneval entwickelt sich in eine Richtung, die nichts mehr mit unserer Tradition gemein hat", schätzt der Maskenbildner Guerrino, einer der Initianten dieses Spektakels, die aktuelle Situation ein. „Er entwickelt sich mehr und mehr in Richtung Rio de Janeiro, mit Glitter und Pailletten. Unser Carnevale ist heute reine Folklore, eine Touristenattraktion. Was auch irgendwie verständlich ist. In Venedig gibt es keine Karnevalskultur. Man kann nicht eine Tradition nach zweihundert Jahren wieder aufleben lassen. Den Leuten fehlt das Selbstverständnis dafür. Der durchschnittliche Venezianer haßt den Karneval. Einzig jene, die davon leben, singen ein Loblied auf das Narrentreiben."

Der Mythos vom Karneval läßt in der Tat die Kassen klingeln. Und neben vielen negativen Auswirkungen, wie zum Beispiel den Abfallbergen nach dem Fest und den leider immer wieder festgestellten Vandalenakten an historischen Denkmälern, sind durchaus auch

▶
Der beste Maskenbildner der Stadt: Guerrino, mit Künstlernamen Gianni Lovato (o). Noblesse oblige: Der Türsteher im "Florian" lässt nur traditionelle Masken und Stammgäste rein (u).

positive Entwicklungen die Folge. So hat vor allem ein traditionelles Kunsthandwerk eine wahre Renaissance erfahren: In der ganzen Stadt schossen Maskenateliers wie Pilze aus dem Boden, darunter viele, die originelle Arbeiten zu reellen Preisen das ganze Jahr über feilbieten. „Es ist nicht der Karneval selbst, es ist vielmehr die Idee des Karnevals, die uns verdienen läßt", meint Guerrino lakonisch. „Und insofern ist und bleibt der Carnevale allen Unkenrufen zum Trotz typisch venezianisch: Wir haben es in dieser Stadt schon immer verstanden, uns möglichst gut zu verkaufen."

MASKEN, KOSTÜME

■ **MONDONOVO,** Dorsoduro 3063, Rio Terrà Canal, beim Ponte dei Pugni, Tel. 52 87 344. Vaporetto 1, Station Cà Rezzonico.

Eine Sammlung phantastischer, nach allen Regeln der traditionellen Kunst gefertigter Masken. *Guerrino*, mit Künstlernamen *Giano Lovato*, arbeitet mit seiner Schwester zusammen im winzigen Atelier. Der sympathische junge Mann gilt als der beste Maskenbildner der Stadt und arbeitet regelmäßig bei Theater- und Ballettinszenierungen mit. Sogar die anspruchsvollen *Walt Disney Productions* griffen schon auf sein Können zurück. So kommt es, daß nun in *Disneyworld*, Florida, zwei Figuren aus Pappmaché *made in Venice* herumstolzieren.

■ **LABORATORIO ARTIGIANO MASCHERE,** Castello 6657, Barbaria de le Tole, Tel. 52 23 110. Vaporetto 5, Station Ospedale Civile.

Masken aus Pappmaché und Leder nach bester Commedia-dell'Arte-Tradition. Der Inhaber, lange Jahre Mitglied einer Puppenspielertruppe, läßt sich von alten Stichen inspirieren. Auf Wunsch sind hier auch Maßanfertigungen erhältlich.

■ **LIDIA GRASSI,** Maestra Mascheraia, Giudecca 686/F, Campo della Rotonda, Calle de Mezo. Tel. 70 42 28. Vaporetto 5, Giudecca S. Eufemia.

Die Maskenbildnerin bietet ihre durchwegs in traditioneller Handarbeit gefertigten Masken fast ausschließlich während des Karnevals auf dem Markt am Campo S. Maurizio feil. Neugierige BesucherInnen dürfen sie aber gerne auch in ihrem etwas versteckten Atelier auf der Giudecca aufsuchen.

■ **ARTE GIANO,** S. Marco 1388/A, Calle del Ridotto, S. Moisè. Tel. 70 83 62. Vaporetto 1, 2 und 4, Station S. Marco.

Das wohl zentralste Atelier mit einer breiten Auswahl an klassischen venezianischen Masken.

■ **BALOCOLOC,** S. Polo 2235, Calle del Scaleter (Nähe Campo San Polo). Tel. 35 551. Vaporetto 1 und 4 Station S. Tomà oder Vaporetto 1, Station S. Stae.

Ein ganz neuer Laden mit Masken und lustigen, handgemachten Hüten.

■ **TRAGICOMICA,** S. Polo 1566, Calle del Botteri. Tel. 72 11 02. Vaporetto 1, Station S. Silvestro, oder Vaporetto 1, 2 und 4, Station Rialto.

Masken und Kostüme, nach Vorbild der Commedia dell'Arte.

■ **BERTOLDINI GIULIANA,** San Po-

lo 2657, Calle Seconda dei Saonieri. Tel. 85 969. Vaporetto 1 und 4, Station San Tomà.
Die richtige Adresse für all jene, die sich gerne mit fremden Federn schmücken: Sehr schöne Hüte, Kostüme und auch Masken aus buntschillernden Federn, Pailletten und Tüll. Den Glitter muß man sich etwas kosten lassen, ein Hut kommt auf rund 150 000 Lit. zu stehen, ein Cape, wenn es golden glitzert, kann gar bis zu 350 000 Lit. kosten. Trotzdem: *Im Preis-Leistungs-Vergleich schneidet Giuliana durchaus als preiswert ab.*

■ **MAGICA FOLLIA,** San Polo 2723, Calle dei Saonieri. Tel. 28 266. Vaporetto 1 und 4, Station San Tomà.
Lustige Masken und Kostüme und der weitaus *günstigste Kostümverleih* der ganzen Stadt. Die Miete eines Kostüms kommt hier zwischen 30 000 und 80 000 Lit. pro Tag zu stehen. Ansonsten bewegen sich die geforderten Beträge stets um die 100 000 Lit. herum.

■ **MERCERIE MICHELI,** S. Marco 5192, Calle dei Stagneri. Vaporetto 1, 2 und 4, Station Rialto.
Wer sich ein Kostüm an Ort basteln oder ein bestehendes aufmotzen möchte, findet hier alle nötigen Accessoires: Tüll, Taft und Spitzen, Samt und Seidenbänder, Flitter und Federn sowie alle nur möglichen Glitzer- und Glimmerdetails.

■ **MERCATINO S. MAURIZIO,** Campo San Maurizio. Vaporetto 1, 2 und 4, Station Accademia.
Während des Karnevals findet auf dem Campo San Maurizio täglich ein gutbesuchter Masken- und Kostümmarkt statt. Von den venezianischen Masken made in Taiwan oder Hongkong bis zu echtem Kunsthandwerk, kitschige und wertvolle Kostüme – einfach alles, was man zum echten Karnevalspaß braucht, kann hier aufgestöbert werden.

TEE FÜR DEN SONNENKÖNIG, HANDKUSS FÜR SEINE DAME

Von Margrit Sprecher

Schuld sind die Fotografen. Da zeigen sie diese Bilder voll filigranem Weltschmerz und erzählen mit erinnerungsschwerer Stimme: „Und als ich nichtsahnend um eine Säule bog – eiskalt fegte der Wind über die Piazza –, stand da plötzlich diese einsame Gestalt voll sensibler Unnahbarkeit. Selbst das Klicken meiner Kamera konnte sie nicht in ihrer Trauer stören...“

Was sich dank solcher Erzählungen in der Folge massiver vermehrte, Fotografen oder trauernde Gestalten, läßt sich nicht mit Gewißheit sagen.

Tatsache ist, daß heute, Jahre nach der gewaltsamen Wiederentdeckung des venezianischen Karnevals, an allen Säulen vermummte Trauernde lehnen und von allen Brücken ins trübe Wasser starren. Sie stehen schon im kalten Glanz der Morgensonne da, und sie stehen da noch im müden Schein des Abendlichts. Und nur sachte verändern sie die Posen, um ja auf jedem Bild scharf zu erscheinen.

Soviel Tod in Venedig ist nicht jedermanns Geschmack, und vor allem die Einheimischen beginnen zu murren. Zwar sind sie gewohnt, dem gerade gängigen, umsatzfördernden Klischee zu entsprechen. Mal sind sie schwülstige Kulisse für mit Mahler unterlegte Filme, dann wieder billige Kulisse für honeymoonende amerikanische Ladenschwengel. Und nie gingen die Geschäfte besser, denn als der Ruf durch die Welt hallte: „Venedig stirbt!"

Doch daß jetzt auch ihr Karneval in fremde Hände übergeht und der rührige Verkehrsverein ihn – nach Rio und Viareggio – zum drittberühmtesten der Welt machen will: Das geht vielen zu weit.

Einst war er der berühmteste. 1701 reisten 30 000 Gäste per Schiff und Postkutsche zu den Lustbarkeiten an. Der König von Schweden kam ebenso wie der Kaiser von Österreich und der Zar von Rußland.

Casanova verkleidete sich als Frau und bezeugte besondere Freude an seinem Strumpfgürtel. Goethe delektierte sich an den neuesten Stücken von Goldoni und an den Wurfgeschossen der Logennachbarn, die mit gefüllten Vögeln nach ihrem Lieblingsschauspieler zielten, während auf die Lieblingssängerinnen Tauben mit Silberringen und Liebesgedichten niederflatterten. Auf dem Markusplatz klirrten Kristallfrüchte an den eigens gepflanzten Bäumen, und ein Seifenfabrikant baute eine Abtei ganz aus Seife.

All dies gefiel den Venezianern so gut, daß sie sich schließlich sechs Monate im Jahr maskierten und aus Versehen maskiert selbst in die Kirche gingen. Bis die österreichische Besatzungsmacht, auf Sicherheiten bedacht, alles öffentliche Maskentreiben verbot und Karneval nur noch in den eigenen vier Wänden erlaubte.

Das blieb, sehr zum Leidwesen der Touristen, bis heute so: Venedigs echter Karneval spielt sich ausschließlich hinter Palazzomauern ab. So kommt es, daß Gäste, die sich beim Verkehrsverein nach einem Maskenball erkundigen, in eine Betonhalle verwiesen werden, wo sich der Anlaß als Disco für notdürftig verkleidete Lehrlinge und Schüler aus Mestre entpuppt.

Außer am Höhepunkt des Festes bestätigt kein einziges Konfetti am Boden das Gerücht, daß Venedig tatsächlich Karneval feiert. In den Restaurants ist nichts los: Wie üblich rasseln um zehn die Rolläden herunter. Darauf ist in der ganzen Stadt nur noch das einlullende Glucksen der Kanäle zu hören – Venedig schläft.

Erbarmen mit den Touristen zeigt Carlo Ansaldi, pensionierter Direktor einer Schiffahrtsgesellschaft. Gegen hundert Dollar Entgelt lädt er sie zu einem echt venezianischen Carnevale in seinen Palazzo Berzizza am Canale Grande ein. Erhoffte Gegenleistung: Daß die armen, aber vermögenden ausländischen Ignoranten in ihrer Heimat vom noch immer ungetrübten Glanz und von der ungebrochenen geistigen Haltung Venedigs berichten, gipfelnd vielleicht im sehnsüchtigen Satz: „Wir Alpenvölker haben gelernt zu überleben. Die Venezianer aber wissen zu leben."

Livrierte Diener empfangen die Gäste. Dünne Musik von alten Instrumenten bröselt durch die hohen, mit rotem Damast bespannten Räume, während kostümierte Paare, gutmütige Mitglieder der „Compagnia della Calza i Nuovi Cortesi", eine Pavane tanzen. Sie haben sie der Kultur Venedigs und dem Hausherrn zuliebe vor drei Tagen einstudiert. Denn besagte Compagnia ist das Hobby des Carlo Ansaldi: eine Art Rotary Club aus dem 16. Jh., deren Statuten, Schwüre und Siegel er vor fünf Jahren wieder ausgegraben und sich selbst zum Magnifico Priore derselben gekürt hat. Teils, um die Stadt an ihre hehre Vergangenheit zu erinnern, als sie den Welthandel kontrollierte. Teils, um seine Pensionierung etwas aufzulockern.

Ein Touristenpaar aus Wien trägt die tiefe Erschütterung, in einem echten Palazzo zu Gast zu sein, wie einen Goldfisch im Wasserglas vor sich her. Steif vor Ergriffenheit sitzen auch die anderen Ausländer auf den an die Wand gerückten Stühlen. Brav schaufeln sie Reis mit Erbsen und gefüllte Schinkenröllchen auf die Brotteller. Denn der Abend wurde als Renaissance-Abend angekündigt, und in der Renaissance aß man aus Brottellern.

Die Venezianer dagegen, Renaissance hin, Renaissance her, greifen lieber zum hygienischen Porzellan und werfen auf die schleifenden Schritte und Pavane-Bemühungen ihrer Mitbürger nur einen amüsierten Blick. Es gibt Wichtigeres zu tun. Die ernsteren Elemente der Gesellschaft sammeln sich bald zu Grüppchen, um – wie in Venedig seit jeher üblich – an Karnevalsfesten die kommenden Geschäfte zu besprechen und die gesellschaftliche Hackordnung festzulegen. Wer jetzt gegrüßt oder übersehen wird, spürt die Folgen, ob gut oder schlecht, ein ganzes Jahr lang. Gesellschaftliche Feinheiten, die natürlich den Horizont der Barbaren vom Festland übersteigen.

Nie sind die Mißverständnisse zwischen Venedig und dem Rest der Welt größer als am Karneval. Statt buntes Treiben und Gaudi empfängt die Pauschaltouristen aus Mitteleuropa wattierte Stille. Statt handfester Rundungen in Netzstrümpfen wippen Damen in Krinolinen vorbei, denen man sich höchstens per Handkuß nähern kann. Und kein wilder Pirat bietet sich als Saufkumpan an. Dafür nippen nachmittags unzählige Sonnenkönige in reich bestickten Kostümen ihren Tee im „Florian".

Auch echte Grafen sind unterwegs. Graf Targhetta beispielsweise, in schwerem, kostbarem Gewand, das nicht vom Kostümverleih, sondern aus dem Schrank seiner Vorfahren stammt. In erlesen schwebender Gangart wandelt er über das Pflaster. Unbeirrt, ohne Rücksicht auf die letzten Spuren der verheerenden Überschwemmungen, die eben Venedig heimsuchten, noch auf das aufgebrachte Volk, das ihn feindselig betrachtet, schreitet er täglich mehrere Male die Stadt ab, als sei sie eigens als Kulisse für ihn aufgestellt worden.

Die Feindseligkeit ist begreiflich. Denn in Augenblicken der Krise steht ein Graf Targhetta für die Unfähigkeit aller Reichen und Regierenden. Und mit Venedigs Gegenwart ist heute wenig Staat zu machen: Stadtväter sitzen wegen Korruption im Gefängnis. Die 500 Millionen Schweizer Franken, die zur Rettung Venedigs gesammelt wurden, haben sich noch kaum wo sichtbar niedergeschlagen. Statt dessen lassen die seit zwanzig Jahren vernachlässigten Stadtbefestigungen die Hochwasser immer häufiger und beängstigender werden: Anfang Februar 1986 wurden Hunderte von Venezianern obdach- und arbeitslos.

Dafür sitzt die Stadt kulturell auf dem Trockenen. Fragt man einen Ausländer nach einem berühmten lebenden Venezianer, kommt den meisten nur Roberta di Camerino in den Sinn, ein schon seit längerem verblassender Stern am Modehimmel.

Die Touristen aber, Luzerner Cowboys und Stuttgarter Clochards, Zürcher Zigeunerinnen und Münchner Femmes fatales, überblicken das gemessene Schreiten und Verbeugen und Nikken der Venezianer auf allen Gassen und Plätzen mit zunehmender Verwirrung. Wenn sie, als letzte Hoffnung, ins Zentrum des Geschehens, zum Markusplatz eilen, empfängt sie dort, um das Maß ihres Unglücks voll zu machen, klassische Musik aus Lautsprechern.

Da greift denn mancher verzweifelt zur mitgebrachten Flasche, sorgt für rasche und gründliche Alkoholisierung und lärmt anschließend so gräßlich zwischen den alten Palazzi herum, daß die Venezianer wieder einmal in ihrem alten Vorurteil bestätigt werden: Bei den Nordländern handelt es sich um zwar reiche, aber kulturlose Bergvölker. Campagna halt, ein herablassender Sammelbegriff für alles, was jenseits der Brücke liegt, die ihnen die österreichischen Besetzer in jenen Jahren der Schmach aufgezwungen haben.

(Margrit Sprecher ist Redaktorin bei der „Weltwoche" in Zürich. Sie ist berühmt für ihre spitze Feder und feine Ironie.)

Einkaufen

Zu diesem Thema eine grundsätzliche Warnung: Venedig gilt als die teuerste Stadt Italiens. Ein kritischer Blick auf die Preisetiquette ist auf jeden Fall angebracht, insbesondere bei Mode- und Lederartikeln. Anders als in den übrigen italienischen Metropolen sind hier die Preise nicht unbedingt günstiger als zum Beispiel in Deutschland oder auch in der Schweiz.

Traditionellste Einkaufsader sind die *Mercerie* zwischen **MARKUSPLATZ** und **RIALTO**. Schon seit dem Mittelalter reiht sich hier Geschäft an Geschäft und wird alles feilgeboten, was in der Stadt zu haben ist. Soviel Tradition und Vielfalt hat jedoch auch seinen Preis. *Grundsätzlich gilt:* Rund um San Marco sowie zwischen San Marco und Rialto finden sich die teuersten und renommiertesten Geschäfte der Stadt. Wer einen etwas weniger eleganten, dafür um so typischeren und preiswerteren Einkaufsbummel vorzieht, verirrt sich am besten in die Gäßchen zwischen Rialto und **CAMPO SAN POLO** oder flaniert der **STRADA NOVA** in Cannaregio entlang – so wie es die VenezianerInnen tun.

Die Geschäfte sind generell werktags 9–12.30 und 15.30–19.30 Uhr geöffnet, Montagvormittag, teilweise den ganzen Montag, geschlossen. Lebensmittelgeschäfte, mit Ausnahme der Supermärkte, schließen am Donnerstag. *Raucher aufgepaßt!* Die *tabacchini*, die Tabakkioske, lassen um 20 Uhr die Rolläden runter, und Automaten sind in Venedig eine Rarität.

WARENHÄUSER

■ **STANDA,** S. Marco 5440, Campo S. Luca, Tel. 52 22 543, Vaporetto 1, 2 und 4, Station Rialto; und Cannaregio 3360, Strada Nova, Tel. 52 36 970, Vaporetto 1, Station Cà d'Oro.

Die billige italienische Warenhauskette unterhält in Venedig gleich zwei Filialen – von Bekleidung über Haushaltartikel bis zu NIPPSACHEN ist hier alles in durchschnittlicher Qualität zu haben.

■ **COIN,** Cannaregio 5788, Ponte dell 'Olio. Tel. 27 192. Vaporetto 1, 2 und 4, Station Rialto.

Etwas teurer als die „Standa", dafür auch pfiffigere Angebote und bessere Qualität.

■ **DOMUS,** S. Marco 4746, Calle dei Fabbri, sowie S. Marco 4753, Ponte del Lovo, und S. Polo 1065, Ruga Rialto. Vaporetto 1, 2 und 4, Station Rialto.

Das italienische Haushaltgeschäft, traditionelle GESCHIRRSERVICES und Pfannenbatterien sind hier ebenso zu finden wie *Alessi Design*-Artikel und modische Plastikwaren in knalligen Farben.

MODE

Venedig ist eine hochmodische Stadt. Besonders zwischen San Marco und Rialtobrücke reiht sich Boutique an Boutique. Alle großen Namen der italienischen Modeszene erweisen der Serenissima mit einem eigenen Modetempel die Ehre: **VALENTINO, FENDI** und die Grande-Dame der venezianischen Mode **ROBERTA DI CAMERINO** an der Salizzada S. Moisè, **VERSACE** und **ENRICO COVERI** an der Frezzeria, **KRIZIA** an der Via XXII Marzo, **MISSONI** an der Calle Vallaresso und **FERRÉ** an der Calle Larga S. Marco.

■ **CAMICERIA SAN MARCO,** S. Marco 1340, Calle Vallaresso. Tel. 21 432. Vaporetto 1, 2 und 4, Station S. Marco.

Eine der Prestige-Adressen Venedigs mit internationalem Renommée: Der anspruchsvolle und zahlungskräftige Mann läßt sich hier HEMDEN nach Maß – aus feiner Baumwolle oder fließender Seide – fertigen.

■ **LA COUPOLE,** S. Marco 2366, Calle Larga XXII Marzo, Tel. 24 243, und S. Marco 1673, Frezzeria. Vaporetto 1, 2 und 4, Station S. Marco.

Eine der ersten modischen Adressen der Stadt: Kollektionen von Claude Montana, Kenzo, Armani, Rocco Barocco, Anne-Marie Beretta, Valentino usw. garantieren einen topaktuellen Look.

■ **MARICLA,** S. Marco 2401, Calle Larga XXII Marzo. Tel. 32 202. Vaporetto 1, 2 und 4, Station S. Marco.

Spitzen und Seide, Blumendessins und Strapse, Frivoles und Gediegenes – wer eine Schwäche für kostbare UNTERWÄSCHE hat, ist hier an der richtigen Adresse.

■ **ROSSELLA,** S. Marco 4600/A, Calle del Teatro. Tel. 52 23 709. Vaporetto 1, 2 und 4, Station S. Marco.
Namhafte Mode gleich neben dem Teatro Goldoni. Vor allem wer die weichen Linien, die schmeichelnden CASHMERE-Kreationen der Stilistin *Laura Biagiotti* liebt, ist hier richtig.

■ **PATRIZIA SHOP,** S. Marco 3720, Calle della Mandola. Tel. 26 407. Vaporetto 1, Station S. Angelo.
Ein winziges Geschäft, wo die PHANTASIE Feste feiert: ausgefallene Details und handgedruckte Dessins setzen zu gediegener Eleganz Kontraste. *Patrizia* ist unter anderem auch für ihre märchenhaften Kostüme und Masken während des Karnevals berühmt.

■ **ARNOLD'S PREPPY SHOP,** S. Marco 3720/B, Calle della Mandola. Tel. 52 35 039. Vaporetto 1, Station S. Angelo.
Bekannte Stilistennamen bürgen hier für Qualität: von der topaktuellen Krawatte über den passenden Anzug bis zum sportlich-legeren Accessoire findet hier der modebewußte Mann die richtige Kombination.

■ **KALEIDOS,** S. Marco 371B/C, Calle della Cortesia. Tel. 22 111. Vaporetto 1, 2 und 4, Station Rialto.
Handbedruckte SEIDENBLUSEN und Gilets in schönen Farbkompositionen, zum Teil mit Pailetten und Perlen verziert. Die originellen Einzelanfertigungen kosten rund 180 000 Lit.

■ **TRICORNI,** S. Marco 4813, Calle del Lovo. Tel. 26 454. Vaporetto 1, 2 und 4, Station Rialto.
HÜTE in allen Variationen, Klassisches und Geflipptes – Träume besetzt mit Straß, Schleiern, Federn, Perlen und Pailletten.

■ **DUCA D'AOSTA,** S. Marco 4945, Merceria del Capitello. Tel. 20 733. Vaporetto 1, 2 und 4, Station S. Marco.
Klassisch-elegante Modelle – vor allem für den Mann – im typisch italienischen Stil.

SCHUHE, LEDERWAREN

■ **BOTTEGA VENETA,** S. Marco 1338, Calle Vallaresso. Tel. 28 489. Vaporetto 1, 2 und 4, Station S. Marco.
Die in der Modewelt berühmte venezianische Manufaktur: sündhaft schöne, schlichte (und teure!) geflochtene Taschen und Schuhe.

■ **FRANZ,** S. Marco 2765/A. Tel. 27 846 und 85 408. Vaporetto 1, Station S. Maria del Giglio.
Künstler, Politiker, Schauspieler und Adlige aus aller Welt schätzen die bequeme Eleganz von Franz' maßgefertigten Schuhen. Als Ergänzung zu den erlesenen Lederartikeln bestechen im Laden zudem hauchfeine Wäschestücke aus Seide und handgefertigten Spitzen. Wen ein Abstecher in die Welt des LUXUS lockt: Dies ist die richtige Adresse.

■ **MAGLI,** S. Marco 1583/85, Frezzeria. Tel. 52 23 472. Vaporetto 1, 2 und 4, Station S. Marco.
Ein Name, der für klassisch-elegante Schuhmode „made in Italy“ steht. Ein *Tip:* Im oberen Stockwerk wird eine breite Auswahl an günstigeren AUSLAUFMODELLEN feilgeboten.

■ **MACRI,** S. Marco 420, Calle Larga San Marco. Tel. 29 956. Vaporetto 1, 2 und 4, Station S. Marco oder S. Zaccaria.

Elegante Taschen und Schuhe, vor allem auch Modelle französischer Designer.

■ **RENÉ,** S. Marco 4983, Mercerie del Capitello, beim Campo S. Salvador. Tel. 29 766. Vaporetto 1, 2 und 4, Station Rialto.

Große Auswahl an hochmodischen Schuhen.

■ **ROSSETTI,** S. Marco 4800, Campo San Salvador. Tel. 30 571. Vaporetto 1, 2 und 4, Station Rialto.

Luxuriöses, handgefertigtes Schuhwerk.

■ **MARFORIO,** S. Marco, Campo S. Bartolomeo. Vaporetto 1, 2 und 4, Station Rialto.

Das Schaufenster wirkt eher unscheinbar, aber der Laden bietet eine breite Auswahl an LEDERARTIKELN – von der Krokotasche bis zum Sportsack, vom modischen Gürtel bis zum Schlüsselanhänger. Verschiedenste Preislagen und recht viele Artikel zu günstigen Preisen.

■ **CASELLA,** S. Marco 5048, Campo S. Bartolomeo. Tel. 28 848. Vaporetto 1, 2 und 4, Station Rialto.

Das Geschäft für TRENDSETTER: Schuhe, Lederbekleidung und alle möglichen Accessoires, topaktuell und flippig. Nicht billig, aber auch nicht so teuer wie in den meisten Geschäften rund um den Markusplatz.

■ **ERRE 3,** S. Polo 418, Ruga Rialto. Tel. 28 692. Vaporetto 1, 2 und 4, Station Rialto.

Ein kleines Geschäft mit großer Auswahl an Handtaschen und Lederaccessoires – Klassisches und Modisches – zu günstigen Preisen.

■ **MORI & BOZZI,** Cannaregio 3822, Strada Nova, beim Ponte Novo S. Felice. Vaporetto 1, Station Cà d'Oro.

Modische Schuhe, zum Teil Lederbekleidung – das Neueste und Verrückteste für Sie und Ihn.

GUMMISTIEFEL

■ **FRATELLI REGINI,** S. Marco, Ponte S. Antonio/Calle de la Bissa. Vaporetto 1, 2 und 4, Station Rialto.

Ein wertvoller Tip für jene, die in Venedig die *acqua alta* antreffen und keine Gummistiefel dabei haben. Hier finden Sie bestimmt ein passendes Paar (in den Schuhgeschäften sind die Stiefel zu solchen Zeiten oft ausverkauft). Das Geschäft sieht zwar eher aus wie ein Laden für Handwerks- und Industrieutensilien. *Aber nicht verzagen:* Im Hinterraum stehen unzählige Gummistiefel für den Notfall bereit.

SPITZEN UND STOFFE

■ **MARIA MAZZARON,** Castello 4970, Fondamenta dell'Osmarin. Tel. 52 21 392. Vaporetto 1, 2 und 4, Station S. Zaccaria.

Kein eigentliches Geschäft, sondern das Atelier einer der letzten und berühmtesten Spitzenklöpplerinnen Venedigs. Grundsätzlich arbeitet sie auf Bestellung für spezialisierte Geschäfte, interessierte Besucher haben jedoch die Gelegenheit, die hauchfeinen Kunstwerke auch direkt zu erstehen.

■ **BEVILACQUA,** S. Marco 5337, Calle de la Canonica. Tel. 72 13 84. Vaporetto 1, 2 und 4, Station S. Zaccaria.

Samt, Seide, Damast und Brokat, handgewoben nach der gleichen Technik wie schon im 15. Jh. – mit den schillernden Stoffen dieses traditionsreichen Hauses wurden schon die Scala zu Mailand, das Weiße Haus in Washington und die Pariser Residenz der Rothschilds ausstaffiert.

■ **JESURUM,** S. Marco 4310, Ponte della Canonica. Tel. 70 61 77. Vaporetto 1, 2 und 4, Station S. Zaccaria.

Vom Taufkleid bis zum Totenhemd, alles aus feinsten Materialien und mit Kunstwerken aus handgeklöppelten Spitzen besetzt. Zum Teil kostbarste Antiquitäten sind hier zu besichtigen – und zu kaufen. Die wertvollsten Stücke befinden sich in den hinteren, etwas versteckten Räumen. *Bei Jesurum sollte man auf jeden Fall eintreten:* Allein die prächtigen Hallen des alten Palazzo, wo die Ausstellung untergebracht ist, lohnen den Besuch.

■ **RUBELLI,** S. Marco 3877, Campo S. Gallo. Tel. 52 36 110. Vaporetto 1, 2 und 4, Station S. Marco.

Wer sich oder seine Umgebung in Samt und Seide hüllen möchte, ist hier richtig bedient.

■ **TROIS,** S. Marco 2666, Campo S. Maurizio. Tel. 52 22 905. Vaporetto 1, Station S. Maria del Giglio.

Hier sind die exklusiven Stoffe mit den verspielten, vom berühmten Spanier und Wahlvenezianer *Mariano Fortuny* entworfenen Mustern erhältlich. Sie werden auf der Giudecca nach streng geheim gehaltenen Formeln gewebt. *Nach vorheriger Vereinbarung können die Ateliers besichtigt werden.*

■ **NORELENE,** S. Marco 2606, Campo S. Maurizio. Tel. 52 37 605. Vaporetto 1, Station S. Maria del Giglio.

Eines meiner Lieblingsgeschäfte: Phantasievolle, kostbare Kreationen, wunderschöne handbedruckte Stoffe, Jacken, Anzüge, Foulards und Schärpen, in denen alle sanften Farben Venedigs zusammenfließen.

SCHMUCK

■ **MISSIAGLIA,** S. Marco 125, Piazza S. Marco. Tel. 52 23 464. Vaporetto 1, 2 und 4, Station S. Marco oder S. Zaccaria.

Der Juwelier der standesbewußten venezianischen Hausdamen, berühmt für traditionelle SILBERWAREN und wertvolle Haushaltgegenstände. Eine Pfeffermühle in Muschel- oder Artischokkenform gewünscht? Missiaglia macht's möglich.

■ **NARDI,** S. Marco 68, Piazza S. Marco. Tel. 25 733. Vaporetto 1, 2 und 4, Station S. Marco oder S. Zaccaria.

Er soll die schönsten venezianischen MORETTI führen, die berühmte, von Shakespeares Mohren inspirierte Anstecknadel, die vor allem im letzten Jahrhundert große Mode war.

■ **ATTILIO CODOGNATO,** S. Marco 1295, Ascensione. Tel. 25 042. Vaporetto 1, 2 und 4, Station S. Marco.

Der erste Juwelier am Platz, berühmt

▶
Norelene: Zwei phantasievolle Frauen kreieren einzigartige Stoffe und fliessende Mode (o). Verrücktes am Campo S. Stefano: die Boutique von Skandalnudel Fiorella (u).

vor allem für seine antiken Schmuckstücke: legendäre Kreationen von *Fabergé, Boucheron* oder *Cartier*. Für normal Sterbliche schön zu schauen, aber kaum zu kaufen.

■ **BRAVIN E MENEGHETTI,** S. Marco 5328, auf der Rialtobrücke. Tel. 37 683. Vaporetto 1, 2 und 4, Station Rialto.

Zart getönte KORALLEN und KAMEEN in allen Variationen.

■ **LABORATORIO DE ORESE,** S. Polo 1731, Calle dei Cristi. Vaporetto 1, 2 und 4, Station Rialto.

Die typischen Mohren sind hier nicht gar so namhaft wie jene am Markusplatz (siehe „Nardi"), dafür um so günstiger und ebenso effektvoll.

■ **GANESHA,** S. Polo 1044, Ruga Rialto. Vaporetto 1, 2 und 4, Station Rialto.

Ein Exkurs in den ORIENT: viel Silberschmuck, Halbedelsteine und orientalische Kunst.

■ **AL CANALE,** S. Polo 973, Ruga Rialto. Tel. 70 41 10. Vaporetto 1, 2 und 4, Station Rialto.

Originelle Halsketten, Armbänder und Ohrringe aus KERAMIK.

■ **BIGIOTTERIA MARTINI,** S. Croce 2135, Calle lunga S. Maria Materdomini. Tel. 72 12 67. Vaporetto 1, Station S. Stae.

Sehr schöner, antiker und moderner Schmuck aus den traditionellen, handgefertigten venezianischen GLASPERLEN, origineller Modeschmuck aus Straß und bunten Steinen, geschliffene Parfümflacons, Masken und Stickereien. Der Laden ist winzig, in einer dunklen, abgelegenen Gasse versteckt. *Aber das Suchen lohnt sich!*

GLAS

Glasgeschäfte finden sich in Venedig buchstäblich an jeder Ecke der Stadt. Was da alles an zart Durchsichtigem feilgeboten wird, grenzt schon ans Unbeschreibliche. Von echten Kunstwerken nach der berühmten Glasbläserkunst aus Murano bis zum Kitschsouvenir made in Taiwan ist alles zu haben. Da hilft nur aufmerksames Prüfen oder die grundsätzliche Regel: In den traditionsreichen „Glaspalästen" oder in den kleinen Geschäften, wo der Glasbläser gleich bei der Arbeit beobachtet werden kann, darf man auf die gebotene Qualität zählen. Generell zu den Preisen: In den kleinen Läden in der Gegend von San Polo kostet das Glas etwas weniger als in den Geschäften rund um San Marco. Aber auch das Angebot ist eingeschränkt. Hier hat man sich in erster Linie auf kleine Gegenstände spezialisiert. Lustig die unzähligen Glasminiaturen. Vom Elefanten bis zur Maus ist alles zu haben. Von frappierender Kunstfertigkeit: die Insekten-Imitationen. Die Fliegen, Bienen oder Ameisen sehen überraschend echt aus.

Grundsätzlich ist die Auswahl an Glasartikeln in der Stadt Venedig größer als auf der Glasbläserinsel Murano, und auch die Preise sind gleich, wenn nicht – wie in verschiedenen Fällen beobachtet – gar eine Spur niedriger.

Wer ein gutes, und demzufolge auch kostbares Stück kaufen möchte, der schaut sich am besten bei den traditionellen Häusern um. Hier die wichtigsten Adressen:

■ **VENINI,** S. Marco 314, Piazzetta dei Leoncini. Tel. 73 99 55. Vaporetto

1, 2 und 4, Station S. Zaccaria oder S. Marco.

Namhafte Designer arbeiten für dieses Haus. Wunderschöne VASEN, so leicht wie Seifenblasen.

■ **CENEDESE,** S. Marco 40/41, Piazza S. Marco. Tel. 25 487. Vaporetto 1, 2 und 4, Station S. Marco oder S. Zaccaria.

Vom Lüster bis zum Briefbeschwerer alles, was die traditionelle Glasbläserkunst zu bieten hat.

■ **SALVIATI,** S. Marco 78, Piazza S. Marco. Tel. 52 24 252. Vaporetto 1, 2 und 4, Station S. Marco oder S. Zaccaria.

Lampen, Gläser und Vasen wie aus Filigran, eines der ersten Häuser am Platz.

■ **SEGUSO,** S. Marco 143, Piazza S. Marco. Tel. 26 230. Vaporetto 1, 2 und 4, Station S. Marco der S. Zaccaria.

Von Antik bis Modern ist hier für jeden Geschmack was zu haben.

■ **PAULY,** S. Marco 72, Ascensione. Tel. 52 35 484. Vaporetto 1, 2 und 4, Station S. Marco.

Berühmt für seine herzförmigen KELCHE.

■ **L'ISOLA,** S. Marco 1468, Campo San Moisè. Tel. 52 31 973. Vaporetto 1, 2 und 4, Station S. Marco.

Eine reiche Auswahl an traditioneller Glasbläserkunst nach modernem Design.

■ **L'IXA,** S. Marco 2958/A, Campo S. Stefano. Tel. 29 656. Vaporetto 1, 2 und 4, Station Accademia.

Kostbare antike Glaskunstwerke; *ein Paradies für Sammler.*

MARMORPAPIER

Eine vor über 200 Jahren aus dem Orient importierte Handwerkskunst, die in Venedig eine neue Blüte feiert. Kleine Geschäfte, in denen sich vor allem junge Leute mit viel Phantasie und Liebe zum Detail der traditionellen Verzierungstechnik widmen, schießen in Venedig wie Pilze aus dem Boden.

■ **LEGATORIA PIAZZESI,** S. Marco 2511, Campiello della Feltrina. Tel. 21 202. Vaporetto 1, Station S. Maria del Giglio.

Der traditionsreichste Laden dieser Art. Buntschillernde Papierbogen, Schachteln, Bücher, Agenden, wunderschöne Puppenbühnen und auch klassische, vom 17. Jh. inspirierte Motive. Und mitten in all den Kostbarkeiten im kleinen Geschäft die liebenswürdige alte Dame, die für jeden Kunden eine freundliche Erklärung bereithält.

■ **EBRU,** S. Marco 1920, Calle della Fenice, Tel. 86 302, Vaporetto 1, 2 und 4, Station S. Marco; und S. Marco 3135, Salizzada S. Samuele, Tel. 70 09 21, Vaporetto 1, Station S. Samuele.

Die alte Handwerkstechnik modern interpretiert. Der phantasievolle *Alberto Valese* schafft auch marmorierte Objekte: Hier bestechen Kugeln, Obeliske, Pyramiden und bizarre Skulpturen neben gerahmten Marmorbildern, originellen Foulards und verschiedensten Papeterieartikeln.

■ **PAOLO OLBI,** S. Marco 3653, Calle della Mandola. Vaporetto 1, Station S. Angelo.

Marmorierte Geschenkartikel und handgeschöpftes Papier.

■ **BOTTEGA ARTIGIANALE LINDA GONZALES,** S. Polo 1035, Ruga Rialto, Tel. 85 563. Vaporetto 1, 2 und 4, Station Rialto.

Die junge Kunsthandwerkerin bietet nebst handbedruckten Papierwaren auch Rahmen, Lampen, Foulards und Keramikartikel.

■ **EX LIBRIS,** S. Polo 2751, Calle dei Saoneri. Tel. 72 14 69. Vaporetto 1, Station S. Tomà.

Hat sich aufs Binden und Restaurieren von Büchern spezialisiert.

MASKEN

Masken haben sich in den letzten Jahren als Venedig-Souvenir Nummer eins entpuppt, und werden demzufolge auch überall verkauft. Es gibt wunderschöne Exemplare – traditionsgebundene und originelle – und eine wahre Flut kitschiger und billiger Imitationen. Die schönsten Masken habe ich an folgenden Adressen gefunden (Beschreibungen siehe Kapitel „Karneval hinter den Masken“).

■ **LABORATORIO ARTIGIANO MASCHERE,** Castello 6657, Barbaria de le Tole. Tel. 52 23 110. Vaporetto 5, Station Ospedale Civile.

■ **ARTE GIANO,** S. Marco 1388/A, Calle del Ridotto. Tel. 70 83 62. Vaporetto 1, 2 und 4, Station S. Marco.

■ **BALOCOLOC,** S. Polo 2235, Calle del Scaleter (Nähe Campo S. Polo). Tel. 35 551. Vaporetto 1 und 4, Station S. Tomà, oder Vaporetto 1, Station S. Stae.

■ **BERTOLDINI GIULIANA,** S. Polo 2657, Calle Seconda dei Saonieri. Tel. 85 969. Vaporetto 1 und 4, Station S. Tomà.

■ **MAGICA FOLLIA,** S. Polo 2723, Calle dei Saonieri. Tel. 28 266. Vaporetto 1 und 4, Station S. Tomà.

■ **MONDONOVO,** Dorsoduro 3063, Rio Terrà Canal, beim Ponte dei Pugni. Tel. 52 87 344. Vaporetto 1, Station Cà Rezzonico.

■ **LIDIA GRASSI,** Giudecca 686/F, Campo della Rotonda, Calle de Mezo. Tel. 70 42 28. Vaporetto 5, Station Giudecca S. Eufemia.

KURIOSA, GESCHENKE

■ **LABORATORIO ARTIGIANO,** Castello 6490, Barbaria delle Tole. Tel. 27 734. Vaporetto 5, Station Ospedale Civile.

Im winzigen Laden fühlt man sich in eine andere Epoche versetzt: eine wunderschöne Sammlung antiker PUPPEN, Spitzen und Rüschen. *Patrizia Bonato* hat sich auf die kunstgerechte Reparatur alter Puppen und Spielsachen spezialisiert.

■ **GIUSEPPE CARLI,** Castello 4725, Caletta Rota. Vaporetto 1, 2 und 4, Station S. Zaccaria.

In der nach Holz duftenden Werkstatt geht der Dollenmacher *Giuseppe Carli* seiner Arbeit nach. Die Gondolieri schwören auf seine FORCOLE (Dollen) und Ruder. Der alte Mann, der in singendem Dialekt gerne und ausführlich über sein Leben und „sein“ Venedig erzählt, hat auch als Künstler einen Ruf: Seine stilisierten *forcole* sind gar im Museum of Modern Art in New York ausgestellt.

■ **GALLERIA D'ARTE VENEZIANA,** S. Marco, Ponte Consorzi (Calle Larga San Marco), Campo S. Giovanni Novo. Tel. 52 23 905. Vaporetto 1, 2 und 4, Station S. Zaccaria.

Alles, was in der Stadt an Kunsthandwerk geboten wird – Glas, Stoffe und Spitzen, Mosaiken und Masken, Schmuck usw. –, wird in dieser Gemeinschaftsausstellung venezianischer Berufsleute gezeigt und verkauft.

■ **CESTERIA SAN LUCA,** S. Marco 1770, Frezzeria. Vaporetto 1, 2 und 4, Station S. Marco.

Vieles aus BAST, BAMBUS und STROH, Geschenkartikel und Kleinmöbel.

■ **RIGATTIERI,** S. Marco 3532–3536, Calle dei Frati, Nähe Campo S. Angelo. Tel. 52 31 081. Vaporetto 1, Station S. Angelo.

TAFELGESCHIRR, das an die großen Gelage zu den Glanzzeiten der Serenissima erinnert. *Spezialität:* die traditionellen Keramiken aus Bassano.

■ **LIVIO,** S. Marco 3157, Salizzada S. Samuele. Vaporetto 1, Station S. Samuele.

Er nennt sich Bildhauer und frönt mit Witz und Ironie seiner Kunst. Im Laden findet sich alles aus HOLZ: Vom Unterhemd bis zu den Schuhen – Trompe-l'oeil-Effekte noch und noch.

■ **MOBILI RICICLATI,** S. Polo 2423, S. Giovanni Evangelista, Calle dell'Olio. Vaporetto 1, Station S. Tomà.

Der Möbelschreiner und -restaurateur Luciano Buggio bastelt mit Phantasie aus alten Möbelteilen, aus Klaviertasten und Verzierungen Puppen und Deco-Gegenstände. Witzig!

■ **BIASIN,** S. Polo 2721, Calle Saoneri. Tel. 71 79 44. Vaporetto 1, Station S. Tomà.

Alles aus TON: Puppen, Masken und Bilder mit Märchenmotiven.

■ **LA SCIALUPPA,** S. Polo 2695, Calle Seconda dei Saoneri. Vaporetto 1, Station S. Tomà.

Typische Schiffsmodelle – Gondeln und Sandali –, auch zum Selberbasteln, Holzskulpturen, *forcole* türmen sich in diesem winzigen Atelier.

■ **LA CIOTOLA,** Dorsoduro 3948, Crosera S. Pantalon. Tel. 76 61 27 und 52 81 434. Vaporetto 1, Station S. Tomà.

Zwei junge Künstlerinnen, die sich auf klassisches Keramik-Kunsthandwerk spezialisiert haben.

■ **LA BOTTEGA ARTIGIANA MEZA,** Dorsoduro 3215, Calle del Capeler. Tel. 52 36 832. Vaporetto 1, Station Cà Rezzonico.

Für seine bis ins kleinste Detail originalgetreuen Schiffsmodelle und sein handbemaltes PORZELLAN genießt dieses traditionsreiche Geschäft einen unbestrittenen Ruf.

■ **SIGNOR BLUM,** Dorsoduro 2864, Calle lunga S. Barnaba. Tel. 26 367. Vaporetto 1, Station Cà Rezzonico.

SPIELZEUG und PUZZLES aus Holz, handbemalt und originell. Auch Holzbilder mit Venedigsujets und stolze Palazzi als Puzzle.

■ **LUNA CREAZIONI,** Cannaregio 5993, Campiello Crovato, bei S. Maria Nova. Tel. 25 473 (nur abends). Vaporetto 1, 2 und 4, Station Rialto.

Ein winziger, orientalisch inspirierter Laden: Schmuck aus Jade, Amber,

Korallen und Perlmutter, Gürtel, Schnallen, Spitzen, Seidenkissen, Muranoglas und antike Möbel – ein Durcheinander, das zum Stöbern einlädt.

PLAKATE, GRAPHIKEN

■ **BOEHM,** S. Marco 1349, Campo S. Moisè. Tel. 22 255. Vaporetto 1, 2 und 4, Station S. Marco.

Stimmungsvolle venezianische Winkel auf Stichen, Drucken und Aquarellen können hier besichtigt werden.

■ **BAC ART STUDIO,** Cadore Arte, S. Marco 2663, Campo S. Maurizio. Tel. 52 28 171. Vaporetto 1, Station S. Maria del Giglio und S. Polo 1069, Ruga Rialto. Tel. 31 108. Vaporetto 1, 2 und 4, Station Rialto.

Kartenserien, Posters und vor allem sehr schöne RADIERUNGEN mit Venedig-Sujets.

■ **ARTIGIANI RIUNITI DI PORTO ANTONIO,** S. Polo 2753, Campiello Nomboli. Tel. 31 368. Vaporetto 1, Station S. Tomà.

Eine breite Auswahl an stadttypischen Plakaten, Stichen, Kunstdrucken und alten Karten.

■ **GRAFFITI,** S. Polo 3045, Frari. Tel. 52 28 843. Vaporetto 1, Station S. Tomà.

Moderne Posters und Karten, Cooles und Kitschiges, auch viele Venedig-Sujets, zum Beispiel die reichlich manierierten, aber trotzdem witzigen surrealen Ansichten von *Ludovico de Luigi*.

BÜCHER

■ **SANTI GIOVANNI E PAOLO,** Castello 6358, Campo SS. Giovanni e Paolo. Tel. 29 659. Vaporetto 5, Station Ospedale Civile.

Große Auswahl an fremdsprachiger Venedig-Literatur, vor allem englische und französische Werke. Auch KUNSTBÜCHER und Neuerscheinungen.

■ **FILIPPI,** Castello 5763, Calle del Paradiso, Tel. 35 635, und S. Marco 5458, Calle della Bissa, Tel. 36 916. Vaporetto 1, 2 und 4, Station Rialto.

Venedig-Werke zu allen nur erdenklichen Themen, auch nach allen Regeln der Buchdruckerkunst neu aufgelegte RARITÄTEN und handgebundene Kostbarkeiten. Vater und Sohn sind stolz auf ihr Handwerk, und Franco, der Sohn (Calle de la Bissa) ist auch gerne bereit, interessierten Touristen Venedig-Insidertips zu verraten.

■ **SERENISSIMA,** S. Marco 739, Marceria S. Zulian. Tel. 23 050. Vaporetto 1, 2 und 4, Station S. Marco oder S. Zaccaria.

Bücher mit bis zu 50% Ermäßigung.

■ **BERTONI,** S. Marco 3637/B, Calle della Mandola. Tel. 29 583. Vaporetto 1, Station S. Angelo.

Ebenfalls stadtbekannt für seine große Auswahl an Büchern zum halben Preis.

■ **FANTONI,** S. Marco 4119, Salizzada San Luca. Tel. 20 700. Vaporetto 1, 2 und 4, Station Rialto.

Spezialisiert auf KUNST, Fotografie, Musik und Ballett.

■ **TARANTOLA,** S. Marco 4268, Campo S. Luca. Tel. 23 413. Vaporetto 1, 2 und 4, Station Rialto.

Stets das Neueste aus der italienischen

LITERATURSZENE. Recht viele Venedig-Bücher, vor allem Sekundärliteratur, zum Teil auch fremdsprachige Ausgaben.

■ **TOLETTA,** Dorsoduro 1214, Calle della Toletta. Tel. 32 040. Vaporetto 1, 2 und 4, Station Accademia.

WÖRTERBÜCHER und Neuausgaben zu beträchtlich reduzierten Preisen.

■ **CITTADELLA,** Dorsoduro 3929, Calle Donna Onesta. Tel. 71 01 85. Vaporetto 1, Station Cà Rezzonico.

Spezialisiert auf Fernöstliches, GEHEIMWISSENSCHAFTEN und Geschichte.

ANTIQUITÄTEN, FLOHMARKT

■ **RINO BERENGO,** Castello 5326, Calle de la Casseleria. Tel. 52 21 431. Vaporetto 1, 2 und 4, Station S. Zaccaria.

Ein richtiger Trödler und eine wahre FUNDGRUBE. Besonders große Auswahl an Messingobjekten und alten Beschlägen.

■ **ANTICHITA' E OGGETTI D'ARTE,** S. Marco 1651, Piscina di Frezzeria. Vaporetto 1, 2 und 4, Station S. Marco.

Auch verblüffende antike Abendkleider, Turbane und KISSEN aus Samt und Seide.

■ **SCARPA,** S. Marco 2089, Calle Larga XXII Marzo. Tel. 27 199. Vaporetto 1, 2 und 4, Station S. Marco.

Spezialisiert auf Gemälde und Zeichnungen, vor allem italienischer Meister.

■ **CASELLATI,** S. Marco 2404, Calle Larga XXII Marzo. Tel. 30 966. Vaporetto 1, 2 und 4, Station S. Marco.

Der RENOMMIERTESTE ANTIQUAR der Stadt, mit internationalen Stammkunden.

■ **RINA ZENNARO,** S. Marco 2475, S. Maria del Giglio, beim Ponte della Feltrina. Tel. 52 21 272. Vaporetto 1, Station S. Maria del Giglio.

Verstaubte Gläser, blinde Spiegel, abblätternde Goldrahmen, verschnörkelte Tabletts und verblaßte Stoffe entführen hier in ein vergangenes, aber nicht vergessenes Venedig.

■ **PAOLO ZANCOPÉ,** S. Marco 2675, Campo S. Maurizio. Tel. 52 34 567. Vaporetto 1, Station S. Maria del Giglio.

Raritäten von erlesenem Geschmack, und der Inhaber weiß einiges über seine Objekte und „sein" Venedig zu erzählen.

■ **LABORATORIO CORNICI,** S. Polo 1295, Calle del Perdon, beim Campo S. Aponal. Vaporetto 1, Station S. Silvestro.

Ein bizarres Durcheinander: Möbel, Schmuck, Geschirr, Vasen, Apothekergläser, alte Telefone und Radioapparate, Ikonen und Silberwaren. Viel Kitsch, aber auch echte Trouvaillen.

■ **CANESTRELLI,** Dorsoduro 364, Campo Barbaro. Tel. 37 738. Vaporetto 1, Station Salute.

Ein Trödlerladen, wo auch alte Möbel und Bilderrahmen restauriert werden.

DELIKATESSEN

■ **VENTURINI,** S. Marco 2356, Calle delle Ostreghe. Tel. 23 550. Vaporetto 1, 2 und 4, Station S. Marco.

WEINE DER GEGEND und, weil's so

gut paßt, auch Käse- und Wurstspezialitäten.

■ **PASTICCERIA MARCHINI,** S. Marco 2769, Ponte S. Maurizio. Tel. 52 29 109. Vaporetto 1, Station S. Maria del Giglio.
Originelles für Schleckmäuler: Schokolade in allen Regenbogenfarben.

■ **IL FORNAIO,** S. Marco 4579, Calle San Luca. Tel. 22 659. Vaporetto 1, 2 und 4, Station Rialto.
Eat-Art als Souvenir – von Spaghettis über Tintenfische, Muscheln und Gemüse aus Marzipan ist hier alles zu haben. Knusprig frisch auch die vielen Brotspezialitäten.

■ **RIZZO,** Cannaregio 5578, Calle San Giovanni Grisostomo. Tel. 22 824. Vaporetto 1, 2 und 4, Station Rialto.
Hier bleiben keine NUDELWÜNSCHE unerfüllt. Kakao, Kaffee, Paprika, Knoblauch, Artischocken, Tomaten oder Pilze sorgen hier für Farb- und Geschmacksreichtum. Fast ebenso vielfältig das Angebot an Honigarten.

■ **ALIANI,** S. Polo 654, Ruga Rialto. Tel. 24 913. Vaporetto 1, 2 und 4, Station Rialto.
Hier führt italienischer KÄSE in Versuchung.

■ **FRATELLI SPAGNOL,** S. Polo 1463–1465, Ponte Madonnetta. Tel. 70 36 27. Vaporetto 1, Station S. Silvestro.
Herrliches BROT, auch am Abend ofenfrisch und duftend. *Unbedingt versuchen:* Die Oliven-, Kräuter- und Spinatbrötchen.

■ **CASA DEL PARMIGIANO,** S. Polo 214, Campo bella Vienna. Tel. 52 06 525. Vaporetto 1, Station S. Silvestro.
Riesige „Wagenräder" PARMESANKÄSE im Schaufenster bringen die Passanten zum Stehen. Hier wird die „Parmesankultur" als Wissenschaft gepflegt.

■ **CANTINA DEL VINO,** Dorsoduro, Fondamenta Nani. Vaporetto 1, 2 und 4, Station Accademia oder Vaporetto 5 und 8, Station Zattere.
Osteria und Weinhandlung zugleich, den ins Auge gefaßten Tropfen kann man an der Theke schon mal vorkosten. Große Auswahl an WEINEN der Region.

■ **LA FONTE DELL'OLIO,** Dorsoduro 4963, Calle San Provolo. Vaporetto 1, Station Cà Rezzonico.
Ursprüngliche, kaltgepreßte OLIVENÖLE aus den verschiedensten Regionen Italiens. Liebhaber leiden einzig unter der Qual der Wahl.

■ **PAVON,** Cannaregio 4292, Strada Nova. Vaporetto 1, Station Cà d'Oro.
Ein ebenso abwechslungsreiches „TEIGWAREN-Festival" wie bei „Rizzo".

■ **VOLPE,** Cannaregio 1142/43, Campo Gheto Vecchio. Tel. 71 51 78. Vaporetto 1 und 2, Station S. Marcuola, oder Vaporetto 5, Station Ponte delle Guglie.
Ein sympathisches kleines Geschäft mit traditionellen jüdischen Backwaren, koscherem Brot und vielen Spezialitäten.

HEILKRÄUTER

■ **ANANAS,** Castello 4964, Fondamenta dell'Osmarin. Tel. 87 685. Vaporetto 1, 2 und 4, Station S. Zaccaria.
Duftende Kräuter, phantasievolle SEI-

FEN und vieles für die natürliche Schönheitspflege.

■ **FARMACIA S. POLO,** S. Polo 2012, Campo S. Polo. Tel. 13 527. Vaporetto 1, Station S. Silvestro.
In dieser Apotheke hat man sich auf Heilkräuterkunde spezialisiert.

■ **IL MELOGRANO,** Dorsoduro 2999, Campo Santa Margherita. Vaporetto 1, Station Cà Rezzonico.
Natürliche Schönheitsmittel, Salben und Tinkturen, Heilpflanzen und Teemischungen für alle Lebenslagen.

■ **SPEZERIA ALL'ERCOLE D'ORO,** Cannaregio 2234/A, Strada Nova. Tel. 23 984. Vaporetto 1, Station Cà d'Oro.
Santa Fosca ist eine der ältesten Apotheken Venedigs, und seine Heilkräuterabteilung knüpft an die alte, vom Orient importierte Tradition der NATURHEILKUNDE an.

Inselidyllen

Es gibt Tage, da hilft alle Liebe und Verbundenheit zur Stadt nichts mehr: Venedig ist schlicht unerträglich. An stickigen, schwülen Sommertagen, wenn fauliger Gestank über den Kanälen dampft und Mückenschwärme das Leben buchstäblich zur Hölle machen. Zu den Spitzenzeiten der Touristeninvasion, wenn die Gassen verstopft, die Vaporetti überfüllt und die Stadt sich in einen von Souvenir-Strohhüten bevölkerten Albtraum verwandelt. Oder dann, wenn bei einem längeren Aufenthalt der Venedigkoller einfährt, wenn die geschichtsträchtigen, sonst so malerischen Kulissen zu einem unheilvollen Labyrinth werden, in dem man sich, außerhalb von Raum und Zeit, abgeschnitten vom wirklichen Leben, gefangen fühlt. In solchen Situationen hilft nur eines: Flucht. Man muß es wie die VenezianerInnen machen und der Stadt schleunigst den Rücken kehren – nur so kann die Liebe zu Venedig überleben. Mein erprobtes Mittel gegen Venedig-Aggressionen und -Depressionen ist eine Fahrt auf die Inseln hinaus, allein der Bootstrip durch die Lagune wirkt schon besänftigend.

Die Laguneninseln spielten für den Alltag und das wirtschaftliche Gefüge Venedigs schon immer eine bedeutende Rolle: Die einen Inseln versorgten – und tun es bis heute – die Stadt mit frischem Fisch und Gemüse, der Basis der venezianischen Küche. Auf andere Inseln, aus dem Blickfeld der lebenshungrigen Stadt, wurden die Kranken, Siechen und Irren verbannt, selbst der Tod fristet in Venedig ein Inseldasein.

Im 15. Jh. sollen an die 200 Eilande um die Stadt gelegen haben, heute ragen nur noch an die 40 aus dem seichten Wasser der Lagune. Einige kleine stacheldrahtbewehrt und von Schäferhunden bewacht: Hier haben sich zumeist Ausländer und reiche Italiener ein Privatreich gekauft. Andere sind verwildert und verlassen, einzig trostlose Ruinen zeugen von besseren Zeiten. Dazwischen können jedoch heitere oder besinnliche Inselwelten erforscht werden:

nebst den berühmten Touristenzielen **MURANO, BURANO** und **TORCELLO** die klösterlichen Idyllen von **SAN LAZZARO DEGLI ARMENI** und **SAN FRANCESCO DEL DESERTO** oder der stille, unscheinbare Charme auf **SAN ERASMO** und den **VIGNOLE**.

Nach Murano, Burano und Torcello werden halbtägige, geführte Ausflüge in großen Aussichtsschiffen angeboten: eine Möglichkeit für Eilige, etwas Inselatmosphäre zu schnuppern. Die Nachteile dieser Inseltrips: Man schwimmt in (oft riesigen) Touristengruppen mit, auf den Inseln ist die Zeit für Besichtigungen viel zu kurz bemessen, und wenn man Pech hat, erlebt man die Lagunenszenerie hinter hermetisch verriegelten und blaugetönten Scheiben.

Ausgangspunkt: Imbarcadero am Markusplatz. *Abfahrt:* täglich um 9 und 14.30 Uhr. Preis: 17 000 Lit.

Alle Inseln können per *Vaporetto* oder *Motonave*, mit den normalen Linienbooten, erreicht werden. Da gilt es zwar beim Zusammenstellen der persönlichen Inselkreuzfahrt auf die Abfahrt- und Anschlußzeiten der Verbindungsschiffe zu achten, aber die kleine Mühe lohnt sich! Die Aussicht ist im Fahrtwind unvergleichlich schöner, und auf den Inseln kann man sich nach persönlicher Lust und Laune Zeit lassen. Einzig die Abfahrtszeit der letzten Kurse nach Venedig schränkt die individuellen Freiheiten ein – am besten man erkundigt sich beim Bootsführer danach. Auf den Inseln gibt's nämlich nur zwei Übernachtungsmöglichkeiten: die sündhaft teure *Locanda Cipriani* auf Torcello und die einfache Herberge *Al Raspo de Ua* auf Burano. Hier die Bootskurse für Inseltrips auf eigene Faust:

Vaporetto 5, Abfahrt alle 15 Minuten von den Fondamenta Nuove nach San Michele und Murano.

Vaporetto 12, Abfahrt stündlich von den Fondamenta Nuove nach Murano, Mazzorbo, Burano, Torcello und Treporti.

Vaporetto 13, Abfahrt stündlich von den Fondamenta Nuove nach Murano, Vignole und San Erasmo.

Vaporetto 10 und 20, Abfahrt stündlich von der Riva degli Schiavoni zu den Inseln La Grazia, San Servolo, San Lazzaro degli Armeni und San Clemente.

SAN MICHELE

Vaporetto 5 ab Fondamenta Nuove. Abfahrt alle 15 Minuten.

Unverkennbar zeichnen dunkle Zypressen die Silhouette der Friedhofsinsel von Venedig. Nicht nur die von Kunstkennern gerühmte Renaissancekirche von *Mauro Codussi* lohnt hier einen Besuch, faszinierend ist vor allem die seltsame, befremdliche Stimmung des Friedhofs. Eine Gondelfahrt beschließt das Leben der VenezianerInnen: in blumengeschmückten Totenbarken werden sie feierlich durch die Lagune nach San Michele zur letzten Ruhe gerudert. Eine Ruhe, die jedoch meist nur kurz dauert. Einer der vielen Anachronismen Venedigs: Während in der Stadt sich durch die Jahrhunderte kaum etwas verändert hat, herrscht auf dem

Friedhof ununterbrochen rege Bautätigkeit. Bagger und Planiermaschinen gehören hier ebenso ins vertraute Bild wie liebevoll geschmückte Gräber und pompöse Familiengruften. Auf der Insel ist der Platz im wahrsten Sinne des Wortes begrenzt, und so dürfen die Toten nur so lange ruhen, wie sie zu zahlen vermögen – der sprichwörtliche Geschäftssinn der Venezianer macht vor der Ewigkeit nicht halt. Zehn Jahre Ruhe ist allen gegönnt, jedes weitere Jahr muß zusätzlich bezahlt werden. Beim Friedhofseingang regeln Tariftabellen den letzten Frieden. Nur Ausländer können in Venedig sorgenfrei sterben: Sie werden in einer stillen, idyllischen Ecke bleibend begraben.

MURANO

Vaporetto 5 ab Fondamenta Nuove, Abfahrt alle 15 Minuten, oder Vaporetto 12 und 13, Abfahrt alle 60 Minuten.

Den Kanalufern entlang drängt sich Souvenirgeschäft an Souvenirgeschäft, oft derart mit leichtverkäuflichem Kitsch und Tand – meist made in Hongkong! – vollgestopft, daß die wirklich guten Stücke nicht mehr zu erkennen sind. Für mich hat Murano seinen Reiz längst verloren. Die Insel ist zu einem hektischen Glasmarkt verkommen – Massentourismus und Geschäftemacherei prägen die Stimmung.

In Venedig wird gar von dunklen Deals hinter glitzernden Fassaden gemunkelt: Muranos Glashändler sollen einem mächtigen norditalienischen Syndikat als Geldwäschereien dienen.

Einzig im **MUSEO DELL'ARTE VETRARIA** (Fondamenta Giustinian, Tel. 73 95 88. Öffnungszeiten: werktags 10–16 Uhr, an Sonn- und Feiertagen 9–12.30 Uhr, Mi geschlossen) findet man in die ruhmreiche Vergangenheit der Insel zurück: Hier erinnern wunderschöne, hauchzarte und elegante Glaskreationen aus verschiedenen Epochen an die unerreichte und begehrte Kunst der Glasbläser von Murano. Ansonsten kann, wer wenig Zeit hat, Murano getrost von weitem grüßen: Muranoglas, vor allem edle Stücke, kann man ebensogut und ungestörter in Venedig bewundern, desgleichen die Demonstrationen der Glasbläser. Die Preise sind oft selbst an den Touristenständen auf dem Markusplatz günstiger als jene „direkt ab Fabrik“ auf Murano, und Inselstimmung läßt sich schon auf der stadtnahen Giudecca unverfälschter erleben.

SAN GIACOMO IN PALUDE

Eine der verlassenen kleinen Inseln, die wir auf dem Weg nach Torcello und Burano kreuzen. Während Jahrhunderten beteten hier zuerst Mönche, dann Zisterziensernonnen, klagten verbannte Leprakranke in der Abgeschiedenheit eines Lagunenklosters. In den letzten Jahren der venezianischen Republik nistete sich hier ein skurriler und schlauer Bettler ein: Aus einem sicheren Versteck am Ufer streckte er den vorbeifahrenden Booten eine an einer langen Stange befestigte Börse entgegen – sein Verdienst war bei den abergläubischen Schiffern gesichert. 1810 wurden die Klostergebäude abgerissen, bis auf ein von den Seeleuten verehrtes Muttergottes-Kapitell, das noch zu sehen ist. 1975 brachten einige von der *Biennale* organisierte Theateraufführungen für kurze Zeit neues Leben auf die Insel.

TORCELLO

Vaporetto 12 ab Fondamenta Nuove. Abfahrt alle 60 Minuten.

Einsamkeit, Stille, fast mystischer Frieden atmet auf dieser berühmten Insel – ein Frieden, den nicht mal die von Jahr zu Jahr zahlreicheren Besucherscharen ganz verscheuchen können. In diesem stillen Winkel inmitten der Lagune nahm die ruhmreiche Geschichte Venedigs ihren Anfang: Hierhin flüchteten die späteren Venezianer vor den brandschatzenden Hunnen und Longobarden. Daß Torcello einst eine blühende Stadt mit Märkten, Villen und Palästen, Kirchen und Klöstern war, scheint heute mehr Legende denn Wirklichkeit. Auf der Insel bezaubert eine irgendwie archaische, versponnene Ruhe. Am meisten liebe ich Torcello an einem sonnigen Spätherbsttag: Dann stören keine lärmigen Gruppen die melancholische Einsamkeit. Die berühmten byzantinischen Kirchen – die Kathedrale **SANTA MARIA ASSUNTA** und die Kirche **SANTA FOSCA** mit ihren wunderschönen Mosaiken – nehmen dann in ihrer schlichten, heiteren Frömmigkeit gefangen. Ein Spaziergang den üppig grünen Kanälen entlang, ein Glas spritziger Wein im Garten der *Villa 600* – und Torcello verwandelt sich in einen glücklichen Traum! Zurück zur Wirklichkeit: die berühmte *Locanda Cipriani*, wo sich Hemingway am liebsten zum Schreiben verkroch, wo Königin Elizabeth oder Präsident Mitterrand Ruhe in wirklich gediegener Atmosphäre suchten, hat einiges an Glanz eingebüßt, ist zu so etwas wie einem Treffpunkt für zahlungskräftige *Parvenüs* verkommen. Vorbei sind der einstige Stil und auch die kulinarischen Höhenflüge, geblieben sind die recht gesalzenen Preise.

Unterkunft:

■ **LOCANDA CIPRIANI,** Torcello 29. Tel. 73 01 50.

Pro Person kostet das DZ mit Halbpension 220 000 Lit., mit Vollpension 300 000 Lit. Die wenigen Zimmer sind trotz happiger Preise oft ausgebucht, unbedingt reservieren.

Restaurants:

■ **LOCANDA CIPRIANI,** siehe oben.

■ **VILLA 600,** Torcello 10/15. Tel. 73 09 99.

Für mich der schönste Ort am Platz: herrliche Leckerbissen nach Hausfrauenart, spritzige Weine aus der Gegend und alles aufgetragen in der rebenumrankten Pergola einer rustikalen alten Villa.

BURANO

Vaporetto 12 ab Fondamenta Nuove. Abfahrt alle 60 Minuten.

Die „idyllische Fischerinsel“ ist schon mit allen erdenklichen Klischees zum Thema bedacht worden. Zu bemerken bleibt: Sie stimmen alle! Auf Burano ist die Stimmung heiter, locker, fast ein wenig ausgelassen: bunt bestückte Wäscheleinen flattern zwischen fröhlichfarbigen Pastellhäusern, an den Kanalufern sitzen heute noch da und dort alte Frauen über ihre weltberühmten Klöpplerkunstwerke gebeugt, kleine Mädchen reihen flink bunte Glasperlen zu lustigen Ketten. Hobbymaler und auch „richtige Künstler" suchen hier im „schönsten Licht der Lagune" nach Motiven. Zwar stammt der Großteil der an den Souvenirständen angebotenen Kunsthandwerke, Tischtücher, Spitzendecken, Röcke, Blusen und Kinderrüschenkleider aus Billigländern des Fernen Ostens: Das stört jedoch weder Einheimische noch Touristen allzusehr – die einen freuen sich über die erschwinglichen Handarbeiten, die anderen übers gelungene Geschäft. Die *Buranelli* galten schon immer als die lebensfrohesten und -tüchtigsten Bewohner der Lagune, daran hat sich bis heute wenig geändert. Zwar plagen auch sie die Sorgen der Zeit: Die Insel wirft trotz Tourismus zu wenig ab zum Leben, viele müssen in den Fabriken von Mestre und Marghera ein Auskommen suchen. Aber sie nehmen lieber stundenlange Arbeitswege in Kauf (die Verkehrsverbindungen sind skandalös, weit mehr auf die Bedürfnisse der Touristen als der Einheimischen ausgerichtet!), als ihre geliebte Insel zu verlassen. Burano ist heute die belebteste Oase der Lagune: Wer eine Verschnaufpause vom prächtigen und geschichtsträchtigen Venedig sucht, schaltet am besten ein paar Tage einfaches Inselleben auf Burano ein. Erfrischende Erholung ist inmitten der herzlichen, manchmal auch etwas schlitzohrigen Buranelli garantiert.

Unterkunft:

■ **AL RASPO DE UA,** Via Galluppi 560, Burano. Tel. 73 00 95.

Eine einfache Pension, mitten im Städtchen. Die einzige Möglichkeit, abgesehen von der teuren Locanda auf Torcello, auf einer der Inseln zu nächtigen. Unbedingt vorher anrufen und das Zimmer buchen: Oft sind die paar Zimmer schon vergeben, oder ins Gasthaus kommt man nur rein, wenn auch das dazugehörige Restaurant offen hat. Den ganzen Monat November sind normalerweise Hotel und Restaurant zu.

Restaurants:

■ **DA ROMANO,** Piazza Galluppi 221, Burano. Tel. 73 00 30. Di geschlossen.

Hier feiern die Buranelli mit Vorliebe ihre Feste bei Musik, Wein und leckeren Platten aus der traditionellen Küche. *Vor allem die Fisch- und Gemüsespezialitäten probieren!* Das älteste und beliebteste Restaurant der Insel hat bisher noch nichts von seiner Qualität eingebüßt.

■ **OSTERIA AI PESCATORI,** Via Galluppi 371, Burano. Tel. 73 06 50. Mo geschlossen.

Auch hier typisch venezianische Küche und Fischgerichte.

■ **TRATTORIA AL GATTO NERO,** Fondamenta Giudecca 88. Tel. 73 01 20.

Ein paar Tische an einem malerischen Kanal, in einer verträumten Ecke der Insel. Ebenfalls venezianische Leckerbissen nach Hausfrauenart.

■ **BAR AI CACCIATORI,** Fonda-

menta Santa Caterina 7/c, Mazzorbo. Tel. 73 01 51. Di geschlossen.
Traditionelle Küche, typische Inselgerichte und, wie's der Name sagt, im Herbst herrliche *Wildspezialitäten*.

SAN FRANCESCO DEL DESERTO

Eine verträumte, fast verwunschene, winzige Insel, wo ein paar Kapuzinerpatres ihren einfachen Klosteralltag fristen. Besucher sind täglich am Morgen 10–11.15 Uhr und am Nachmittag 15–17.30 Uhr zugelassen. Für die zeitlich begrenzte paradiesische Ruhe bezahlt man jedoch einen happigen Preis: Die Insel kann nur mit einem privat in Burano gemieteten Boot erreicht werden, und die gewitzten Fischer sind nicht so einfach runterzufeilschen, 20 000–30 000 Lit. hat noch mancher bezahlt. Wer seine Feilscher-Eigenschaften prüfen will, erkundigt sich am Hafen, gleich bei der Kirche San Martino, bei den Fischern.

VIGNOLE UND SAN ERASMO

Vaporetto 13 ab Fondamenta Nuove. Abfahrt alle 60 Minuten.

Die beiden Inseln sind die Gärten Venedigs, grüne Oasen, wo all die herrlichen *primizie*, die Frühgemüse, wachsen: zarte Artischocken, Spargeln, Erbsen, glänzende Auberginen und saftige Tomaten, die dann täglich frisch zum Rialtomarkt geschifft werden. Hierher pilgern die Venezianer im Sommer zum Picknick im Grünen, genießen im Schatten von Tamerinden und Oleander die unverfälschte ländliche Stimmung. Nach Stadt- und Brückenwanderungen das ideale Ziel für einen Landausflug: Am besten man steigt bei der Station *Capannone* auf *San Erasmo* aus dem Vaporetto und wandert zum kleinen Strand, weiter bis zur Kirche (von wo man einen herrlichen Blick auf Burano genießt) und zur Vaporetto-Station *Punta Vela*. Der Spaziergang dauert an die zwei Stunden, im Sommer locken am Weg kleine Landkneipen zur Einkehr. Einfache Lokale mit schattigen Gärten machen auch einen Halt auf den *Vignole* reizvoll, wer dahinfährt, findet sie von selbst!

SAN LAZZARO DEGLI ARMENI

Vaporetto 20 ab San Zaccaria (San Marco). Abfahrt alle 60 Minuten.

Ein Stück Orient mitten in der Lagune, nur ein paar hundert Meter vom Lido entfernt. Die Insel mit dem Zwiebelturm sticht schon von weitem ins Auge. Seit über zwei Jahrhunderten wird hier armenische Kultur gepflegt und gehütet. Früher war die Insel Zufluchtsort der Leprakranken, der *heilige Lazarus*, ihr Schutzpatron, gab der Insel den Namen. 1717 überließen die venezianischen Herrscher die Insel dem armenischen Benediktinermönch *Mechitar* (Tröster). Er gründete hier ein Kloster und begann seine Hilfstätigkeit im Dienste der verfolgten armenischen Volksgemeinschaft. Heute gilt das friedliche Kloster mit der kostbaren Bibliothek und der bestens ausgerüsteten

▶ *Venezianische Lagune: Die heitere Meerlandschaft bietet auch Unerwartetes, wie die neueingerichtete Judoschule auf einer unbewohnten Insel.*

Druckerei als *das* Zentrum, eine Art Hoffnungsträger für die über die ganze Welt verstreuten armenischen Flüchtlingsgemeinschaften.

Im Sommer kann die Insel täglich, im Winter nur am Donnerstag und Sonntag zwischen 15 und 17 Uhr besucht werden. Die Patres sind äußerst zuvorkommend, ein Gespräch mit ihnen ist jedesmal ein Erlebnis. Wer sich intensiv für die armenische Kultur und für das Schicksal dieses vertriebenen Volkes interessiert, kann eine spezielle Führung vereinbaren (Tel. 52 60 104).

ISOLE DEI DOLORI

Vaporetto 10 und 20 ab San Zaccaria (San Marco). Abfahrt alle 60 Minuten.

Die Inseln der Schmerzen – auf diesen kleinen Inseln zwischen Venedig und Chioggia mußten die Kranken, Irren und Siechen leiden, außer Sichtweite der lebenshungrigen Stadt. Viele Inseln sind heute völlig verlassen, auf anderen hausen noch ein paar Fischer.

Auf **LA GRAZIA** befindet sich heute noch ein Spital, eine Spezialklinik für Patienten mit ansteckenden Krankheiten.

SAN SERVOLO war bis vor wenigen Jahren die Irrenanstalt Venedigs, erst mit der *Legge Basaglia* wurden die geisteskranken Patienten aus ihrer Isolation befreit: Der berühmte venezianische Psychiater *Franco Basaglia* setzte durch, daß in Italien alle geschlossenen Irrenanstalten verboten wurden. Heute beherbergt die Nachbarinsel **SAN CLEMENTE** ein Therapiezentrum, wo psychisch Kranke nicht marginalisiert sind, sondern frei leben können und behutsame Unterstützung erhalten. San Servolo ist zurzeit verwaist: Die einen wollen es in ein Ausbildungszentrum für Handwerker verwandeln, andere planen hier eine Managerschule für Leute aus der Dritten Welt. Es bleibt zu hoffen, daß etwas passiert, bevor auch diese Insel völlig zerfällt.

Auf der Insel **DEL LAZZARETTO VECCHIO**, wo früher ein Hospiz für Patienten mit ansteckenden Krankheiten und die Quarantänestation Venedigs standen, werden heute andere Gäste betreut: Hier finden streunende venezianische Hunde ein Plätzchen.

Villenromantik an der Brenta

Einer der schönsten Ausflüge von Venedig aus: eine Bootsfahrt durch den Brentakanal, zu prächtigen Villen und verwunschenen Gärten, bis nach Padua. Das Boot läßt die Märchenstadt zurück, wir erschrecken kurz über den surrealen Kontrast der Industrie-Silhouetten von Marghera und tauchen schon wieder ein in die friedliche, idyllische Landschaft am Brentakanal. Wir fahren die gleiche Route wie das im 18. Jh. berühmte Burchiello-Boot, eine Art große Fährgondel mit geschnitztem Baldachin.

Literaten und Künstler aus aller Welt führten sich einst diese Bootsfahrt zu Gemüte, am bekanntesten sind wohl

Goethes Schwärmereien zum Thema. Von Venedig bis zur Brentamündung ging es damals im Rudertakt vorwärts, den Kanal entlang wurde das schwere Boot dann von Pferden, die die Uferwege entlangkeuchten, gezogen. Heute ist die Fortbewegung weniger romantisch-abenteuerlich: Das Vaporetto, das erinnerungsträchtig den Namen Burchiello trägt, tuckert jedoch fast ebenso gemächlich durch die sanfte Flußlandschaft, deren Zauber von anno dazumal weitgehend erhalten ist. Elegante Villen, teilweise versteckt zwischen Hecken und alten Bäumen, zeugen auch hier vom einstigen Reichtum der Venezianer.

Im 17. und 18. Jh. verbrachte, wer in Venedig Rang, Namen und Vermögen hatte, die stickigen Sommermonate am Brentafluß – in ländlicher Frische und mit rauschenden Festen. Feste, die vom langsamen, aber stetigen Untergang der Weltmacht Venedig ablenken sollten. Wenn schon Untergang, dann mit Stil und vor allem mit Genuß – nach diesem Motto tanzten und praßten die venezianischen Adligen dem Ende ihrer Macht entgegen. Heute ist es in den Villen und Lustschlößchen still geworden. In einigen haben sich arrivierte Künstler und Financiers paradiesische Ruheoasen eingerichtet, die berühmtesten Villen sind als Museen zugänglich.

■ **VILLA FOSCARI – MALCONTENTA,** Malcontenta. Geöffnet 1. Mai –30. Okt. jeden Di, Sa und ersten So im Monat 9–12 Uhr.

Hohe Trauerweiden umrahmen den großartigen, klar gegliederten, mit stolzen Säulen geschmückten Bau: Die Malcontenta gehört zu den Kunstwerken des *Andrea Palladio* und gilt als die schönste der Brenta-Villen. Die Innenräume sind über und über mit Fresken von *Zelotti*, eines Venorese-Schülers, bemalt. Um die Villa rankt eine Geschichte: Der Name Malcontenta, „die Unzufriedene“, soll daher rühren, daß hier eine allzu lebenslustige Ehefrau ins Exil verbannt und zur Treue gezwungen wurde.

■ **VILLA SERIMAN-WIDMANN-FOSCARI,** Mira-Oriago. Das ganze Jahr geöffnet, Di–So 9–12 und 14–18 Uhr, Mo geschlossen. Führungen zur vollen Stunde.

Auch hier läßt sich in den reich geschmückten Innenräumen das prachtvolle, genüßliche Leben der venezianischen Adligen im 18. Jh. nachträumen. Am schönsten ist der große Park: eine Mischung aus botanischem Garten, barocker Anlage und Menagerie, wo lauschige Lichtungen im Schatten ehrwürdiger Bäume zum Flirt verführen.

■ **VILLA PISANI-NAZIONALE,** Strà. Das ganze Jahr geöffnet, Di–So: Villa 9–14 Uhr, Park im Sommer 9–18 Uhr, im Winter 9–17 Uhr, Mo geschlossen. Führungen normalerweise jede halbe Stunde.

Die größte der Brenta-Villen, für einen Dogen 1740 gebaut. Ein wahrer Palast, Klein-Versailles im Veneto, wo sich „Große“ und Größenwahnsinnige der Geschichte aufspielten: Hier weilten nach dem Fall Venedigs *Napoleon Bonaparte* und der italienische König *Vittorio Emmanuele II.*, hier trafen sich 1934 *Mussolini* und *Hitler* zum erstenmal. Strenge Räume und steife Möbel, kalte Pracht statt Lustbarkeit atmet in diesen Räumen. Frei fühlt man sich erst wieder im herrlichen Park zwischen Weihern und Orangerien. Und wer genügend Zeit hat, verirrt sich im *Labyrinth*, auf den Gängen und Wegen zwischen übermannshohen Buchsbaumhecken – ein wahrlich lustvolles Vergnügen!

Anreise:
Zur Brenta-Romantik führen verschiedene Wege. Am schönsten ist sicher die Fahrt mit dem *Ausflugsboot „Burchiello“*, die einen ganzen Tag dauert, jedoch recht teuer ist: 105 000 Lit. kostet der Spaß, inbegriffen sind die Bootsfahrt von San Marco (bei der Anlegestelle San Marco-Giardinetti) bis nach Padua, die Rückfahrt per Bus nach Venedig, Führung und Eintritt in die Villen sowie ein Mittagessen in einem guten Restaurant. Der Ausflug wird von Ende März bis Ende Oktober, jeden Di, Do und Sa durchgeführt und kann in jedem Reisebüro in Venedig gebucht werden. Der gleiche Ausflug in umgekehrter Richtung, von Padua nach Venedig, findet jeden Mi, Fr und So statt. Auskünfte erteilt **SIAMIC EXPRESS** (Via Trieste 42, Padova, Tel. 049/66 09 44).

Weit günstiger, aber auch weit weniger attraktiv ist die Fahrt mit den *öffentlichen Bussen* von *Piazzale Roma* aus. Der Vorteil dieser Reiseart: Es bleibt mehr Zeit zur Besichtigung der Villen. Die Nachteile: Die Anreise ist etwas umständlich (umsteigen, will man mehrere Villen besichtigen), und oft muß man von der Bushaltestelle bis zur Villa ein gutes Stück gehen. Die Busse fahren logischerweise auf den Hauptstraßen, und auf den Reiz der Flußlandschaft muß man gezwungenermaßen verzichten. Von Piazzale Roma aus kommen folgende Buslinien in Frage: Nummer 16 nach Malcontenta, Nummer 7B nach Mirano und Nummer 14A und 14B nach Padua. Wer Zeit und Muße hat: Es lohnt sich, gleich ein paar Tage an der Brenta einzuplanen, geruhsam am Fluß zu flanieren, von Villa zu Villa zu pilgern, das gemächliche Leben in den kleinen Dörfern zu genießen und in den meist hervorragende Küche (vor allem Fischspezialitäten) bietenden Kneipen und Restaurants zu schmausen. Eine eigene melancholische Faszination hat die Gegend auch in den Wintermonaten, wenn sich die herrlichen Villen zwischen den kahlen Bäumen in ihrer ganzen Pracht zeigen.

Unterkunft:
■ **VILLA DUCALE,** Dolo, Martiri della Libertà 75. Tel. 041/42 00 94.
Sicher die schönste (und nicht die teuerste) Unterkunft der ganzen Gegend: Hier lebt man stilvoll in einer liebevoll umgebauten Villa mit herrlichem Park. Unbedingt reservieren! Das Hotel hat wenige Zimmer, und die sind begehrt.
■ **AL LEON D'ORO,** Mirano, Via Canonici 3. Tel. 041/43 27 77.
Ein Hotel nicht direkt am *Naviglio*, am Kanal, sondern etwas abseits im Grünen. Dafür machen Komfort, der Garten und das Schwimmbad den Umweg wett.

Restaurants:
■ **TRATTORIA NALIN,** Mira, Via Argine sinistro novissimo 29. Tel.

041/42 00 83.
Herrlich sowohl die Fischgerichte als auch die *risotti*.

■ **RISTORANTE MARGHERITA,** Mira, Nazionale 312. Tel. 041/42 08 79.
Am besten schmecken die Fischspezialitäten auf der gemütlichen Terrasse.

■ **IL BURCHIELLO,** Mira-Oriago, Via Venezia 19. Tel. 041/42 95 55.
Das Restaurant ist etwas gesichtslos-protzig, aber die Fischgerichte sind gut und die *antipasti* vorzüglich.

■ **TRATTORIA DUE MORI,** Oriago, Piazza Mercato 20. Tel. 041/42 94 05.
Preisgünstig und garantiert *cuisine du marché* nach traditioneller Art.

Badeziel Lagune

NOSTALGIE AM LIDO

Gleich zu Beginn eine Warnung: Versprechen Sie sich nicht zuviel von Ihrem Lido-Besuch. Nach ein paar Tagen in der Fußgängeroase Venedig ist die Ankunft am Lido vorerst mal ein Schock: Autos, Busse, Abgase, Lärm – der sonst gewohnte Verkehrsstreß scheint im Kontrast zur venezianischen Ruhe extrem laut und hektisch. Und ganz abgesehen davon: Das Lido ist nicht mehr das, was es einmal war. Der mondäne Glanz ist längst verblichen, und die nostalgische Patina blättert zusehends ab.

Anfang unseres Jahrhunderts, bis in die dreißiger Jahre, galt das Lido als *der* Treffpunkt des „Beau Monde". Wer Stil demonstrieren wollte, logierte in einem der Nobelpaläste am Lido, kombinierte nach ungeschriebenen gesellschaftlichen Gesetzen Strandvergnügen mit Ausflügen nach Venedig. Hier verlor sich Aschenbach in *Thomas Manns* Novelle „Tod in Venedig" in melancholisch-dekadente Sehnsüchte, hier soll die berühmte Spionin *Mata Hari* ihre Fäden gesponnen und *Churchill* neue politische Schachzüge ersonnen haben. Vom eigensinnigen Staatsmann erzählt man sich, er habe offiziell die Schönheit Venedigs in den höchsten Tönen gelobt, in Wirklichkeit jedoch keinen Fuß in die Stadt gesetzt. Er verbrachte all seine Urlaube verbarrikadiert in der vornehmen Abgeschiedenheit am Lido.

Damals war das Lido eine grüne, stille Oase: ruhige, gepflegte Strände, stilvolle Hotels, Pensionen und Villen inmitten üppiger Gärten bürgten für gehobene Qualität. Der elitäre Ruf ist dahin, Prominenz läßt sich heute höchstens während der Filmbiennale (siehe Kapitel „Filmfestival") im September ausmachen. Statt Grünflächen und Pinienhainen prägen mehr und mehr Residenzsiedlungen und Maisonnette-Häuser das Inselbild. Hier erfüllten sich besser verdienende Beamte, arrivierte Kulturschaffende und Intellektuelle den Traum vom Eigenheim. Eine anständige Wohnung in Venedig ist auch für sie unerschwinglich.

Das Lido ist heute Vorstadt Venedigs und populärer Badeort zugleich, auf den ersten Blick eine eher gesichtslose, durchschnittliche Agglomeration. Vom einstigen Charme ist wenig geblieben:

ein paar wunderschöne Jugendstilvillen, heute zum Teil in Pensionen umfunktioniert, und selbstverständlich die Nobelhotels, die den Ruf der Insel begründeten. Das berühmteste ist heute das **EXCELSIOR** mit seiner maurisch inspirierten Architektur. Hier logieren die meisten Stars während der Filmbiennale, gleich nebenan liegen das Kasino und der *Palazzo del Cinema*. Am meisten nostalgischen Stil hat das **GRAND HOTEL DES BAINS** bewahrt. Hier drehte *Luchino Visconti* seine Thomas-Mann-Verfilmung „Tod in Venedig", und hier kann man heute noch ungestört in der morbid-mondänen Atmosphäre der Jahrhundertwende schwelgen. *Weitere Tips für einen nostalgischen Lido-Trip:* das **HOTEL HUNGARIA** am Viale Santa Maria Elisabetta, mit seinen farbigen, wunderschön kitschigen Kacheldekorationen, der verspielt verzierte **VILLINO GEMMA** an der Via Dardanelli und die **ART-DECO-EISDIELE** an der Via Sandro Gallo. *Was Sie bei einem Lido-Besuch auf keinen Fall verpassen sollten: den alten jüdischen Friedhof im Osten der Insel (nahe der Kirche San Nicolò).* Unter riesigen alten Bäumen, zum Teil malerisch überwuchert, zeugen hier Gräber aus dem 14. Jh. von der bewegten Geschichte der Juden in Venedig.

Für eine Besichtigungstour auf dem Lido ist das Fahrrad zu empfehlen, die Insel ist immerhin an die 11 Kilometer lang. Fahrräder, auch Tandems, kann man mieten. Der eine Vermieter findet sich in der kleinen Straße gleich links vom *Imbarcadero*, zwischen Belvedere und Pizzeria, der andere an der Via Zara, gegen das Ende des Gran Viale, auf der linken Seite. Auf dem Lido verkehren auch Autobusse, eine zentrale Haltestelle befindet sich gleich neben der Vaporetto-Anlegestation Santa Maria Elisabetta.

Anreise:
Vaporetto 1 und 2 ab San Marco, alle 10 Minuten; Vaporetto 6 ab Riva degli Schiavoni, alle 20 Minuten; Vaporetto 14 ab Riva degli Schiavoni bis Punta Sabbioni, alle 30 Minuten; Autofähre 17 ab Tronchetto, alle 50 Minuten; Linie 11, Motonave, ab Riva degli Schiavoni, für Fahrt bis Alberoni, Santa Maria del Mare, Pellestrina und Chioggia.

Autobusse:
■ **LINEA A:** San Nicolò – Santa Maria Elisabetta – Via Colombo. Alle 20 Minuten.
■ **LINEA B:** Malamocco – Santa Maria Elisabetta – Ospedale al Mare – Bagni Comunali. Alle 10 Minuten.
■ **LINEA C:** Santa Maria Elisabetta – Alberoni. Alle 20 Minuten.

Unterkunft:
■ **PENSIONE VILLA PARCO,** Via Rodi 1. Tel. 52 60 015.
Eine sympathische einfache Pension in einer schönen alten Villa mit Park. Ganz nah beim *Palazzo del Cinema* – während des Festivals kann man die Filme zumindest hören... Eine Nacht im Doppelzimmer mit Frühstück kostet an die 70 000 Lit.
■ **VILLA MABAPA,** Riviera San Nicolò 16. Tel. 52 60 590.
Kleines, gepflegtes Hotel mit schönem

◄
Lido: Zur Freude Viscontis unverändert seit Aschenbachs Zeiten – das "Grand Hotel des Bains" (o). Unheimlich suggestiv der alte jüdische Friedhof (u).

Garten und Blick auf die Lagune. Doppelzimmer bis 150 000 Lit.

■ **VILLA AURORA,** Riviera San Nicolò 11/A. Tel. 52 60 519.

Auch hier gilt: Die Lage an der Lagune ist wunderschön, die Unterkunft sauber und gemütlich. Doppelzimmer rund 75 000 Lit.

■ **VILLA LAGUNA,** Via Sandro Gallo 6. Tel. 52 60 342.

Ganz zentral gelegen, nah beim *Imbarcadero*, mit herrlichem Garten und Aussicht auf San Lazzaro degli Armeni. Aber die bevorzugte Lage hat ihren Preis: Doppelzimmer von 150 000 – 300 000 Lit.

■ **HUNGARIA,** Gran Viale Santa Maria Elisabetta 28. Tel. 52 61 212.

Für Jugendstil-Freaks das richtige, verzierte Kacheln und verschnörkelte Dekors im Überfluß. Heute logieren hier jedoch auch Reisegruppen. Preis fürs Doppelzimmer bis 130 000 Lit.

Restaurants:

■ **DA PAOLINO,** Spiaggia San Nicolò. Tel. 76 80 38. Di geschlossen.

Direkt am Meer, da wo der öffentliche Strand beginnt. Ein sympathisches Restaurant mit angeschlossener Bar und für Eilige oder Unkomplizierte ein Self-Service. Hier können auch Liegestühle und Umkleidekabinen gemietet werden. Restaurant-Preise: 20 000 – 40 000 Lit.

■ **AL PORTICCIOLO DA DANILO,** Terre Perse, Malamocco. Tel. 76 83 84.

Etwas abseits gelegen, dafür mit typischer Atmosphäre und unverfälschter Küche.

■ **AL VECIO CANTIER,** Via Droma 76, Alberoni, Lido. Tel. 73 11 30. Mo und Di geschlossen.

Am äußersten Zipfel des Lido gegen Cavallino hin gelegen, aber der Weg lohnt sich: *Herrliche Fischküche!* Viele VenezianerInnen pilgern mit Freunden hierher. Preise: 40 000 – 60 000 Lit. für ein gutes Mahl mit allem Drum und Dran.

CAVALLINO

Litorale di Cavallino heißt die schmale Landzunge, die sich von der Punta di Sabbioni bis zum Lido di Jesolo hinzieht. Cavallino hat nichts Nennenswertes zu bieten: Gegen das offene adriatische Meer hin reiht sich heute ein Campingplatz an den anderen, in der Sumpflandschaft auf der Lagunenseite leben noch ein paar Fischer zeitweise in ihren *casoni*, den typischen Fischerhütten aus Stroh. Recht schön kann eine Fahrrad-Tour durch Cavallino sein, vor allem auf den kleinen holprigen Wegen gegen die Lagune hin. Wer weiß, vielleicht entdecken Sie auf einer solchen Fahrt eine der berühmten Kneipen, wo herrlicher Fisch geboten wird und die von den VenezianerInnen als Geheimnis bestens gehütet werden...

Anreise: Siehe „Lido“.

PELLESTRINA

Der Autobus Nummer 11 setzt vom Lido aus mit einer Fähre auf Pellestrina über und fährt weiter auf der langen schmalen Insel, zwischen Gärten und Reben, vorbei an ein paar verlassen wirkenden Dörfern, bis nach Chioggia (siehe Kapitel „Badeorte an der Adria"). Die Sehenswürdigkeit auf Pellestrina sind die *murazzi*, dieimposanten Befestigungsmauern, die Venedig gegen das offene Meer schützen und von der Republik zwischen 1744 und 1782 erbaut wurden. Schon Goethe ließ sich von diesem massigen Wehr beeindrucken. Einheimische gehen heute aus einem anderen Grund nach Pellestrina: Sie lockt das *Restaurant da Nane* in **SAN PIETRO IN VOLTA**, wo herrliche frische Fische für jede Lust geboten werden – gegrillt, gegart oder im berühmten Risotto.

Badeorte an der Adria

Während Jahrzehnten galt die Adria als *das* Mekka sonnenhungriger Touristen aus dem Norden. Trotz ständig wachsender Besucherströme – der Ruf dieses Küstenstrichs ist schon längst angekratzt. Überlaufende Strände, „Grilltourismus", lieblose Massenabfertigung, verbetonierte Ortschaften und verschmutztes Wasser wurden alle Jahre wieder in Zeitschriften mit bösen Bildern und zynischen Texten angeprangert. Seit der großen Algenplage ist der Ruf dieser Destination gänzlich dahin. Das Meer an der Adria ist zur Kulisse geworden, zum Baden lädt die schleimige Brühe kaum jemanden mehr. Der Wasserplausch findet nun in gechlorten Schwimmbecken mit Meersicht statt.

Eines muß jedoch der Gerechtigkeit halber festgestellt werden: An der Adria haben nun die Algen die Meerverschmutzung unleugbar, ja greifbar ans Licht gebracht. An anderen italienischen Stränden, zum Beispiel im Süden des Stiefels oder an der tyrrhenischen Küste, schimmert das Meer zwar noch blau und klar, vergiftet ist es jedoch nicht minder. Ein Beispiel: Untersuchungen italienischer Umweltschutzgruppen stellten vor drei Jahren dem adriatischen Meer leicht bessere Zeugnisse aus als dem tyrrhenischen.

Und mal abgesehen vom trüben Wasserkapitel, ist die Adria besser als ihr Ruf. Sicher, die ganze Gegend ist unangefochtene Domäne der Reiseindustrie. Hier wird Massentourismus zelebriert, überzeugte Individualisten sind fehl am Platz. An den breiten, feinsandigen Stränden stehen Liegestühle fein säuberlich in Reih und Glied, zehn, fünfzehn Reihen fast zentimetergenau ausgerichtet. Trotzdem: So uniform das äußere Erscheinungsbild auch wirkt, das Leben zwischen den Reihen ist bunt und vielfältig. Da verträgt sich der Fabrikdirektor aus Hannover mit der stets besorgten Mamma aus Milano, die belgische Oma mit dem Liebespaar aus Basel. Niemand stört sich am Transistorradio des Nachbarn. Spontane Gespräche und Kontakte sind hier eine Selbstverständlichkeit. Soziale Prestige-Demonstrationen – an den exklusiven Modeständen *das* Ferienvergnügen – verlieren hier in der Masse an Bedeutung. Toleranz und Ferienfreude prägen die Stimmung an den Adriastränden, sogar die *Papagalli* wirken entspannter als anderswo.

Auch in Sachen Landschaftsverschandelung und „Betonarchitektur" schneidet die Adria bedeutend besser ab als viele andere Massenziele rund ums Mittelmeer. Der touristische Aufschwung in den meisten italienischen Adriabädern begann unmittelbar nach dem Zweiten Weltkrieg. Die touristische Infrastruktur ist organischer gewachsen. Da streben nur vereinzelt Wolkenkratzer in den Himmel. Hotels mit mehr als zweihundert Betten sind auch in den mondänen Zentren Jesolo und Rimini die Ausnahme. Die Regel bilden Häuser mit dreißig bis siebzig Betten, meist Familienbetriebe mit persönlicher Atmosphäre. Die Dörfer und Städtchen haben sich zudem schon eine nostalgische Patina zugelegt: Neonstimmungen in Glacéfarben, Nierentischromantik und komisch-kitschige Fassadenverzierungen liegen heute wieder im Trend.

Ein paar Tage Badeferien mit Meersicht können, auch als Kontrast oder Ergänzung zu einem Venedigtrip, durchaus vergnüglich und entspannend sein. Eins sei jedoch gesagt: Adria ist nicht gleich Adria, wie dies oft angenommen wird. Die meisten Ortschaften weisen eigene, zum Teil sehr unterschiedliche Charakteristiken auf. Sand und Meersicht bieten sie zwar alle, aber Publikumsstruktur, Vergnügungspalette, kulturelles Angebot und Möglichkeiten zu Ausflügen in die Umgebung können von Ort zu Ort stark variieren. Von Venedig aus sind Jesolo und Chioggia sehr gut mit öffentlichen Verkehrsmitteln (Vaporetti und Bus) erreichbar. Bei allen anderen Ortschaften ist die Anreise per Bus und Bahn möglich, aber oft etwas umständlich. Genaue Informationen über die Verkehrsverbindungen und Kontaktadressen für Unterkünfte sind bei den EPT-Informationsbüros erhältlich. Hier in Stichworten die „Portraits" der wichtigsten Adria-Badeorte.

VON VENEDIG BIS GRADO

■ **JESOLO:** Das mondäne Zentrum an der venezianischen Adria mit vielen Hotels internationalen Zuschnitts. Vor allem junge Leute und Familien mit Kindern (flacher Strand) lieben Jesolo. Viele Vergnügungsmöglichkeiten: Discos, Bars, Night Clubs. Wer in Venedig das Nachtleben vermißte, kann hier tüchtig auftanken! Jesolo hat beste Verkehrsverbindungen zu Venedig: Schiffskurse von Venezia Lido bis Punta Sabbioni mit Busanschluß nach Jesolo das ganze Jahr über bis spät abends und im Sommer bis 3 Uhr morgens. Während der Sommersaison können zudem täglich Bootsausflüge nach Venedig gebucht werden.

■ **CAORLE:** Ein gemütliches Badestädtchen mit malerischem und lebhaftem Fischerhafen. Durchmischtes Publikum: rund die Hälfte italienische und viele deutschsprachige Gäste aller Altersklassen. Hotels, Pensionen und Ferienwohnungen in allen Preiskategorien. Zu Caorle gehören **PORTO MARGHERITA**, ein Zentrum für Yachttourismus, und **DUNA VERDE**, ein eher teureres Ferienzentrum mit Bungalow-Siedlungen und Residenzdörfern in einem Pinienhain. *Die wunderschöne Lagune von Caorle, wo sich schon Hemingway mit Vorliebe die Zeit bei der Vogeljagd vertrieb, ist heute Naturschutzgebiet.* Bootstrips (am schönsten an einem klaren Herbstmorgen!) sind möglich, das Touristen-Informationsbüro in Caorle gibt darüber Auskunft.

■ **LIGNANO** und **SABBIADORO:** Neuere Ferienzentren von gehobenerem Standard. Wenige Hotels, größeres Angebot an Residenzdörfern und eher luxuriösen Ferienwohnungen. Das anschließende **BIBIONE** wird besonders von Ausländern, vor allem Deutschen und Skandinaviern, gebucht.

■ **GRADO:** Das Städtchen am Golf von Triest war schon im letzten Jahrhundert als Bade- und Kurort (Sandkuren) bekannt. Noch heute weht ein Hauch von K.u.k-Stimmung durch den Ort. Viele schöne Jugendstilhäuser mit üppigen Gärten (einige heute als Pensionen bewohnbar!), eine historisch interessante Altstadt und ein spärliches Vergnügungsangebot ziehen hier vor allem ruhesuchende Gäste an. Mit rund hundert Hotels ist Grado denn auch nicht auf Massen-, sondern auf Individualtourismus der teureren Art eingerichtet. *Empfehlenswert:* eine Bootsfahrt durch die stille Lagune oder ein Ausflug ins romanische *Aquileia*.

VON VENEDIG BIS RIMINI

■ **CHIOGGIA:** Der Adria-Ort mit den meisten geschichtlichen Verbindungen zu Venedig. Chioggia stand immer im Schatten der Serenissima, wurde von venezianischen Feinden, von Franzosen und Genuesen, die Venedigs Macht angreifen wollten, geplündert und belagert. Der Dank der stolzen Venezianer blieb jedoch aus, sie behandelten die *Chioggiotti*, wie die Stadtbewohner genannt werden, stets als unfeine, ungebildete Untertanen. Und den Löwen auf der Säule im Hafen von Chioggia nennen die Venezianer heute noch eine Katze. Einzig in der Literatur kamen die für ihren Kampfgeist und ihren derben Humor berühmten Chioggiotti zu Ehren. Der Dichter *Goldoni* hat ihrer gewitzten Streitlust eine berühmte Komödie gewidmet. Heute ist von der ehemaligen eigensinnigen Lebenslust der Chioggiotti nicht mehr viel zu spüren. Chioggia ist ein ruhiges, gemütliches Städtchen. Der Badeort ist vor allem bei italienischem Publikum beliebt.

CHIOGGIA SOTTOMARINA, der Strandabschnitt der Ortschaft mit eher charakterlosen Hotels, mutet etwas steril an. Um so schöner ist das Stadtzentrum von Chioggia mit seinen lebhaften Plätzen und Kanälen: Hier lebt noch echte, vom Tourismus unverfälschte italienische Kleinstadtstimmung. Chioggia ist von Venedig aus mit der Linie 11 (*mista lagunare*) leicht erreichbar: Vaporetto 11 ab Riva degli Schiavoni bis zum Lido und von da mit dem Anschlußbus 11 bis nach Chioggia.

■ **LIDI DI COMACCHIO:** Mehrere kleine Ortschaften südlich der Po-Mündung sind unter diesem Begriff zusammengefaßt. Sie liegen in einer großen Grünzone mit großem, gepflegtem Campingangebot. Die meisten Gäste kommen aus den Benelux-Ländern. Attraktive Möglichkeiten für Naturfreunde: Hier sind lohnenswerte Ausflüge und Velotouren in die *Valli di Comacchio*, sehr schöne Sumpflandschaften, möglich. Und für Stadt- und Kulturfans liegt Ravenna ganz nah.

■ **MILANO MARITTIMA** und **CERVIA:** Früher war dies das Sommerziel vieler Mailänder, daher der Name. Heute sind es vor allem Ausländer, allen voran Schweizer, die in den gepflegten Ferienwohnungen und Residenzsiedlungen Meersicht genießen. Ein Ort, wo – laut Werbung – Ruhe und Ordnung großgeschrieben werden...

■ **CESENATICO:** Gemütlicher, populärer Badeort mit einem lebhaften, historischen Dorfkern. Attraktionen und abendlicher Treff- und Flanierpunkt ist der malerische, von *Leonardo da Vinci* entworfene Hafenkanal. Großes Angebot an Unterkünften vor allem in Ferienwohnungen und Villen. Vielseitig präsentiert sich Cesenatico auch von seiner Lage her: Ideal sind sowohl die Möglichkeiten zu Ausflügen ins Hinterland und in die Kulturstadt Ravenna als auch ins pulsierende Rimini.

■ **RIMINI:** Das adriatische „Las Vegas“ mit allen nur erdenklichen Vergnügungsattraktionen im langgezogenen Strandgebiet. Das Publikum ist buntgemischt. In den letzten Jahren hat Rimini, mit **CATTOLICA** und **RICCIONE**, einen neuen Aufschwung als Treffpunkt der Jugend erfahren. Ob Megadisco oder romantisches Lokal für *ballo liscio*, ob Kegelbahn mit Video-Projektionen oder Nonstop-Versteigerung in einer Gemäldegalerie: der Freizeitindustrie und dem Konsum sind keine Grenzen gesetzt. In Rimini ist alles möglich, können sich alle ihre kleinen Wünsche erfüllen – auch (oder vor allem) in Sachen Liebe und Abenteuer.

Die Algenplage trübt wenigen die Ferienfreude, hier war Baden schon immer Nebensache; was zählt sind die heißen Nächte. In Rimini sind jedoch auch Kontrastprogramme möglich: Das alte Rimini präsentiert sich noch gemütlich, provinziell und stimmungsvoll wie zu Fellinis Zeiten. Und nur wenige Autominuten von der Küste entfernt, kann man die Dorfidyllen der *Romagna* – und auch die berühmte Küche der Gegend – unverfälscht genießen.

▶
In der Lagune von Caorle bauen die Fischer heute noch die traditionellen Hütten, die “casoni“.

Liebeserklärung auf venezianisch

Von Riccardo Calimani

Bei Ebbe scheint Venedig einer vorzeitig gealterten Frau zu gleichen, die ungeschminkt ihre Falten zeigt. Die Fundamente der Häuser und Paläste tragen ihre tiefen Wunden zur Schau, den porös gewordenen Marmor, die abbröckelnden Backsteine; der Schlamm wird sichtbar in den Kanälen, die nun offenbaren, was sie wirklich sind: Kloaken unter freiem Himmel. Eine Tradition ist allen Venezianern, ob nobler oder gemeiner Herkunft, gemeinsam: Was nicht mehr zu gebrauchen ist, wird ins Wasser geworfen. Was hier schwimmt, wird vom versöhnlichen Meer hinausgetragen und am „goldenen" Lido angeschwemmt oder sinkt für immer auf Grund.

Wenn das Hochwasser in Straßen und Plätze eindringt, ist die Verwüstung noch offensichtlicher: Die vielen Abfallsäcke werden vom Rücklauf des Wassers ergriffen und schaukeln, dick und grau, noch jahrelang auf den Kanälen hin und her. Abfuhrboote? Sicher gibt es die, aber man sieht sie vor allem dann im Einsatz, wenn ein wichtiger Staatsbesuch angesagt ist oder vor der feierlichen *regata storica*.

Trotzdem ist die Faszination der Stadt so ausgeprägt, daß jedermann sich ihrer bewußt wird. Was sich seinen Kenntnissen vielleicht entzieht, ist die Tatsache, daß in der Stadt, so wie zu früheren Zeiten die Türken gerupft wurden, heute die Touristen ausgenommen werden. Da die Spezies der Touristen eh nie aussterben wird, gilt hier das ungeschriebene Gesetz, das gestattet, mit jedem unvorsichtigen Besucher zu machen, was man will. Die Preise in den Restaurants und Hotels sind nur ein Beispiel.

Die Stadt ist heute in zwei Lager geteilt: Die einen brauchen die Touristen, weil ihr Geld es ihnen ermöglicht, im Winter an das Geschäft, das Hotel oder die Bar ein Schild „Geschlossen wegen Ferien" zu befestigen und die kalte und neblige Zeit (drei Monate) in Cortina zu verbringen. Die anderen sind gegen die Touristen, da sie ja ohnehin ein fixes Salär beziehen und die Besuchermassen ihnen nur den Platz auf dem Vaporetto streitig machen. Schließlich weiß man ja, daß Touristen Müßiggänger sind, die den geordneten Ablauf in dieser von Fußgängern regierten Stadt stören und durch ihre netten „Souvenirs" mit zu ihrem Verfall beitragen: Bier- und Cola-Büchsen sowie Papiertüten werden überall verstreut, mit Vorliebe auf den Plätzen vor den Kirchen und an ähnlich suggestiven Orten.

Eine der unerträglichsten Manien in Venedig sind die kulturellen Konferenzen, deren Zahl ins Pathologische geht. Venezianer wie Nicht-Venezianer sind überzeugt, daß die Stadt einen magischen Namen trage, und allein schon seine Erwähnung genüge, um Wunder zu vollbringen. Keineswegs! Es sei hier ein für allemal festgehalten: Venedig ist kein kulturelles Zentrum der Welt, nicht einmal der Region. Venedig ist ein

Mythos und lebt von Erinnerungen. Es ist nichts anderes als eine große Bühne, wo sich die Schatten der Vergangenheit bewegen. Venedig ist ewiger Niedergang – immer am Rande des Abgrundes und doch nie untergehend. Heute kommen alle hierher, um sich zu zeigen und von sich reden zu machen, um in einem der zahlreichen Patrizierpaläste, die man für einen einzigen Abend mieten kann, ein Fest zu geben. Ist dieses vorbei, sind auch die Gäste schon wieder vergessen. Hier bleibt nichts übrig: nichts von der vielbeschworenen Kultur, nichts von den veralteten Festen.

Der letzte unglückselige Einfall ist der Karneval; was doch ein fröhlicher Anlaß sein sollte, ist zu einem Kodak- und Polaroid-Festival verkommen: Alle verkleiden sich, fotografieren sich gegenseitig, ziehen sich wieder um und kehren nach Hause zurück. Die Bühne ist leer, die Komödie zu Ende, die Stadt bleibt allein und leckt sich die Wunden, die ihr Hunderte und Tausende von Barbaren jedes Jahr neu zufügen.

Bleiben die menschlichen Beziehungen. Alle behaupten, in Venedig seien noch Spuren der Geselligkeit wie zu Zeiten Goldonis zu finden. Das gilt heute nicht mehr. In Venedig leben nur noch wenige echte Venezianer, und einzig innerhalb der französischen, englischen und amerikanischen Gemeinden wird noch gesellschaftliches Leben gepflegt. Den anderen ist höchstens der Klatsch geblieben. Gehen Sie einmal drei Abende hintereinander mit drei verschiedenen Frauen spazieren: Gleich weiß es alle Welt und schwätzt darüber. Nicht einmal beim Spazieren ist man frei. Alle beobachten einen. Aber wieso eigentlich nicht? Wir bewegen uns schließlich auf einer Bühne.

Das Klima ist feucht und wirklich bedrückend. In den guten alten Zeiten gab es wenigstens noch einen Herbst und einen Frühling: Heute wechseln wir unvermittelt vom Winter in den Sommer; jäh gehen Nebel und Regen in Hitze und Schwüle über, wie sie Thomas Mann so treffend beschreibt. Es stimmt: Die größte Schuld an der Entstehung des perversen Mythos Venedig trifft die Intellektuellen – Schriftsteller, Musiker und Maler, die Venedig besuchten und seiner Schönheit erlagen. Doch anstatt der unsterblich in Venedig Verliebten (und es ist kein Zufall, daß sowohl Byron als auch Wagner und Henry James in herrlichen Palästen wohnten) überschwemmen nun Horden von Fotografen die Stadt. So scheint auch ihre Schönheit eine Art Abnutzung erfahren zu haben, eine unvermeidliche Bedeutungseinbuße. Ich vergaß: Die Fremden können zumindest die Kulissen für sich beanspruchen. Nicht so die Venezianer. Im Winter ist die Stadt ab acht Uhr abends hermetisch abgeriegelt. Nach dem Zapfenstreich ist alles zu: Bars, Restaurants und auch die Kinos (die wenigen, die noch verblieben sind und wo ohnehin nur uralte Streifen über die Leinwand flimmern). Bei Konzerten und Theatervorführungen bestätigt sich der Mythos der uneinnehmbaren Stadt: die Eintrittskarten sind rar und rasch ausverkauft. Und so stehen denn die meisten unweigerlich vor verschlossenen Türen.

Sicher gibt es nirgends eine solch immense Kluft zwischen Sein und Seinmüssen, zwischen Können und Wollen wie in Venedig. Viele der herrlichen Paläste – nicht nur jene längs des Canal Grande, nein, auch jene an verborgenen Plätzen und Kanälen – werden von Leuten bewohnt, die diese nicht unterhalten und restaurieren können oder wollen. Vielleicht würde ein Haus mit menschlicheren Ausmaßen den Bedürfnissen vieler besser entsprechen, aber aus ewiger Paranoia oder aus wirklichem Mangel an Alternativen bleiben alle an ihrem Platz – mit Ausnahme jener, die nach Mestre ziehen. Ihre Klagen hört man des Nachts: Einmal auf dem Festland, hegen viele Alte Selbstmordabsichten. Hier geht es nicht darum, ironisch zu übertreiben: Venedig verlassen, diese dreckige, stickige, ekelhafte, im Sommer von lästigen Mückenschwärmen heimgesuchte Stadt, bedeutet für viele einen Schock. Diese Stadt schützt wie der Bauch einer Mutter, und es ist schwierig, ihn zu verlassen; vor allem wenn es nach Marghera oder Mestre gehen soll, in zwei aus schlimmster Spekulation entstandene „Unstädte“.

Venedig ist eine schöne Frau, von einer nunmehr verblühten Schönheit, die jedoch immer noch eine gewisse, vielleicht etwas gekünstelte Leidenschaft ausstrahlt. Ihren anhänglichen, aber uneinsichtigen Bewohnern, die sie nicht verstanden und ihr wenig Gutes gebracht haben, zieht sie amerikanische Dollars oder japanische Yen vor. Die zahlreichen alten Osterie, einst Orte der Begegnung, sind verschwunden: Pizzerie, die ungenießbare Pizze anbieten, haben sie ersetzt. Die Salumerie und Gemüsehändler sind weniger geworden: an ihre Stelle traten Geschäfte mit Kitsch, Tand und „Muranoglas“. Als ob Murano soviel produzieren könnte! Venedig ist lauter Schein, und vielleicht liegt gerade darin das Verführerische.

Venedig ist und bleibt ein magischer Name mit dem Canal Grande, der Rialtobrücke und dem Markusplatz. Es handelt sich aber um den Abglanz vergangener ruhmvoller Zeiten. Seit langem schon wird nichts Neues mehr hervorgebracht; man lebt in der Erinnerung einer nunmehr überholten Vergangenheit, einer zwar glorreichen, nun aber begrabenen Vergangenheit.

Touristen, kommt nicht nach Venedig, laßt die Stadt doch den Venezianern! Allein sind wir ruhig, lassen die Lagune langsam untergehen und warten, bis uns das Meer überflutet, in stiller Ergebenheit.

Venedig ist häßlich, schmutzig, unsympathisch. Überlaßt es den Venezianern, die es sehr lieben und nicht die Absicht haben, es mit jemandem zu teilen.

(Der Venezianer Riccardo Calimani, 1946, ist freier Journalist und RAI-Mitarbeiter. Internationalen Ruf genießt er als Autor des spannenden Wälzers über die Geschichte des venezianischen Ghettos, siehe „Buchtips“.Übersetzung: Adrienne Theimer)

▶
Gondelromantik zwischen Abfall– und Transportbooten – venezianische Wirklichkeit.

HOTEL
LISBONA

Register

Bildnachweis: D. Boschung, Wallisellen 14 u, 17, 19, 39 u, 93 o, 100, 117 u, 211, Crivelli & Klinger 67 o, 71 u, 76, 78, 81 u, 167, 171 u, E. Lennard 62, 67 u, 122, 155, R. Staub, Egg 7, 9, 14 o, 39 o, 42, 49, 56, 59, 71 o, 81 o, 83, 89, 91, 93 u, 104, 111, 117 o, 127, 139, 148, 158, 171 o, 181, 195, 200, 207